마성의 도시
상하이

일본 지식인의 '근대' 체험

저자

류젠후이(劉建輝, Liu Jian Hui)

1961년 출생, 중국 랴오닝(遼寧)대학교를 졸업하고, 고베대학교 대학원 박사과정을 수료했다. 베이징
대학교 비교문학・비교문화연구소 교수를 거쳐 현재 국제일본문화연구센터 교수로 근무하고 있다.
전공은 일중비교문학・비교문화이고, 저서로는『帰朝者・荷風』(明治書院),『日中二百年－支え合う
近代』(東アジア叢書・武田ランダムハウスジャパン),『東アジアにおける近代知の空間の形成』(공
편, 東方書店) 등이 있다.

역자

양민호(梁敏鎬, Yang Min-ho) 부경대 인문사회과학연구소 HK연구교수
권기수(權奇洙, Kwon Gi-su) 신라대 국제지역학부 교수
손동주(孫東周, Son Dong-Ju) 부경대 일어일문학부 교수

감수자

서광덕(徐光德, Seo Kwang-deok) 부경대 인문사회과학연구소 HK연구교수

마성의 도시 상하이－일본 지식인의 '근대' 체험

초판인쇄 2020년 7월 20일 **초판발행** 2020년 7월 31일

지은이 류젠후이 **옮긴이** 양민호・권기수・손동주 **펴낸이** 박성모 **펴낸곳** 소명출판 **출판등록** 제13-522호
주소 서울시 서초구 서초중앙로6길 15, 2층
전화 02-585-7840 **팩스** 02-585-7848
전자우편 somyungbooks@daum.net **홈페이지** www.somyong.co.kr

값 23,000원 ⓒ소명출판, 2020
ISBN 979-11-5905-442-6 93910

이 책은 2017년 대한민국 교육부와 한국연구재단의 지원을 받아 수행된 연구임 (NRF-2017S1A6A3A01079869).

부경대학교 인문사회과학연구소
해역인문학 번역총서 ╱ **03** ╱

마성의 도시
상하이
일본 지식인의 '근대' 체험

류젠후이 지음 | 양민호 · 권기수 · 손동주 옮김

Demonic city, Shanghai

일러두기 : 저자 주는 본문 뒤 수록하였으며, 각주는 모두 역자 주이다.

　부경대학교 인문사회과학연구소와 해양인문학연구소는 해양수산 교육과 연구의 중심이라는 대학의 전통과 해양수도 부산의 지역 인프라를 바탕으로 바다를 중심으로 하는 인간 삶에 대한 총체적 연구를 지향해 왔다. 바다와 인간의 관계에서 볼 때, 아주 오랫동안 인간은 육지를 근거지로 살아왔던 탓에 바다가 인간의 인식 속에 자리잡게 된 것은 시간적으로 길지 않았다. 특히 이전 연근해에서의 어업활동이나 교류가 아니라 인간이 원양을 가로질러 항해하게 되면서 바다는 본격적으로 인식의 대상을 넘어서 연구의 대상이 되었다. 그래서 현재까지 바다에 대한 연구는 주로 과학기술이나 해양산업 분야의 몫이었다. 하지만 인간이 육지만큼이나 빈번히 바다를 건너 이동하게 되면서 바다는 육상의 실크로드처럼 지구적 규모의 '바닷길 네트워크'를 형성하게 되었다. 그리고 이 해상실크로드를 따라 사람, 물자, 사상, 종교, 정보, 동식물, 심지어 병균까지 교환되게 되었다.

　이제 바다는 육지만큼이나 인간의 활동 속에 빠질 수 없는 대상이다. 바다와 인간의 관계를 인문학적으로 점검하는 학문은 아직 정립되지 못했지만, 근대 이후 바다의 강력한 적이 인간이 된 지금 소위 '바다의 인문학'을 수립해야 할 시점에 이르렀다. 하지만 바다의 인문학은 소위 '해양문화'가 지닌 성격을 규정하는 데서 시작하기보다 더 현실적인 인문학적 문제에서 출발해야 한다. 그것은 한반도 주변의 바다를 둘러싼 동북아 국제관계에서부터 국가, 사회, 개인 일상의 각 층위에서 심화되고 있는 갈등과 모순들 때문이다. 이것은 근대이후 본격화된 바닷길 네트워크를 통해서 대두되었다. 곧 이질적 성격의 인간 집단과 문화가 접촉, 갈등, 교섭해 오면서 동양과 서양, 내셔널과 트랜스내셔널, 중앙과 지방의 대립 등이 해역海域 세계를 중심으로 발생했던 것이다.

다시 말해 해역 내에서 인간(집단)이 교류하며 만들어내는 사회문화와 그 변용을 그 해역의 역사라 할 수 있으며, 그 과정의 축적이 현재의 상황으로 나타난다고 할 수 있다. 따라서 해역의 관점에서 동북아를 고찰한다는 것은 동북아 현상의 역사적 과정을 규명하고, 접촉과 교섭의 경험을 발굴, 분석하여 갈등의 해결 방식을 모색토록 하며, 향후 우리가 나아가야 할 방향을 제시해주는 하나의 방법이라고 할 수 있다. 개방성, 외향성, 교류성, 공존성 등을 해양문화의 특징으로 설정하여 이를 인문학적 자산으로 상정하고 또 외화하는 바다의 인문학을 추구하면서도, 바다와 육역陸域의 결절 지점이며 동시에 동북아 지역 갈등의 현장이기도 한 해역을 연구의 대상으로 삼아 실제적으로 현재의 갈등과 대립을 해소하는 방안을 강구하고, 나아가 바다와 인간의 관계를 새롭게 규정하는 '해역인문학'을 정립할 필요성이 여기에 있다.

이러한 인식하에 본 사업단은 바다로 둘러싸인 육역들의 느슨한 이음을 해역으로 상정하고, 황해와 동해, 동중국해가 모여 태평양과 이어지는 지점을 중심으로 동북아해역의 역사적 형성 과정과 그 의의를 모색하는 "동북아해역과 인문네트워크의 역동성 연구"를 제안한다. 이를 통해 우리는 첫째, 육역의 개별 국가 단위로 논의되어 온 세계를 해역이라는 관점에서 다르게 사유하고 구상할 수 있는 학문적 방법과 둘째, 동북아 현상의 역사적 맥락과 그 과정에서 축적된 경험을 발판으로 현재의 문제를 해결하고 향후의 방향성을 제시하는 실천적 논의를 도출하고자 한다.

부경대 인문한국플러스사업단이 추구하는 소위 '(동북아)해역인문학'은 새로운 학문을 창안하는 일이다. '해역인문학' 총서 시리즈는 이와 관련된 연구 성과를 집약해서 보여줄 것이고, 또 이 총서의 권수가 늘어가면서 '해역인문학'은 그 모습을 드러낼 수 있을 것으로 기대한다. 끝으로 '해역인문학총서'가 인간과 사회를 다루는 학문인 인문학의 발전에 기여할 수 있는 하나의 씨앗이 되기를 희망한다.

부경대 인문한국플러스사업단 단장 손동주

차례

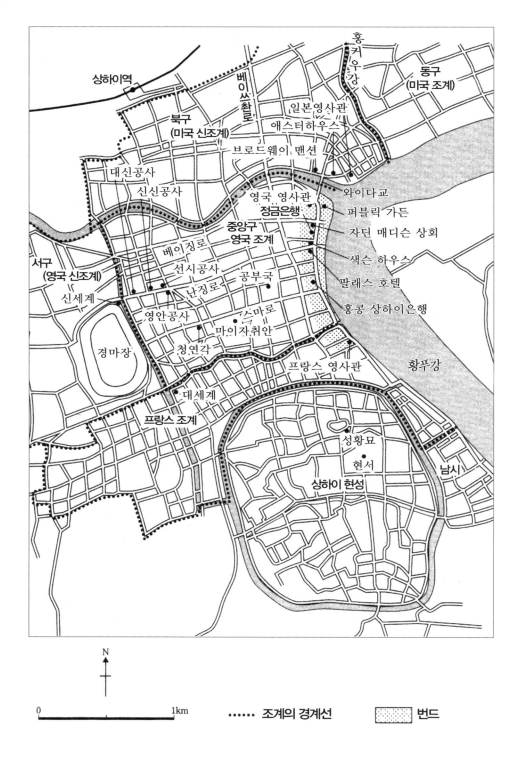

20세기 초반의 상하이

프롤로그

2개의 '상하이'

유괴하는 도시

"그 남자는 상하이당했다." 아마 이 말만 들으면 많은 독자들은 이것이 도대체 무슨 말인지 잘 모를 것이다. 사실 이것은 훌륭한 영어 표현으로 요컨대 그 남자는 유괴되어 하급 선원이 되어버렸다는 의미이다. 사전을 찾아보면 분명히 'Shanghai'라는 항목에는 중국에 있는 하나의 항구도시라는 해설 외에, 동사적인 용법으로서 '하급 선원으로 만들기 위해서 술에 취하게 하여 배로 끌고 가다, 유괴하다, 협박한다'는 선원이 사용하는 속어가 기술되어 있다.

그리고 이런 용법이 일본어로서도 성립된 실제 예로는 쇼와昭和[1] 초기에 활동한 소설가 다니 조지谷譲次의 작품에「상하이된 남자」(1925)라는 단편이 있는데 거기서 전개된 스토리는 바로 위에서 말한 사전 해설처럼 고베神戸항을 무대로 한 외국선에 의한 납치 사건의 전말이다.

---

1 서기 1926년부터 1989년까지의 일본 연호.

세계적으로 보아도 한 도시의 명칭이 동사화된 것은 상하이가 유일하다. 이는 무엇보다도 예전에 '마도^{魔都}'라고 불린 상하이의 '마성^{魔性}'을 잘 보여준다. 그리고 그것은 또 그 '마성'이 당시의 세계적인 대도시인 뉴욕, 런던, 파리, 도쿄의 어느 곳보다도 첨예화되어 있으며, 과격했다는 것을 의미한다고 하겠다. 실제로 상하이는 20세기 전반 한동안 '모험가의 낙원', '열락^{悅樂}의 도시', '동양의 파리'라는 다양한 별명이 붙어 많은 사람들의 꿈과 욕망을 실현시켜 줄 장소로서 '세계에서 가장 주목'받는 도시로 불렸다.[1]

2개의 이질적인 공간

그런데 이 상하이를 상하이답게 만든, 세계의 다른 대도시를 능가하는 '마성'은 도대체 어디에서 생겨난 것일까? 이 물음에 대한 답을 불과 150년이라는 짧은 기간에 거침없이 서양적인 근대를 질주한 '폭주한 시간성'[2]에서 찾는 것은 물론 가능할 것이다. 그러나 이 시간성과 동시에 아니 그 이상으로 그 지정학적인 특수성, 말하자면 '폭주'한 공간성도 크게 고려하지 않으면 안된다.

이는 오늘날 우리가 상하이라는 명칭으로 인정하고 있는 장소는, 실은 전혀 다른 2개의 공간으로 분리되어 있다. 하나는 구^舊 상하이 현성^{縣城}을 중심으로 700년의 역사를 가진 전통적인 공간이고, 또 하나는 이른바 '조계^{租界}'²를 중심으로 하는 불과 150년의 역사밖에 가지지 못한 근대적인 공간이다.

2　근대 중국의 개항장에 있었던 외국인 거류지.

그리고 이 두 공간은 적어도 1912년 구舊 현성의 성벽이 철거될 때까지는 매우 명확한 '경계선'을 가지고, 또 각각 상하이도道와 공부국工部局이라는 어디까지나 양립하는 행정기구에 의해 관리되고 있었다. 그러한 의미에서 상하이의 근대는 말하자면 다른 예를 볼 수 없는 '강남江南'이라는 광대한 전통적 문화를 배경으로 가지는 전자와, 서양 열강의 식민지에 아주 가까운 후자와의 충돌과 융합 과정 바로 그것이며, 그 '마성'의 과격함도 결국에는 상반되는 이 2개의 이질적인 공간의 상호침범 내지는 상호침투에 의해서 빚어진 것이라고 생각된다.

구체적으로 말하면, '조계'라는 근대적인 공간에 찻집이나 유곽 등 전통적인 생활이나 오락 시설이 대거 진출함으로써 '조계'의 자본주의적 균일성이 항상 파괴의 위기에 직면해 있었다는 것이다. 한편 다양한 수로水路를 스스로의 네트워크로서 전개하고 있는 '현성'의 전통적인 공간에 '조계'로부터 이어진 수많은 '월계축로越界築路'[3]로서 간선도로가 이번에는 거꾸로 끊임없이 기존의 '수변 마을水郷'의 질서를 유린했다는 것이다.

그리고 바로 이 양쪽의 끊임없는 '월경越境'이 상하이에 일종의 '복합'적인 도시 공간을 형성하게 하는 원인임에 틀림없지만, 동시에 그것은 또 세계의 다른 대도시를 능가하는 '마성'을 이 도시에 부여한 최대의 원인이라고도 할 수 있다.[3]

---

3 조계 측이 조계 범위 외에서 만든 도로.

내셔널리즘이 존재하지 않는 도시

상하이는 바로 이 뚜렷한 '크리올'적인 성격으로 인하여 중국 내부에 머무르지 않고, 동아시아의 다른 국가에도 많은 영향을 주었다. 그 존재는 오랜 시간을 지나오면서 소위 이 지역에서의 서양자본주의의 '메카'로서 끊임없이 그 주변에 다양한 '근대'에 관한 정보를 제공하였다. 그리고 그 '근대'는 앞에서 서술한 이유로 처음부터 일종의 세계적인 양상을 보였고, 거기에는 구심적인 내셔널리즘 등은 전혀 존재하지 않았을 뿐만 아니라, 경우에 따라서는 소위 상상의 공동체를 전제로 하는 '국민국가'에 대하여 오히려 파괴적 역할까지 내포하고 있었다.

이런 의미에서 근대를 '질주'하면서도 결코 그 함정인 특정한 내셔널리즘에 빠지지 않는다는 상하이의 모습은 세계적으로도 매우 드물며, 긍정적·부정적 요소를 포함하는 다양한 역사적 경험을 마침내 21세기를 맞이하는 오늘날에도 아니 오히려 21세기 글로벌 시대이기 때문에 더욱 귀중한 기록으로서 되살릴 필요가 있다고 생각된다. 이것이 이른바 상하이를 하나의 과제로 거론해야 할 이유이기도 하다.

왜구 대책을 위한 성벽

그런데 이 책은 위와 같은 이유로 이런 다양한 얼굴을 가진 상하이, 특히 일본인의 상하이에 관한 여러 '기억'을 검증하는 것을 목적으로 하고 있는데, 앞으로의 전개를 보다 명확하게 하기 위하여 사족일 수는 있지만, 간단히 상하이의 역사와 지리, 각 시대별로 일본인에게 있어서 상하이의 의미를 간략히 설명해 보려고 한다.

앞에서 언급했듯이 오늘날 우리가 상하이라고 할 때, 실은 거기에는 역사가 다른 2개의 '상하이'가 있다. 하나는 700년 이상의 역사를 가진 구 현성을 중심으로 하는 '상하이'이고, 또 하나는 150년 전에 서구 열강에 의해 갑자기 만들어진 소위 '조계'를 중심으로 하는 '상하이'이다. 이들 사이에는 '경계境界'의 변천 등 많은 우여곡절이 있었으나, 적어도 1945년 8월 일본군의 점령이 끝날 때까지는 완전히 다른 행정기구에 의해 운영되고 있었다.

상하이의 약칭은 '호滬'이다. 이것은 옛 이름인 호독滬瀆에서 유래했다. 호란 대나무로 만들어진 울타리(목책) 같은 어구漁具이며, 독은 바다로 흘러들어 가는 하구를 뜻한다. 그리고 이 '호'를 세워 하구에서 물고기를 잡는 것을 호독이라고 한 듯하다. 여기서도 알 수 있듯이 상하이는 본래부터 진정한 어촌이다.

다만 현재의 상하이 서쪽 교외에 위치하는 용화사龍華寺는 먼 옛날 삼국시대에 건립되었다고 전해지며, 또 그 근처에 있는 용화탑은 당시 오吳나라의 손권孫權이 기부했다는 일화가 있다. 이런 이야기는 이 '어촌'이 아주 역사가 오래된 장소임을 추측케 한다.

그러나 상하이에 처음으로 행정기관이 설치된 것은 상당히 시대가 지난 송宋나라 때라고 한다. 남송의 함순咸淳 3년(1267), 상하이에 이른바 '시박사市舶司'라는 화물검사, 관세징수 등을 관리하는 관청의 분사分司가 설치됨에 따라, 상하이는 마침내 상하이진上海鎭으로서 태어났다. 그리고 원대元代에 들어와서 지원至元 14년(1277)에 상하이진에 이번에는 분사가 아닌 시박사 자체를 두었고 15년 후인 지원 29년(1292)에 마침내 그 당시 최소단위의 독립행정구인 상하이 현으로 승격했다. 그 때 상하이에는 약 72,500호의 세대가 살고 있었다고 한다.(명明, 정덕正德

『송강부지松江府志』)

현으로 승격한 상하이에는 오랫동안 다른 현처럼 당연히 있어야 할 성벽이 없었다. 거기에는 몇 가지 원인이 있었는데, 주로 이 지역은 "처음부터 풀이 흔들릴 염려가 없다".(명, 홍치弘治『상하이지上海志』)에서 알 수 있듯이 전쟁으로 인한 피해가 그다지 크지 않았기 때문이다. 그러나 오랜 기간 계속되었던 평화는 명나라 중기에 들어서면서 갑자기 깨어졌는데, 왜구의 내습 때문이었다. 『명사明史』에 의하면 가정嘉靖 32년 (1553), 상하이는 4월부터 6월 사이를 전후로 5회나 걸쳐 왜구에 습격을 당해, 많은 주민들이 희생되었을 뿐만 아니라 마을의 절반이 초토화되었다고 한다. 이러한 왜구의 재침입을 막기 위해서 그 해 9월부터 상하이를 둘러싸는 성벽이 빠르게 만들어지는데 불과 2개월 만에 그곳 주변 9리(1리는 약 600m보다 약간 길다)에 높이 24척의 6곳의 성문을 세운 현성이 완성되었다. 이 성벽은 앞에서 말했듯이 1912년이 되어 철거되었기 때문에, 대략 360년 동안 상하이를 지켜왔다고 할 수 있다.

그리고 이 새로운 성벽에 둘러싸인 도시 공간이 그 후의 상하이 문화 형성에 실로 많은 영향을 준 것을 생각하면, 조금 억지일지 모르지만 어떤 의미에서 '상하이'는 바로 왜구에 의해 만들어졌다고도 할 수 있다.

바다의 현관으로

현성이 만들어졌을 무렵의 상하이는 하나의 지방 상업도시로서 이미 크게 발달되어 있었다. 즉 그 시기의 상하이는 특히 면방적업자가 다수 모여 있어 전국적으로 면제품 시장의 중심이 되었다는 점과 내륙 수로에 의한 운수업의 급성장으로 무역량이 매년 수백만 량까지 달했다는 것에서 기인한다.[4] 그리고 상하이의 이 번영은 그 후 청淸군의 침략에 의한 전란으로 일시적으로 퇴보하지만 거의 100년 이상 계속되었으며, 명나라 중기 이래의 '동남쪽의 규모가 큰 현壯縣'이라는 지위는 더욱더 확고해졌다.

하나의 지방도시인 상하이를 더욱 결정적으로 비약하게 만든 것은 청의 강희康熙 23년(1684)에 전해령展海令이 내려지고 나서였다. 오랫동안 타이완을 거점으로 청에 대항해 온 정성공鄭成功 일족이 강희 22년에 투항하고 저항세력이 완전히 소멸하자, 청 정부는 그 다음 해 즉시 기존의 해금海禁을 폐지하는 전해령을 공포하고 2년 후인 강희 24년 상하이에 내외무역을 관리하는 강해관江海関을 설치하여 바로 적극적인 대외무역정책을 펴기 시작했다.

강해관의 설치가 지방도시인 상하이의 지위를 크게 변화시켰다. 당시 중국 연해 지방에서 해관이 설치된 곳은 그 외에 불과 월해관粤海関의 광저우廣州, 민해관閩海関의 샤먼廈門, 절해관浙海関의 닝보寧波 세 도시밖에 없었다. 여기에 속하게 된다는 것은 전국적으로 보더라도 여기가 이미 내외무역의 중심의 하나임을 의미한다.

실제로 대내적으로는 강해관이 설립된 뒤, 이른바 사선沙船[4]에 의한 해운업이 재개되고, 또 대외적으로는 강해관이 세워진 그 해에 바로 13척의 무역선을 일본에 파견하였다. 동남 연안의 바다의 현관으로서 상하이가 여기서 처음으로 그 모습을 드러냈다고 할 수 있다.

나중에 언급하겠지만, 상하이에서 나가사키長崎로 내항하는 사선을

---

4 정크선.

구 현성 성벽

이전 상하이의 심볼 용화탑

도로로 '침범'한 수로

당시 일본에서는 난킨선南京船이라고 하며, 또 그것을 자푸⒡浦에서 출항하는 닝보선寧波船과 합쳐서 구선口船이라고 했다. 이 구선을 포함한 사선에 의한 활발한 무역 활동은 상하이를 마침내 동아시아의 중요한 항구로 변모시켰을 뿐만 아니라, 동시에 이 지역에 공전의 번영을 가져왔다. 게다가 명나라 말기의 현성 내에는 고작 10개밖에 없었던 도로가 19세기 초에는 이미 60개 이상으로 늘어나, 도로 양측에도 다양한 상점이 줄지어 들어섰으며, 전장錢莊(구 금융기관)만 해도 수십 채에 이르게 되었다고 한다. 한동안 대일무역이 매우 번창했던 것을 생각하면, 여기에서도 상하이의 번영에 공헌한 일본의 모습을 확인할 수 있다.

조계의 탄생

이 500여 년의 역사를 가진 '상하이'의 북부에 또 하나의 '상하이'(조계)가 탄생한 것은 중국이 아편전쟁에서 패배하고 난징조약으로 인해 상하이가 개항되고 난 2년 후인 1845년이었다. 그 해 11월, 당시 상하이 도대道臺(지방장관) 궁무쥬宮慕久가 초대 영국 영사인 발퍼와 협의를 거듭한 결과, 영국 상인의 거주지로서 황푸강黃浦江 근처에 대략 0.56평방킬로미터의 토지 조차租借를 정하는 '토지장정土地章程'(제1차)을 반포하였다.

현성 밖에 외국인 거주지를 만드는 것은 물론 영국의 요청에 의한 것이었다.

하지만 '토지장정'에 규정되어 있는 '화양분거華洋分居' 등의 조문에서도 알 수 있듯이, 실질적으로는 중국 측이 외국인의 활동범위를 제한하기 위해 취해진 일종의 '격리정책'이기도 했다. 그리고 이 영국 조계의 성립을 시작으로, 1848년에는 미국 조계, 그 다음 해는 프랑스 조계가 각각 영국 조계의 북측―우쑹강吳淞江 건너편 강가의 홍커우虹口 일대와 남쪽의 경계선인 양징방洋涇浜 건너편 강가에 설치되었다. 연이어 성립된 3개의 조계는 그대로 '근대 도시'로서의 상하이의 원형을 이루었다.

그런데 '화양분거'를 원칙으로 하고 일정한 자치권을 가지고 있으면서도 근본적으로는 중국 측의 관할하에 있었던 이들 조계는 설립부터 10년도 지나기 전에 재빨리 그 성격을 바꾸고 말았다. 그 원인 중 하나는 1853년 9월에 일어난 비밀결사 소도회小刀会의 무장봉기로, 농민군이 1년 반에 걸친 상하이 현성을 점령함에 따라 수많은 난민이 발생하였으며 그 대부분이 인접한 3개의 조계로 도망쳤기 때문이었다.

이와 같은 갑작스러운 사태로 인하여 기존의 '화양분거'의 원칙이 간단하게 무너지게 되었으며, 이후 중국과 조계 양측 모두 어쩔 수 없이 이른바 '화양잡거華洋雜居'의 현실을 받아들였다. 그리고 이러한 새로운 국면에 대응하기 위한다는 명목으로 그 당시의 영국 영사 알콕이 1854년 7월 미국과 프랑스 영사와 협의했으나, 중국 측에는 사후통고라는 형식으로 기존의 '토지장정'을 일방적으로 수정한 '제2차 토지장정'을 공포하였다.

이 '제2차 토지장정'에는 1848년에 협의된 영국 조계의 새로운 경계 확인, 조계내의 중국인 거주 묵인, 또 '순포巡捕'(경찰) 설치 등의 내용도 포함되어 있다. 하지만 가장 중요한 항목은 오히려 3개국 영사에 의한 시의회에 해당하는 '조주租主'(차지인借地人) 회의 소집과 집행기관으로서 공부국의 설치라는 두 가지이며, 특히 후자의 공부국에 거의 '시정부市政府'로서의 기능을 가지게 했기 때문에 이러한 성립으로 인하여 조계는 거의 완전히 중국정부의 관할하에서 벗어나 스스로 '자치'를 시작하게 되었다.

완전한 행정시스템의 성립

'자치'를 실현한 그 당시의 조계는 새로운 경계가 정식으로 인정된 영국 조계를 중심으로 지리적으로는 여전히 다른 두 개의 조계와 각각 나뉘어져 있었다. 그러나 행정적으로는 처음으로 신설된 공부국에 세 개의 조계가 통일되었다. 그리고 이 체제는 그 후 1850년대까지 거의 10년 가까이 계속 유지되었는데, 1862년 태평천국군太平天国軍의 상하이 진격을 계기로 더 큰 변혁을 맞이하게 되었다.

태평천국의 거듭되는 침공에 대비하여 조계 전체의 방위를 보다 견고하게 하기 위해서 대략 1862년 초부터 마침내 영미 조계의 합병이 의제에 오르게 된다. 그 후, 기존의 애매했던 미국 조계의 경계를 중미 사이에서 확정하고, 1863년 9월 영미 조계는 공부국에서 정식으로 합병하여 이름도 외국 조계Foreign Settlement로 변경했다.

이어서 영미 조계합병의 기운이 대두된 것과 거의 같은 시기에 프랑스 조계 측도 처음부터 매우 불만이었던 영국 주도의 조계운영에서 탈피하고, 1862년 5월 영미 조계의 정식합병보다 한 걸음 앞서 일방적으로 통일행정의 이탈을 선언하고 자신들만의 행정기관인 공동국公董局을 설립하였다.

합병 후의 외국 조계는 당연히 그 관할지역이 크게 확대되고 행정능력도 더욱 증진되었다. 단 이와 같은 '자치' 현실이 진전되는 한편, 그것을 지탱하는 기존의 '토지장정'에는 그 근거가 되는 내용이 매우 애매한 형태로 기술되어 있어서 그 후의 행정운영상 많은 장애가 발생한 것도 사실이다.

그래서 태평천국의 난으로 인하여 보다 많은 난민이 조계에 유입된 것과도 겹쳐, 조계 당국은 1869년 9월에 다시 장정을 일방적으로 개정하여 제3차 토지장정을 발표했다.

이 새로운 '토지장정'에서는 먼저 기존의 차지인 회의를 납세외인회의로 확대하고, 여기에 조계예산 심의, 공부국동사회工部局董事會(시참사회) 선출 등의 권한을 주어 이른바 시의회의 기능을 완전히 가지도록 하였다.

다음으로 기존의 공부국 권한을 더욱 강화하고, 그 모든 권리를 위원회 별로 분담시킴으로써 시정부로서의 모든 기능을 부여했다. 예를 들어 공부국 밑에 경무처警務處, 화정처火政處(소방서), 위생처衛生處, 교육처, 재무처 등 시정에 관계되는 모든 기관을 설치하여 완전한 행정시스템을 갖추었다.

독립국으로

그리고 '제3차 토지장정'의 공포에 앞서 공부국측은 같은 해(1869) 4월 조계 거주 중국인을 둘러싼 재판권에 관한 사법규정을 공포했다. '양경방설관회심장정洋涇浜設官会審章程'이라는 이름이 붙여진 규정에 따르면, 조계 거주 중국인에 대한 재판은 조계에 설치되어 있는 '회심공당会審公堂'(재판소)에서 상하이 도대道臺로부터 파견된 '동지同知'(재판관)에 의해 행해졌다. 단 당사자의 한쪽이 외국인 혹은 외국인을 고용한 중국인인 경우, 반드시 영사 또는 영사가 인정한 배심관과 함께 심의하지 않으면 안되며, 또 피고인이 판결에 대해 불복할 경우, 상하이 도대와 영사관 양쪽에 상소하는 것이 가능하게 되었다.

이처럼 새로운 두 개의 '장정' 반포에 의해 '외국 조계'는 이 시점에서 사법에 관해서만 약간 애매한 점을 남기고는 있으나, 입법과 행정 분야에서는 거의 완전한 형태로 하나의 '독립국'을 건설했다고 할 수 있다. 그리고 이 '독립국' 체제는 이후 19세기 말에 '영토' 확대와 함께 '외국 조계'에서 '공공 조계'公共租界, International Settlement'(일본에서는 공동 조계라 한다. 이하 공동 조계)로의 명칭변경을 거쳐 대략 1932년 일본군에 의한 제1차 상하이 사변까지 존속되어 갔다.

덧붙여서 1862년 '외국 조계'로의 참가를 거부하고 스스로의 행정기관인 공동국을 설립한 프랑스 조계도 이 새로운 조직에 공부국과 거의 같은 기능을 갖게 했을 뿐만 아니라, 그 후 영미 조계의 '제3차 토지장정'과 내용이 아주 비슷한 '공동국조직장정'(1866)을 선포하고, 그 '회심공당'과 같은 재판기구를 설치했다. 그러한 의미에서 실제 운영은 조금 다르지만, 프랑스 조계도 말하자면 '외국 조계'와 같은 '독립국'을 만들었다고 할 수 있다. 그리고 이 '독립국'도 19세기 말부터 2회에 걸쳐서 스스로의 '영토'를 확대시켰으나 지리적으로 현성에 근접해 있어서 '공동 조계'와는 다른 형태로 '근대 상하이' 성립에 공헌했다고 할 수 있다.

모자이크 도시

이처럼 한마디로 '조계'라고 해도 실제로 그 내용을 검토해 보면 거기에는 적어도 3개의 다른 '공간'이 존재한다. 그것은 독자적인 행정기관을 가진 프랑스 조계는 물론이고, 행정적으로 합병한 영국 조계와 미국 조계 사이에도 역시 그 '주민'의 성격 차이에 따라서 상당히 다른 경관이 연출되고 있다. 그리고 이 3가지 다른 '공간'에 기존의 현성과 그 배후에 가려진 전통적인 수변 마을이 더해지면서 상하이는 정말로 모자이크 도시라고도 할 수 있는, 세계적으로도 드문 매우 변칙적인 도시 공간을 형성했다.

이하 이 책의 무대인 모자이크 도시 상하이의 지리에 대해서 20세기 초기의 각 공간이 가진 특색을 언급하면서 간략하게 소개하고자 한다.

우선은 앞서 서술한 4개 공간의 중심부라고도 할 수 있는 공동 조계의 중앙구와 서구, 즉 구舊 영국 조계이다. 이미 언급했듯이, 이 지구地區는 소위 외국인 거주지로서의 조계가 성립된 최초의 지역으로 남북에 쑤저우강蘇州江과 양징방(현재의 옌안동로延安東路)의 2개 수로를 사이에 두고, 동쪽에는 와이탄外灘, Bund을 기점으로 하고, 서쪽에는 정안사靜安寺가 있는 지스페이얼로極司菲爾路, Jessfield Road(현재의 완항두로萬航渡路) 근처를 경계로 하고 있다.

이 공간에서는 상하이의 '현관'이라고도 할 수 있는 황푸강黃浦江 둘레의 번드Bund와 그 번드와 직각으로 평행하는 6개의 도로(베이징로北京路, 난징로南京路, 주장로九江路, 한커우로漢口路, 푸저우로福州路, 광둥로広東路)가 전체의 기본적인 경관을 만들고 있는데, 그 '뒷 정원'에 해당하는 경마장도 도시 최대의 '휴식' 장소로서 무시할 수 없는 존재이다.

그리고 만약 각국의 영사관이나 은행, 상점이 줄지어 서 있는 번드를 정치 내지는 자본 공간으로 볼 수 있다면, 백화점을 비롯한 다양한 상점이 늘어서 있는 난징로(다마로大馬路)는 확실히 상업 또는 소비 공간이며, 또 찻집이나 유곽 그리고 희원戱園(극장)이 많은 푸저우로(스마로四馬路)는 매우 특색 있는 오락공간이라고 할 수 있다.

또 1920~1930년대 상하이를 대표하는 선시先施나 영안永安 등과 같은 백화점은 빅 포Big Four라고 불리는데, 이들 대부분은 난징로에 있으며,

한편 이 시대의 대표적인 찻집인 청련각靑蓮閣이나 유곽이 모여 있는 유흥가会樂里 등은 푸저우로에 위치해 있다.

하나의 큰 오락천국

다음은 구 영국 조계의 남쪽에 위치하는 프랑스 조계에 관하여 설명하겠다. 여기는 남북에 각각 현성과 영국 조계가 있고, 이를테면 그 둘 사이에 뻗어있는 좁고 긴 지역이다. 1910년대에 들어서 이 공간은 크게 팽창하고, 특히 서쪽 끝은 멀리 교외 쉬자후이徐家匯까지 이어졌다. 하지만 프랑스 조계라고 하면, 역시 이 처음 지역이 중심이라고 생각된다. 중심가인 샤페이로霞飛路(현재의 화이하이로淮海路)의 양측에는 많은 상점이 들어서 있어 여기는 흔히 상업적 공간으로 보이기도 하는데, 그러한 특징과 결코 모순되지 않는 형태로 이 공간은 그 이상으로 상당히 향락적이라고 할 수 있다.

이 곳은 현성과 근접해 있어서 옛날부터 소위 찻집, 유곽, 연관煙館(아편굴)이 집중되어 있었던 지역이다. 더불어 1920년대에 들어서면서 공동 조계 등에서는 '금창禁娼', '금연禁煙'(아편 흡연금지), '금도禁賭'를 주장하였으나, 이 지역에서는 여전히 그것들을 법적으로 인정하고 있었기 때문에, 이러한 오락시설이 더욱 많이 생겨 결국에는 하나의 큰 오락천국을 만들어낸 것이다.

또한 1920~1930년대 상하이의 대표적인 종합오락시설인 '대세계大世界', 최대의 도박장인 석가도장席家賭場(속칭 181호), 또 현대적인 도박으로 알려져 있는 회력구장回力球場이나 동아시아 최초의 개경주장犬競走場인 '일원포구장逸園抱狗場' 등은 모두 프랑스 조계에 있었으며, 이런 것들이 존재함으로써 그 공간이 매우 모던한 것이 되었다.

이어서 이 프랑스 조계와 인접한 현성을 중심으로 하는 전통적인 공간이다. 이곳은 이미 언급하였듯이 기존의 상하이현의 행정기관인 현아문縣衙門이나 상하이의 토지신土地神을 모시는 성황묘城隍廟, 또 중국식 정원인 위위안豫園 등이 말하자면 중심에 해당한다. 이러한 시설에 의해서 조성된 분위기는 당연히 조계와는 전혀 다르며, 거기에는 혼돈스럽지만 여전히 기존의 토착적인 질서가 유지되어 있고, 그리고 조금 더 배후에 숨겨져 있는 전통적인 '수변 마을'에 발을 내딛으면 눈앞에는 중국 강남 특유의 한가로운 전원풍경이 펼쳐진다.

혼돈이라는 매력

마지막으로 4개의 공간 중에서 가장 북쪽에 위치하는 것은 공동 조계共同租界의 북구와 동구, 즉 구 미국 조계이다. 이 지구는 쑤저우강蘇州河에서 북쪽 황푸강 근처의 광대한 지역을 포함하는 지역인데, 실질적으로 미국 조계라고 해도 결코 미국 '주민'이 많은 것은 아니었으며, 오히려 그 대부분 지역이 일본인에 의해 점령되어 있었다. 그중에서도 홍커우 부근은 흔히 말하는 일본 조계라고 할 정도로 일본의 여러 시설이나 일본인을 대상으로 하는 상점 등이 집중되어, 가장 많을 때는 10만 명 이상의 일본인이 이곳에 살고 있었다고 전해진다. 조계 중심에서 조금 떨어져 있고 양쪽의 공장지대를 사이에 두고 있는 점에서 그 일대는 결코 조계 중심부와 같은 화려한 상업, 소비 공간이 형성되는 일이 없고, 오히려 일부 무도장이나 영화관 등의 오락시설로 인하여 그 '번영'이 계속 유지될 수 있었다고 할 수 있다.

이 책의 후반에 등장하는 여러 주인공, 예를 들면 요코미쓰 리이치橫光利一나 가네코 미쓰하루金子光晴 그리고 요시유키 에이스케吉行エイスケ 등은 거의 이 근처를 거점으로 삼고 있으며, 그들은 바로 그 지구의 중심가인 쓰찬로四川路에서 매일 조계 중심으로의 '탐험'을 반복하였다.

이상 매우 간략하게 상하이의 4개 공간을 얘기했는데, 이미 지적한 각각의 특징에서 알 수 있듯이 이 4개의 공간은 각자의 '법률'이나 '질서' 등의 차이에 의해 뚜렷한 도시 경관의 다양성을 나타내고 있는 한편, 그 사이의 상호침투에 의해서 동시에 또 보기 드문 이문화의 경계 내지 융합이 보이며 거기에 매우 세계적인 '혼돈'을 낳고 있다. 그리고 이 '혼돈' 이야말로 '마도'로서 상하이의 매력이며, 또 국제도시로서의 '포용력'임에 틀림없다.

근대 국가의 '기폭제'

그런데 이 다양한 얼굴을 가진 상하이에 일본인은 도대체 어떻게 관여를 해 왔을까? 또 이 '복합'적인 상하이는 과연 일본 그리고 일본인에게 어떤 존재였을까? 이러한 일련의 문제에 답하기 위하여 먼저 에도 말기와 메이지 이후의 두 시기로 나누어 고찰하려고 한다.

이는 메이지유신을 경계로 일본인의 상하이 이미지가 완전히 바뀌며, 메이지유신까지 상하이는 주로 '국가'로서의 일본에 다양한 역할을 요구받은 것에 비하여, 이후의 상하이는 오히려 '사람'으로서의 일본인에게 다양한 역할을 계속 요구받아 온 것으로 크게 구분할 수 있기 때문이다.

에도 말기 일본에게 상하이는 대략 두 가지 의미로 매우 중요한 존재였다. 하나는 이를테면 반식민지로서 성립한 '조계'가 바로 동아시아 자본주의의 '최전선'을 형성하고, 거기서부터 그야말로 대량의 서양 정보가 일본에 전래되었다. 그중에서도 선교사에 의한 다양한 한역양서漢譯洋書는 비단 구미 지식을 전했을 뿐만 아니라, 동시에 열강제국을 모델로 한 어떤 종류의 국가관이나 국가상도 제시했다. 이것은 어쩌면 기존의 막번체제幕藩體制5 붕괴를 눈앞에 두고, 진지하게 새로운 '국가' 형태를 바라는 많은 지사志士에게 가장 필요했을 것이다.

또 하나는 조계의 성립에 의하여 상하이가 또 구미로 향하는 가장 가까운 '입구'가 되고, 조계 자체도 가장 근거리의 '서양'으로 간주된 것이다. 에도 말기에 실제로 많은 무사가 유럽으로 가는 도중에, 또는 일부러 이곳을 목표로 삼아 상하이를 방문했는데, 그들은 한결같이 이 땅에서 '서양'을 체험하고, 또 이 체험에 의해 비로소 이른바 '문명'의 충격을 받았다.

한편 조계 '상하이'가 현성 '상하이'에 대한 압박을 끊임없이 눈앞에서 행하고 있었던 상하이의 이러한 현실은 무사들에게 어찌보면 절호의 '반면교사反面教師' 이외에 다른 것이 아니며 그 비참한 상황이 항상 그들의 '근대'를 지향하는 결의를 다지게 하였다.

이처럼 에도 말기에 상하이로부터 서양 정보의 전래, 무사들이 받은 '문명' 충격, 반식민지적인 현실이 만들어 낸 반면교사로서의 역할, 이러한 모든 것은 일본의 '각성'을 촉구하기에 중요한 조건이며, 또 근대 일본을 새롭게 만들기 위한 빠뜨릴 수 없는 요소임에 틀림없다. 그러한

---

5 에도 막부와 그 지배하에 있으면서 독립된 영지를 갖는 모든 번(諸藩)을 통치기관으로 하는 봉건적인 정치체제.

의미에서 19세기 중반의 상하이는 중국뿐만 아니라 일본에서도 실제로 일종의 '근대 국가'의 기폭제이며, 새로운 출발에 적지 않은 영향을 가져다 준 존재였다고 할 수 있다.

가장 가까운 '낙원'

그런데 일본에게 상하이가 행한 이러한 역할은 메이지 시대에 들어오면서 급속하게 퇴색하기 시작했다. 물론 이 시점에서 일본이 이미 스스로 '문명 개화'를 표방하고 직접 구미로부터 근대의 여러 제도를 도입하기 시작했기 때문에 기존의 '중계지'로서의 상하이가 거의 의미를 가지지 못하게 되었던 것이다.

그러나 보다 근본적인 원인은 오히려 내셔널리즘을 기반으로 한 구심적인 '국민국가'를 추진하는 메이지 시대의 일본에게 상하이의 '근대'가 이미 방해가 될지언정 결코 유익한 요소는 아니었다는 점이다.

이것은 애초에 상하이의 '근대'가 그 열강의 조차지租借地로밖에 성립될 수 없었던 것으로 상징되듯이, 처음부터 일종의 '국민국가'와는 다른 아이덴티티를 가지고 있었기 때문이다. 어떤 의미에서 그것은 상상의 공동체를 전제로 하는 '국민국가'에서는 이른바 거의 '파괴장치'에 가까운 존재이며, 그 다양한 내실은 좋든 싫든 이미 '근대 국가'의 범주를 뛰어넘었다. 그것은 중국 내부에서 보아도 그렇고, 또 일본에서 보아도 그러한 것임에는 틀림없다.

그렇다면 에도 막부 말기에 일본에 다양한 '근대 국가'의 정보를 꾸준히 전달해 온 상하이는 바로 메이지 국가가 성립된 그 시점에서 일본에서의 존재 의미는 완전히 반전되어 버렸다고 할 수 있다. 새롭게 짊어진 역할의 일면에는 물론 팽창하는 일본의 대륙 진출을 위한 '기지基地'로서의 요소가 농후했다.

하지만 그 이상으로 거기에는 메이지 국가의 내셔널리즘을 초월하고, 중국이나 일본은 물론 구미제국에서도 어떤 특정한 국가에 소속되지 않는 완전히 '자유'로운 신천지로서의 측면이 보다 강하게 기능하기 시작했다. 그것은 근대 국가의 속박이 마침내 강하고 단단하게 되는 '폐쇄적'인 일본의 입장에서 보면, 정말로 '로망'을 나타내기 위한 대상이며 '모험'의 꿈을 실현할 절호의 땅이었다.

따라서 정치, 경제적인 의미를 제외하고 1870년대 이후의 상하이는 '국가'로서의 일본에게 그다지 중요한 존재는 아니다. 그렇지만 '일본 탈출'을 꿈꾸는 많은 일본인에게 이 혼돈스러운 도시는 틀림없이 가장 가까운 '피난처'이며, 동시에 가장 가까운 '낙원'이었다. 더욱이 메이지 이후 실로 아주 많은 일본인이 상하이로 넘어왔는데, 정부와 군부에 속한 일부의 대륙 진출 추진자를 제외하고 많은 사람들이 이 땅을 갈망하고 있었던 것은 역시 '내지內地'와 다른 '근대'의 모습이며, 또 그러한 일본의 현실을 상대화하는 일종의 '장치'로서의 역할이었다고 할 수 있다.

이와 같은 상황을 근거로, 이 책의 전반부는 초점을 주로 에도 막부 말기 일본과 상하이의 관계로 범위를 좁혀, 소위 '국민국가'로서 근대 일본의 성립에 상하이가 도대체 어떤 역할을 하였는지를 추적해 보았다. 그리고 후반부에는 특히 메이지 이후 일본인의 상하이 체험에 초점을 맞추고 각각의 정신사精神史에 상하이가 어떤 흔적을 남겨왔는가를 밝혔다. 그러한 의미에서 이 책은 상하이론上海論인 동시에 또 상하이를 소재로 한 일본 또는 일본인론日本人論이다.

제1장

사무라이들의 상하이

1. 자본주의의 '최전선' – 지사志士들의 '서양' 체험

교두보橋頭堡

19세기 중반 동아시아에 '근대 국가'로서 조계가 성장함에 따라 상하이를 중심으로 하는 무역, 교통, 나아가 정보 등의 분야도 포함하는 근대적인 네트워크가 출현했다. 그리고 이 네트워크에 중국 국내는 물론, 바다를 사이에 둔 에도 막부 말기의 일본도 편입되기 시작했다.

이러한 상황은 곧 상하이가 이미 열강제국의 동아시아 진출의 '최전선'이 되었을 뿐만 아니라 동시에 중국이 보다 넓은 범위에서 '문호 개방'을 강요당한 후, 다음 목표인 일본을 '개국'으로 이끄는 '교두보'와 같은 역할도 하기 시작했다는 것을 의미한다.

그리고 이러한 상하이를 뒤집어 일본 측에서 보면, 그것은 바로 눈앞에 다가온 자본주의로 대표되는 '근대' 그 자체이며, 또 유일하진 않지만 서양에 가장 가까운 '입구'인 셈이기도 하다.

이것은 유럽으로 가는 정기항로가 홍콩이나 상하이를 기점으로 하고 있었던 당시에, 일본인이 서양으로 가려면 반드시 어느 쪽인가를 이용하지 않을 수 없으며, 이 두 지역에서의 견문이 불완전하지만, 그럭저럭 그들이 경험한 '근대'의 첫 체험이 되었기 때문이다.

즉 많은 양행자洋行者[1]는 바로 자본주의의 '최전선'인 동시에 열강이 가진 식민지의 '최전선'이기도 한 이 두 지역에서 먼저 '서양'과 접촉하고, 또 그 후에는 마치 서양제국의 아시아 진출의 발자취를 거슬러 올라가듯이 유럽을 향하고 있었던 것이다. 이렇게 보면 상하이를 비롯한 각지에서의 '서양 체험'이 상당히 중요한 의미를 가지고 있으며, 그것은 어떤 면에서 그들의 서양 인식에 영향을 주었을 뿐만 아니라, 나중에 중국 인식, 아시아 인식 내지는 일본 자신에 대한 인식에도 영향을 주었다고 생각한다.

그래서 홍콩에 관한 것은 이 책의 테마에서 벗어나기 때문에 생략하지만, 양행자들(대부분이 막부의 관리와 각 번 무사)의 상하이 체험은 조금 살펴보고자 한다.

양행자의 절반이 상하이로

대략 '안세이개국安政開国'(1858)에서 '메이지유신明治維新'(1868)까지 10년 동안 에도 막부는 다양한 외교문제를 처리하기 위하여 7회에 걸쳐 크고 작은 사절단을 구미 여러 나라에 파견했다.

---

1 서양 구미로 여행 또는 유학을 간 자.

구체적으로 고찰해 보면, 제1회는 미일수호통상조약 비준을 위해서 1860년에 파견되어 간린마루咸臨丸[2]에 동행한 신미 마사오키新見正興 견미사절단遣美使節團 일행이며, 제2회는 에도, 오사카, 효고兵庫 등의 개시開市・개항開港의 연기교섭을 임무로 1862년에 유럽 주요국에 파견된 다케우치 야스노리竹内保德가 이끄는 견구遣欧사절단이다.

제3회는 요코하마横浜 폐항廢港이라는 외교교섭을 하기 위하여 1864년에 프랑스로 건너간 이케다 나가오키池田長発 견불遣佛사절단 일행이며, 제4회는 요코하마 제철소 건설 준비 등의 용건으로 1865년에 프랑스와 영국에 파견된 시바타 다케나카柴田剛中 일행이다.

그리고 제5회는 러일국경획정협의를 위한 파견으로 1866년에 고이데 히데미小出秀実 일행이 유럽을 경유하여 러시아를 방문하였다. 제6회는 외교교섭이 아닌 군함이나 무기구입을 위해 1867년에 미국에 파견된 오노 도모고로小野友五郎 일행이며, 마지막인 제7회는 같은 해 장군 요시노부慶喜의 대리로서 제2회 파리 만국박람회에 참석한 도쿠가와 아키다케德川昭武가 이끄는 일행이다.

이 외에 막부와 일부 힘이 있는 번藩에서 몇 차례 서양 각국에 유학생 파견도 이루어졌는데, 주된 것으로 대략 다음의 6회를 들 수 있다. 즉 제1회는 1862년에 막부로부터 네덜란드에 파견된 에노모토 다케아키榎本武揚, 아카마쓰 노리요시赤松則良, 쓰다 마미치津田真道, 니시 아마네西周 등 일행 9명이며, 제2회는 1863년에 조슈번長州藩[3]에서 은밀하게 영국에 보낸 이노우에 가오루井上馨, 이토 히로부미伊藤博文 등 일행 5명이다. 제3

---

2 막부 말기 에도 막부에서 소유하고 있던 군함.
3 에도 시대 주방국(周防國)과 장문국(長門國)(모두 지금의 야마구치현) 두 나라를 거느린 번.

회는 1865년에 사쓰마薩摩번에서 파견되어 글로버의 협력으로 영국으로 간 고다이 도모아쓰五代友厚, 데라시마 무네노리寺島宗則, 모리 아리노리森有礼 등 총 19명의 일행이며, 제4회는 같은 해 막부에서 러시아에 파견된 이치가와 가네히데市川兼秀(분키치文吉), 야마노우치 사쿠자에몽山内作左衛門 등 6명이다.

그리고 제5회는 1866년에 이것도 막부가 영국에 보낸 나카무라 마사나오中村正直, 가와지 다로川路太郎가 이끄는 일행 14명이고, 제6회는 이미 언급한 도쿠가와 아키다케 사절단과 비슷한 형태를 취하고 있는데, 일부를 제외하면 이 사절단은 처음부터 공무 종료 후, 그대로 유학생 신분으로 바꿀 생각으로 프랑스에 파견되었던 것이다.

이와 같이 막부 마지막 10년은 정말로 많은 막부 관리와 번에 소속된 무사들이 구미 여러 나라로 도항했는데, 여기서 이상 7회의 견외遣外사절단과 6회의 유학생단에 대해 그들의 발자취를 보다 선명하게 하기 위해서 간단히 정리해 보았다.(〈표 1〉)

이 표에서도 알 수 있듯이, 군함이나 상선을 타고 직접 상대국으로 향한 일부의 예를 제외하면 당연한 것이지만, 대다수의 사절단과 유학생단은 모두 홍콩 또는 상하이를 경유하여 구미 여러 나라로 건너갔으며, 그중에서도 상하이는 5회나 경유했다.

이러한 사실은 물론 서양의 '입구'로서의 상하이의 지위를 증명한 것인데, 그 이상으로 중요한 것은 오히려 이 시기 양행자의 절반에 가까운 사람들이 상하이를 체험했으며 또 그 체험으로부터 큰 '충격'을 받았다는 사실이라고 할 수 있다.

<표 1> 막부 말기에 구미제국으로 간 사절단과 유학생의 파견 상황

상대국	파견 년도	목적	주요구성원	비고
사절단				
미국	1860	미일수호통상조약 비준교환	신미 마사오키 오구리 다다마사 기무라 가이슈	미국 군함 포하탄호로 도항, 귀국은 홍콩 경유
프랑스 영국 네덜란드 등	1862	개시·개항연기 교섭	다케우치 야스노리 후쿠치 겐이치로 후쿠자와 유키치	영국 군함 오딘호로 도항, 오가는 길 모두 홍콩 경유
프랑스	1864	요코하마 폐항교섭	이케다 나가오키 다나베 다이치 스기우라 유즈루	프랑스 군함, 우편선으로 도항, 오가는 길 모두 상하이 경유
프랑스 영국	1865	요코하마 제철소기사 초청 등	시바타 다케나카 후쿠치 겐이치로	영국 우편선으로 도항, 상하이 경유
러시아	1866	러일 국경획정협의	고이데 히데미 미즈쿠리 슈헤이	프랑스 우편선으로 도항, 마르세유 경유
미국	1867	군함, 무기구입	오노 도모고로 마쓰모토 슈타이후	
프랑스	1867	제2회 파리 만국박람회 참가 등	도쿠가와 아키다케 스기우라 유즈루 시부사 에이이치	프랑스 우편선으로 도항, 상하이 경유
유학생				
네덜란드	1862	막부 파견유학	에노모토 다케아키 아카마쓰 노리요시 니시 아마네	네덜란드 상선 칼립스호로 도항, 자바 경유
영국	1863	조슈번 파견유학	이노우에 가오루 이토 히로부미	영국 상선으로 도항, 상하이 경유
영국	1865	사쓰마번 파견유학	고다이 도모아쓰 데라시마 무네노리 모리 아리노리	영국 상선, 우편선으로 도항, 홍콩 경유
러시아	1865	막부 파견유학	이치가와 가네히데 야마노우치 사쿠자에몽	러시아 군함으로 도항
영국	1866	막부 파견유학	나카무라 마사나오 가와지 다로	영국 우편선으로 도항, 상하이 경유
프랑스	1867	막부 파견유학	도쿠가와 아키다케 스기우라 유즈루 시부사 에이이치	프랑스 우편선으로 도항, 상하이 경유

주: 도미다 히토시(富田仁) 편, 『바다를 건넌 일본 인명사전』; 이시즈키 미노루(石附實), 『근대 일본의 해외 유학사』 등을 참고로 작성했다.

디너, 피아노, 사진-서양 문물과의 조우

그러면 이들 견외사절이나 유학생은 도대체 상하이에서 무엇을 체험하고 또 어떤 충격을 받았을까? 여기서 그들의 발자취를 자세히 살펴보고자 한다.

먼저 1864년에 프랑스에 파견된 이케다 사절단의 동향인데, 가령 그 멤버 중의 한 명인 막부 신하 스기우라 유즈루杉浦讓는 자신의『봉사일기奉使日記』에서 상하이 상륙 전후의 상황을 다음과 같이 기록하고 있다.[1]

> 6일 새벽, 양쯔강 입구에 도달했다. 강은 드넓고 끝이 보이지 않았다. 푸른 파도 끝없이 넓고, 3시에 우쑹강(吳淞江)에 다다랐다. 5시 상하이에 도착하여 닻을 내렸다. 7일 상륙하여 영국의 객사에 숙박하였다. (…중략…) 객사에서 본 강의 풍경은 아주 아름다웠다. 한눈에 천 리를 바라보며 돛대에 연기가 오르고 깃발이 바람에 나부끼는 것을 보며 통상이 활발한 것을 알고, 서양 사람과 남쪽의 손님이 밥을 한 끼 먹고, 환담을 나누는 것을 듣는다. 통신이 훌륭한 것을 알았고, 이 강은 깊어서 거함(巨艦)을 물가에 대더라도 충분하며, 그렇게 정박한 배는 대략 5백 척 정도가 있다고 한다.

개항 후 20년이나 지난 상하이의 '통상이 활발하다'는 것과 '통신이 훌륭하다'는 것에 대하여 처음으로 일본을 벗어난 스기우라가 꽤 감격한 것으로 보인다. 그것도 그럴 것이 실제 그들이 숙박한 '영국 객사'는 그 시대에 상하이에서 으뜸가는 영국계 호텔로, 번드를 바라보는 2층 구조의 객실은 마침 상하이항의 번영을 훤히 알 수 있는 곳이었기 때문이다.

그리고 이 애스터하우스(리차호텔礼査飯店 1852년 창립, 현재의 푸장호텔浦江飯店)에서 그 후 그들은 더욱 다양한 '서양 문물'과 조우하게 되는데, 예를 들면 일본에서는 아직 먹을 수 없었던 풀코스 디너나, '양금洋琴'(피아노) 연주, 또 조식 후에 나온 커피와 같은 것이었다.

그중에서도 가장 일행의 흥미를 끈 것은 호텔 근처에 있는 사진관으로 그들은 거의 모두가 견학에 참가했을 뿐만 아니라, 이 새로운 문명의 이기利器에 상당히 매력을 느꼈으며, 이후에 여행을 떠나는 도중에 실제로 많은 사진을 남겼던 것이다.

상하이에서 처음으로 '서양'을 체험한 것은 물론 그 후의 사절단이나 유학생단도 마찬가지였다. 예를 들면 1865년에 프랑스와 영국에 파견된 시바타柴田 사절단 일행이 가는 길에 상하이에 기항했을 때, 불과 3일간의 체재임에도 불구하고 제대로 호텔에서 양식을 먹고 마차로 시내로 이동해서 "요코하마보다는 시내의 모습이 조금 번창한"2) 모습을 보게 되었다.3)

또 1866년 막부에 의해 파견된 영국 유학생 일행도 어쨌든 상륙하자마자 전원이 단발을 감행하고 당당하게 사진관에 가서 기념촬영을 하였던 것이다.

서양문화 기지에 대한 관심

그리고 상하이에서 이 수많은 '서양' 가운데 일본 무사들이 무엇보다 관심을 보인 것은 역시 선교사들이 경영하는 일련의 인쇄소 등과 같은 근대의 제반시설이었다. 이에 대해서는 자세히 후술하겠지만, 이 출판물은 일본에서도 다양한 형태로 널리 유포되어 있어서 많은 방문자들은

1850년대의 번드

애스터하우스

당시의 상하이 사진관

이러한 제반 시설에 전부터 익숙했다. 다만, 1860년대 중반에는 일찍이 대량의 '한역양서漢譯洋書'를 세상에 내보낸 묵해서관墨海書館이 이미 이러한 출판 활동을 중지하였으며, 또 이 시기에 급성장한 미국장로회 소속 미화서관美華書館에는 각 사절단이나 유학생단의 수행원이 전부 영국인과 프랑스인이었던 탓인지 좀처럼 방문할 기회가 없었던 듯하다.

그러나 이와 같은 상황에서도 예를 들면 이케다 견불사절단은 역시 이들 인쇄소에서 출판된 메드허스트[4]나 레게[5]의 책을 구입하여 막부의 '육군소'로 보냈으며, 또 도쿠가와 아키다케 견불사절단의 일원인 시부사와 에이이치渋沢栄一도 짧은 체류기간 동안에 그러한 제반시설을 예리하게 관찰했다.[4]

이 땅의 중국인 차림새의 프랑스 교사가 강당을 열고 가르치고 있고, 또 유럽인이 중국학을 연구하기 위하여 만든 서원도 있다. 모두 동양학을 공부하는 유럽인이자 교법을 공부하는 사람으로 그 나라의 교법이 유래하는 것을 미루어 짐작하여 고증의 자료로 삼고, 동시에 그 가르침을 널리 보급시키고자 그 종파의 적립금에서 수행의 비용을 내기도 한다.

"프랑스 교사"가 문을 연 "강당講堂"은 아마도 상하이 서쪽 교외 쉬자후이徐家匯에 1851년에 재건된 구 예수회 천주당인 '노당老堂'을 의미하며, 그리고 "중국학"도 연구하고 "그 나라 교법"도 넓히는 서원書院이라고 하면, 물론 묵해서관이나 미화서관 등과 같은 프로테스탄트 시설을

---

4 Walter Henry Medhurst(1796~1857)는 회중파(會衆派)의 영국인 선교사. 중국학자. 출판인.
5 Legge(1815~1897) 영국의 선교사. 중국학자.

가리킨다. 이 시점에서 시부사와가 양쪽의 차이를 어디까지 이해하고 있었는지는 알 수 없지만, 이전부터 이미 약간 그 존재를 알고 있던 만큼 실물을 앞에 둔 그들은 더욱 더 감개가 무량했을 것이다. 시부사와는 그 뒤 다음 기항지인 홍콩에서도, 제임스 레게가 원장을 맡고 있었던 영화서원英華書院을 방문하여 『하이관진遐邇貫珍』[6] 등으로 일본에서도 유명하게 된 이 시설의 다양한 '대사업'을 칭송하였다.

또 그들 일행에 앞서 처음부터 홍콩으로 직행한 1862년(문구文久 2) 다케우치 야스노리의 견구사절단이나, 상하이에서 결국 묵해서관과 미화서관을 견학하지 못했던 1864년(원치元治 원년) 이케다 나가오키의 견불사절단, 또 1866년(경응慶應 2) 막부 영국 유학생단 등도 홍콩에 도착하자마자 마찬가지로 영화서원을 방문해 거기서 각각 레게와 '필담'으로 교류하였다.(다카시마 유우케이高島祐啓, 『구서행기欧西行記』) 또 태평천국과의 내통이 알려지면서 상하이에서 홍콩으로 망명해 온 왕타오王韜에게 "서원書院 창조 이후"의 '상황'(사와라 모리즈미佐原盛純, 『항해일록航海日錄』)을 살피거나, "하루에 1,000장을 인쇄하는"(가와지 다로川路太郎, 『영항일록英航日錄』) 인쇄기계를 견학하며 서양문화의 기지로서의 다양한 활동에 크게 감탄했다.[5]

이노우에 가오루井上馨의 각성

상하이에서 이와 같은 다양한 '서양'과 조우하고 그 '충격'에서 빨리 '양이攘夷'의 어려움과 나아가서는 그러한 입장 자체가 어리석다는 것을

---

6 1853~1856년에 홍콩에서 간행된 중국어 월간지.

느끼는 사람들도 나타나기 시작했다. 예를 들면 요코하마 폐항 교섭의 대임大任을 맡았던 이케다 나가오키 견불사절단의 다나베 다이치田辺太一 등에게도 그러한 경향이 보이는데, 가장 전형적인 예로는 역시 1863년에 은밀하게 일본을 빠져나온 이노우에 가오루와 이토 히로부미의 경우라고 할 수 있다.

일본을 출발하기에 앞서 "사내가 부끄럽게 몰래 가는 여행은 천황이 다스리는 나라를 위한 것임을 알라"고 노래하며, 아직 자신이 서양에 가는 것을 어쩔 수 없는 '부끄러운' 여행으로 인식하고 있었던 이토가 "모두가 우선 갑판 위에서 항구 안을 내려다보고서 각국의 군함, 기선, 범선 등의 출입이 빈번한 것을 알았으며, 연안에는 크고 멋진 양옥이 즐비해 있는 등 그 번화한 광경에 깜짝 놀랐다"[6]며, 상하이에 도착한 단계에서 이미 인식 변화의 필요성을 깨달았다. 또 이노우에도 "상하이에 와서 실제 상황을 보고", "기존의 환상에서 확 깨어나", 빨리 '양이하려는 잘못된 생각'을 버리고 '개국 방침'[7]을 주장하게 되었다고 한다.

아무튼 앞에서 보았듯이 이 시기 견외사절단이나 유학생단의 수행원과 안내인 대부분이 상대국의 서양인이라는 것도 그 하나의 원인이 되었지만, 상하이나 홍콩에서 조우한 것은 전부 호텔이나 상사, 인쇄소와 같은 그 나라들의 시설이며, 결국 거기서 무사들 모두는 처음으로 '서양 근대'를 체험하고 그 압도적인 '번화한 광경'에 강한 충격을 받았다.

그리고 이것이야말로 이른바 그들의 새로운 서양 인식의 출발점이며, 또 그 후의 다양한 언동을 행하는 하나의 근간이 되었다. 그러한 의미에서 상하이에 대한 이노우에 일행들의 '각성'은 한편으로는 바로 근대 일본의 '각성' 그 자체라고 해도 결코 과언이 아닐 것이다.

2. 다카스기 신사쿠高杉晋作의 충격

젊은 지사志士들의 파견

그런데 서양의 '입구'로서의 상하이의 의의는 물론 위와 같은 유럽으로 가는 도중의 단순한 중계지로서의 역할에 한정된 것이 아니다. 다양한 근대적 '기능'을 가진 서양의 '기지基地'로서 그 존재 자체에도 일본의 각 방면으로부터 큰 관심이 쏠렸다.

상하이에 와서 그 상황을 조사하는 것은 말하자면 그대로 '서양 사정'에 관한 일종의 '탐색'이며, 또 '반식민지'로서 이곳의 정보 그 자체도 이른바 '개국'과 '양이'─각각의 두 갈래 길을 모색하고 있는 막부와 막부를 무너뜨리려는 지사들에게 꼭 필요한 것이었다.

그러한 의미에서 앞 절에서 언급한 바와 같이 구미견사遣使의 시기와 거의 앞뒤로, 4회에 걸쳐 막부와 일부의 번藩이 상하이에 사절을 파견한 것은 말하자면 반드시 필요하다고 느껴서 한 행동이며, 또 현지에서 얻은 여러 '정보'가 그 후 막부 말기의 큰 소동 속에서 실제로 엄청난 역할을 했다고 생각된다. 이하 간략하게나마 4회에 걸친 상하이 견사의 구체적인 모습을 보도록 하자.

상하이에 파견된 사절단 중에서 가장 빠르면서 물론 규모도 컸던 것은 무역선 지토세마루千歳丸에 의한 막부 사절단이다. 이것은 막부가 '외국상법'을 탐색하고 또 중국과의 통상조약을 맺기 위한 상황을 파악하기 위하여 1862년 4월에 나가사키 봉행奉行[7]에게 기획하게 하여 실현한

---

7 헤이안 시대에서 에도 시대에 걸친 무사의 직명(職名)의 하나.

다카스기 신사쿠

고다이 도모아쓰

나카무타 구라노스케

것이다. 이 일행에는 나중에 유신維新운동에서 대활약한 다카스기 신사쿠와 나카무타 구라노스케中牟田倉之助 그리고 고다이 도모아쓰五代友厚 등도 참가하였는데, 그런 의미에서 보면 뒤에서 언급하는 것처럼 그들의 체험은 말 그대로 상하이가 일본에 행한 역할을 상징하고 있다.

지토세마루에 이어 상하이에 파견된 것은 하코다테箱館 부속관선付屬官船 겐준마루健順丸를 타고 간 사절단이다. 이것도 하코다테 봉행이 기획한 것으로 상하이의 무역상황을 '탐색'하기 위하여 1863년 3월에 파견되었는데, 첫 기획이라는 사정도 있어서 하코다테와 관계가 있는 막부 관리가 다수를 차지하고 있었다. 이 일행의 시찰복명서인『황푸지黃浦誌』가 남아 있으며, 거기서 그들이 상하이에서 다양한 '체험'을 했다는 것을 확인할 수 있다. 덧붙여 말하면 이 일행이 머문 곳도 앞서 말한 애스터 하우스로, 그곳에서 그들은 또 자리를 마련해 '화란국사和蘭國士'를 초대했다고 한다.

3번째 상하이 견사단은 3명으로 구성된 소규모였다. 이것은 막부와 대적한 조슈번長州藩이 막부의 허가 없이 번선藩船 '진주쓰마루壬戌丸'를 상하이에서 매각하고 그 돈으로 게웰 총[8] 등을 대량으로 구입한 것이 발각되어, 그것을 조사하기 위하여 막부가 3명의 막부 관리를 현지에 파견한 것인데 그 멤버 중 한 명은 앞서 말한 스기우라 유즈루이다. 1865년 4월 20일부터 4월 30일까지 불과 10일간의 체류였다.

마지막으로 4번째로 파견된 것은 자딘 매디슨Jardine Matheson상회(이화양행怡和洋行)[9]의 요코하마 지점의 증기선 갠지스호를 타고 간 사절단이었다. 이는 지금까지 3회 때와 달리 막부 파견이 아닌 하마마쓰浜松와 사쿠라佐倉의 두 번藩이 독자적으로 파견한 것으로, 해외시찰이라고 목적이라고 한다. 1867년 2월에 출항한 이 일행에 지토세마루 멤버에도 들어간 하마마쓰번 나쿠라 아나토名倉予何人 이외에 후에 메이지 서양화단西洋畵界를 대표하는 다카하시 사쿠노스케高橋作之助 즉 다카하시 유이치高橋由一도 포함되어 있다. 그리고 이 일행은 상하이뿐만 아니라 난징南京까지 발을 넓힌 것도 앞의 세 개의 사절단과는 약간 다른 점이다.

이처럼 이들 사절단은 제1절의 견구사절단과는 달리 어디까지나 상하이만을 목적지로 하고 있다. 이러한 이유로 그들은 견구사절단에 비해 보다 심도 있게 두 개의 상하이를 '탐색'할 수 있었을 뿐만 아니라, 그 사이에 존재하는 '압박' 구조에 대해서도 그들 이상으로 인식할 수 있었다. 물론 그것을 인식한 후의 대응이 서로 달라서 '조계' 측에 보다 더 '가담'하는 이도 있는 반면, '현성' 측에 가담하는 이도 있다.

이것은 귀국 후 즉시 영국 공사관의 화공火攻에 참가한 다카스기 신사쿠 그리고 사쓰에이 전쟁薩英戰争[10] 때 스스로 영국군의 포로가 될 만큼

---

8 1670년대 프랑스에서 개발되었으며, 1770년대 네덜란드가 채택하여 사용한 보병용 총이다.
9 홍콩을 거점으로 한 중국 무역에 종사한 영국자본상사. 중국명이 이화양행이다.

소속 번의 어리석은 양이정책을 막으려고 한 고다이 도모아쓰와 한평생 중국과의 연대를 주장하고 한때 타이완 총독의 고문이 된 나쿠라 아나토의 이후 행동을 보면, 어쩌면 그동안의 그들의 미묘한 입장이 이해될 수도 있다.

물론 그들의 이러한 차이를 전부 '상하이 체험'으로 돌리는 것은 조금 경솔한 생각이며, 그 외에도 다양한 원인을 생각할 수 있으나 다만 그 어느 쪽에 '가담'할 것인가를 결정할 시기가 다가올 때면, 이 '상하이 체험'이 하나의 중요한 '기억'이 되었을 것이다.

반드시 그 대답을 얻을 것이라고 단정할 수는 없지만, 아래에서 지토세마루 일행을 중심으로 그 상하이에서 그들의 다양한 '발견'을 보고자 한다.

'마음 속으로 은근히 기뻐한다'

선원들을 포함하여 총 51명의 지토세마루 상하이 시찰단 일행은 1862년(문구文久 2) 4월 29일에 나가사키를 출발하여 대략 1주일을 항해하여 5월 5일에 상하이에 도착했다. 상하이 땅을 밟자마자 각각의 사명을 받은 무사들은 바로 그 '임무'를 수행하기 위하여 각자의 입장에서 이 서양의 '최전선'에 대한 '탐색'을 시작했다.

그들이 방문한 그 당시 상하이는 마침 태평천국의 난으로 농민군의 포위하에 있었으며, 바로 교외에서는 정부군과 태평천국군이 치열한 전투를 하면서 서로 대치하고 있었다. 그러한 일도 있어서 그런지, 상

---

10 에도 막부 말기에 사쓰마 번(지금의 가고시마현)과 영국 함대 사이에 벌어진 전투.

류 후에 무사들이 먼저 관심을 보인 것은 그러한 양쪽 군대의 교전상황과 정부군의 모습, 특히 지원을 하기 위해서 파견된 영국, 프랑스 주둔군의 모습이었다. 예를 들면 도착 후 3일째 되는 날 다카스기 신사쿠가 재빨리 일기에 "5월 7일 새벽녘 작은 총소리가 지상에 울렸다. 모두 말했다. 장발적과 청군[11]이 싸우는 소리가 났는데, 추측하건데 정말로 실제 전투를 보는 것에 대해 마음속으로 은근히 기뻐하였다"[8]고 기록하고 있다. 다카스기뿐만 아니라 체류 중이었던 무사들의 일기를 펴서 읽어보면 이러한 기사는 그 외에도 곳곳에서 발견할 수 있다. 여기에는 그들이 무사로서의 직업적인 흥미 그리고 영국과 프랑스군도 참가한 근대 전쟁에 대한 현실적인 관심을 동시에 읽을 수 있다.

현장견학

상하이 체류 중에 무사들은 역시 무엇보다도 서양인과의 접촉과 다양한 루트를 통한 정보수집에 가장 힘을 쏟았던 것 같다. 다카스기 신사쿠는 고다이五代나 나카무타中牟田 등을 데리고 4번이나 일본에서도 알려진 묵해서관의 뮤어헤드Muirhead(모유렴慕維廉)를 만나(그중 2회는 부재), 그에게 서양과 상하이의 정황을 묻고, 후술하는 일련의 한역양서漢譯洋書를 구했다. 한편 나카무타도 전후 2회에 걸쳐서 덴트상회를 방문하여 거기서 일하던 표류민인 닛폰 오토기치音吉를 만나려고 하였으나, 공교롭게도 그는 휴가로 싱가포르에 가 있어서 결국 체류하는 중에는 만나지 못했다.

---

11 홍수전이 세운 태평천국의 군사들은 변발을 하지 않았기 때문에 장발적이라고 불렸음.

이들이 '서양인' 접촉을 시도하는 한편, 무사들은 또 중국인들과도 널리 교류하며 가두의 '서점'에도 빈번하게 드나들면서 가능한 한 전란 중의 중국 실정과 서양에 관한 정보나 서적을 찾으려고 하였다. 예를 들면 다카스기나 나쿠라 등은 꽤 적극적으로 현지 군인과 접촉하고, 그중에서도 천루친陳汝欽이라는 하급사관을 몇 번이나 찾아가 필담 형식으로 그 사람과 '중외中外' 정세에 대하여 의견을 교환했다. 그리고 그들이 상하이에서 구입한 서적은 모두 다음 장에서 자세히 언급하겠지만,『지리전지地理全志』나『대영국지大英国志』,『연방지략聯邦志略』,『수학계몽数学啓蒙』 등과 같은 명저名著이며, 이 외에 한문 잡지인『육합총담六合叢談』이나 1860년대에 들어와 새롭게 발행된『상하이신보上海新報』,『청국영국조약서清国英国条約書』와 같은 외교서류까지 포함되어 있다.

지토세마루 일행은 상하이 방문 중 또 하나의 '임무'로서 이 지역의 상업과 무역상황에 대해서도 꽤 자세한 조사를 하고 있었다. 이것은 막부 관리가 상하이 도대(지방장관)나 네덜란드를 비롯한 각국 영사관에 직접 질문해 그 절차나 방법을 상세히 듣고 이해했을 뿐만 아니라, 무사들이 또 조계 내에 있는 각국의 상회商會를 직접 방문하는 일종의 '현장견학'까지 하고 있었다고 생각된다.

예를 들면 고다이 도모아쓰나 다카스기 신사쿠, 나카무타 구라노스케 등은 모두 몇 번이나 조계에 있는 상회를 방문하여 근대의 비즈니스 방법에 대하여 큰 관심을 나타내었다. 특히 고다이는 이들 상회와 직접 교섭하여 사쓰마 번을 위하여 판매가 30만 달러의 독일 증기선 조지 킬리호를 12만 5천 달러로 매입하는 데 성공해 국내외 사람을 놀라게 했다고 한다.

로컬리즘에서 내셔널리즘으로

지토세마루 일행은 상하이에 대략 2개월 정도 머물렀다. 그러는 동안에 그들은 위와 같은 정보 수집이나 '외부 사정' 탐색 등의 면에서 큰 성과를 거두었다.

그러나 앞서 언급했듯이 2개월 동안의 체류를 통해 무사들이 얻은 것은 결코 이와 같은 선진 서양 문명의 '정보'만은 아니었다. '조계'의 선진성과 함께 그들은 또 그 배후에 숨겨져 있는 '현성'에 대한 '압박'이라는 근대 서양의 식민지주의도 발견했던 것이다. 이것은 이른바 '서양' 내부에서는 쉽게 인식할 수 없는 두 개의 '얼굴'을 가진 반식민지로서의 상하이이기 때문에 표면화된 근대 서양의 또 하나의 특성이다. 아마도 이 근대 서양의 양의성兩義性의 발견이야말로 무사들이 상하이에 체류하면서 얻은 최대의 수확이 아닐까라는 생각이 든다.

이것은 정신의 근저에서 그들에게 커다란 의식 전환을 초래하였다고 생각한다. 예를 들면 다카스기 신사쿠는 상륙하자마자 서양인과 중국인 사이에 존재하는 '사역使役'과 '피사역被使役'의 관계를 찾아내어 그 일기에 다음과 같이 기록하고 있다.9)

정말로 상하이라는 곳은 중국에 속한다고 할지라도, 영국과 프랑스의 속지(屬地)라고도 할 수 있다. 베이징은 이곳으로부터 삼백 리, 반드시 중국풍을 보존하고 있는 근친(친척)을 이곳으로 보내면 아아 또 개탄할 것이다. 이에 생각해보면 여몽이 송태종에게 올바른 간언을 하기를 근친을 멀리 보내면 안 된다고 한 것은 타당하다고 할 것이다. 우리도 신경을 써야 한다. 중국(남)의 일이 아닌 것이다.

다카스기가 귀국 후 신분 제도를 타파한 '기병대奇兵隊'라는 일종의 '국민군國民軍'에 해당하는 조직을 만든 것으로 상징되듯이, 아마도 이 시점부터 그는 마침내 강대한 근대 서양의 '압박'에 대하여 소위 '국민' 전체의 힘으로 방위하는 것 외에 중국의 '전철前轍'을 밟지 않을 길은 없다고 생각하기 시작했던 것이다.

"우리도 신경을 써야 한다. 중국(남)의 일이 아닌 것이다"라고 개탄하는 점에서는 정말로 그러한 인식의 작은 '싹'을 읽어낼 수 있다. 이 작은 인식의 '싹'이 크게 자라서 다카스기를 비롯한 많은 유신의 지사志士에게 번藩이라는 '로컬리즘'에서 일본이라는 '내셔널리즘'으로의 의식전환을 가져 오고, 더욱이 그들에게 근대 국가라는 'Nation-state(국민국가)'의 관념을 심기까지는 그렇게 많은 시간이 걸리지 않았다.[10] 그리고 말할 것도 없이 그 최종적인 개화가 바로 6년 후의 메이지유신이었다.

제2장

동아시아 정보 네트워크의 탄생

1. 교체되는 '정보선진국'

아편전쟁을 전한 보고서

이상에서 우리들은 사무라이들이 상하이에서 경험한 다양한 '체험'과 '탐색'을 보았다. 거기서 알게 된 것 중 하나는, 상하이의 프로테스탄트계 교회의 인쇄소와 거기서 나온 여러 가지 '한역양서'에 대한 그들의 색다른 관심이었다. 하지만 왜 이 시기에 상하이에서 이러한 인쇄소가 존재하고 그 서적들이 출판된 것일까?

이 의문에 답하기 위하여 여기서 지식인들의 상하이 도항에 대한 화제를 잠깐 멈추고, 중국에서 출판된 한역양서의 17세기 이후의 역사적 성쇠盛衰와 그것에 관한 중국과 일본에서의 의미, 또 아편전쟁 이후 일본으로 전래된 사정에 대해 짚어 보겠다. 이것은 '국가'로서의 일본에게 상하이가 어떤 의미를 가지는 가를 생각할 때 매우 중요한 작업이다.

여기서 동아시아 근대의 개막이라고도 할 수 있는 아편전쟁을 처음으로 일본에 전달한 하나의 보고서가 있다.[1]

당나라(중국)에서 영국인이 도리에 맞지 않는 일을 당하게 되어 영국이 당나라에 군대를 보내고, 영국은 물론 미국 주(州)의 내부, 그리고 인도, 영국의 영지(領地)에서도 병사를 모아 당나라에 복수하기 위하여 계획을 세웠다.

중국에서 영국인이 도리에 맞지 않는 처우를 받았기 때문에 영국이 중국에 파병할 것을 결정, 영국 국내는 물론 미국이나 인도에 배치되어 있는 병사도 규합해서 중국에 복수하려 했다고 한다.

이 정보를 가져온 것은 정기적으로 나가사키를 방문하는 네덜란드 무역선으로 1840년 7월 29일의 일이다. 충격을 받은 막부는 그 즉시 특별히 나가사키로 내항이 허락되어 있는 중국 무역선의 선주에게 사정을 묻고, 보다 상세한 보고서를 제출하게 했다. 그리고 그 후에도 대략 3년간에 걸쳐 간헐적으로 들어오는 네덜란드와 중국의 이러한 보고를 믿고, 자칫하면 자신에게 닥칠 위기감을 느끼면서도 바다 건너편에서 전개되는 최초의 '동서東西' 대결을 계속 지켜보았다.

각 계층이 공유한 해외 정보

아편전쟁을 전한 위 보고는 어디까지나 하나의 예에 지나지 않는다. 실은 이와 같은 보고서는 각각 「화란풍설서和蘭風説書」, 「당풍설서唐風説書」라고 불리며, 대체로 에도 시대 내항한 네덜란드선이나 중국선이 제출하는 것이 의무화되었다.

가장 오래된 것은 둘 다 1641년(관영^{寬永} 18)으로 거슬러 올라가며 일시적으로 끊어진 적도 있었으나, 각각 막부 말기인 1859년(안세이^{安政} 6)과 1862년(문구^{文久} 2)까지 계속되었다. 쇄국시대에 있어서 최대의 정보원 중 하나였다.

「풍설서」는 원래부터 기밀로 취급되어 노중^{老中}[1] 등 일부의 막부 관료에게만 열람이 허용되었으나, 번역과 제출 과정에서 유력한 다이묘 집안^{大名家}[2]을 비롯하여 많은 번에 그 사본이 흘러들어 갔다.

또 이러한 사본을 바탕으로 초기에는 예를 들면, 1644년(정보^{正保} 원년)부터 1717년(형보^{享保} 2)까지 「당풍설서」를 담은 『화이변태^{華夷変態}』(하야시 가호^{林鵞峯}, 하야시 호코^{林鳳岡}편, 연보^{延寶} 2년(1674))나 막부 말기 때 아편전쟁 정보를 모은 『아부용휘문^{阿芙蓉彙聞}』(시오노야 도인^{塩谷宕陰} 편, 홍화^{弘化} 4년(1847)), 『아편시말^{鴉片始末}』(사이토 가오루^{斎藤馨}(지쿠도^{竹堂}) 편, 천보^{天保} 14년(1843)) 등과 같이 한 권의 책으로도 편집되어 상당히 넓은 범위로 유포되었다. 유일하지는 않지만, 일반 지식인이 해외 정보를 수집할 때 가장 유력한 루트였다고 할 수 있다.

그리고 막부 말기의 중국 정보에 한에서는 거의 같은 경로로, 예를 들면 『영국침범사략^{英国侵犯事略}』(중국선선주주애형^{中國船船主周藹亭} 등 제출, 홍화 원년(1844))이나 『이비범경문견록^{夷匪犯境聞見録}』(편자・연도 불명, 홍화년에 전해온 것) 등의 중국에서 정리된 보고서도 사본의 형태로 널리 전달되어, 「풍설서」와 함께 아편전쟁에 관한 자세한 지식을 각 번의 번주

---

1 에도 막부의 관직명으로 장군에게 직속되고, 정무를 통괄한 막부의 상임 최고위직.
2 에도 시대 장군에게 직속된 1만 석(石) 이상을 가진 무가(武家).

藩主들에게 제공하였다.

　이뿐만 아니다. 위의 사본들을 정리하여 "『성쇠기盛衰記』, 『태평기太平記』 등 모두 예전 황국의 병적兵籍 등의 상투어를 사용"2)해 일종의 책자로 만든 것도 있다. 『해외신화海外新話』(미네다 후코嶺田楓江, 가영嘉永 2년(1849)), 『해외신화습유海外新話拾遺』(슈사이오種菜翁, 가영 2년), 『청영근세담清英近世談』(하야노 메구미早野恵, 가영 3년(1850)) 또 태평천국을 소재로 한 『운남신화雲南新話』(분코우도주인文好堂主人, 가영 7년(1854)) 등은 이 부류에 해당한다.

　이러한 서적은 그 '병적'풍의 읽기 쉬운 문체와 또 많은 그림이나 삽화도 도움을 주어서 이번에는 오히려 '어린이 사무라이童蒙ノ士'3)라는 일반 서민을 독자로서 확보하였다. 여기에는 사실의 과장이나 오해 또는 의도적인 편찬, 예를 들면 중국 측의 포로가 된 영국의 무장운수선武裝運輸船의 선장 부인을 '신변만화神變萬化'3의 '여장부'로 만들거나, 또 결말에 영국을 중국에게 진 패전국으로 만드는 등 수상쩍은 묘사가 여러 곳에 보인다. 하지만 본래 막부의 기밀인 「풍설서」가 이렇게 여러 번 바뀌고, 일종의 해외 정보로서 세상에 널리 유포된 것만은 틀림없는 사실이다.

　이와 같은 막부 말기 특유의 정보 전달 방법은 오늘날의 감각으로 보면, 어쩌면 몹시 불확실하고 변칙적일지도 모른다. 하지만 많은 오인誤認의 소지가 있으면서도 서민을 포함한 사회의 각 계층이 어떤 의미에서 같은 '해외 정보'를 공유한 점은 역시 가볍게 여겨서는 안될 일이다.

3　사람의 생각으로는 이해할 수 없는 불가사의한 많은 변화.

만 권을 넘은 네덜란드 서적

그런데 네덜란드나 중국의 무역선이 일본에 가져다 준 해외 정보는 결코 「풍설서」에 그치지 않는다. 무역상품으로서의 도서도 훌륭한 정보원이다. 아니 즉시성 등의 면에서는 「풍설서」에 뒤질지도 모르지만 보다 본질적인 '정보'를 가지고 왔다는 의미에서는 오히려 수입 도서가 더 중요할 수 있다.

다만 이것은 실로 방대한 수량이어서 도저히 이 작은 책으로는 전부 다룰 수가 없다. 여기서는 이른바 수입 한문 서적 중에서 서양 사정을 전한 것에만 초점을 맞추어 그 상황을 살펴보려고 한다. 그 전에 비교하기 위하여 우선 에도 시대의 난서蘭書, 즉 네덜란드 도서의 수입 상황을 조금 살펴보도록 하자.

시대에 따라서 양적으로 큰 격차를 보이지만, 에도 260년을 통해 무역 상품의 하나로서 네덜란드 도서는 계속 수입되어 왔다. 그 수는 오늘날 정확하게 파악할 수는 없으나, 일설에 따르면 만 권을 넘었다고도 한다.

이들 도서는 쇼군(장군)에게 바치는 헌상품으로서 혹은 그 반대인 막부 측에서 주문한 주문 도서로서 다양한 수입 형태를 취하면서 일본에 들어왔다. 그중에서도 '본방하물本方荷物'이라는 네덜란드 동인도회사가 거래를 하는 무역품에 대해, '협하물脇荷物'로 불리는 나가사키 네덜란드 상관商館의 상관장商館長이나 직원들 개인에 의한 사무역품의 하나로서 수입된 것이 아주 많은데, 이른바 선박을 통해 일본에 들어오는 네덜란드 도서의 대부분을 차지하였다.

헌상품으로는, 예를 들면 관문寬文 3년(1663), 당시의 상관장인 핸드릭 인다이크Hendrik Indijk가 에도참부江戶參府4 때, 존・존스턴Dr. John

Johnstone의 동물서動物書 흔히 말하는 『존스턴 동물서』를 4대 쇼군 이에 쓰나家綱에게 헌상한 것이 비교적 잘 알려져 있는데 이 책은 나중에 8대 장군 요시무네吉宗가 주목하게 되어 그의 난학蘭學 장려를 촉구하게 된 하나의 원인이 되었다고 한다.

스기타 겐파쿠杉田玄白의 자랑

일본 측이 주문한 물건에 대해서는, 예를 들면 초기에는 3대 장군 이에미쓰家光 아래에서 대목부大目付5를 맡은 이노우에 마사시게井上政重나 이에쓰나家綱 시대의 노중老中인 이나바 마사노리稲葉正則 등에 의한 해부학서나 외과서, 본초서本草書6 등의 적극적인 수입이 특히 눈에 띈다. 또 시대가 흘러 11대 장군 이에나리家齊가 문정文政 8년(1825)에 독일·네덜란드어 사전을 비롯하여 3권의 사전을 입수한 것이 같은 해의 '적하목록積荷目録'7에 의해 확인된다.4)

그리고 이 주문서에서 가장 눈길을 끄는 것은 무엇보다도 역시 천보天保 15년(1844)의 수입 예인데, 이때 아편전쟁의 영향을 받은 탓인지 12대 장군 이에요시家慶가 『수진야전필휴袖珍野戰必携』 이하 6권, 노중老中 미즈노 다다구니水野忠邦가 『근대 전쟁에 있어서의 보步, 기騎, 포砲 3병三兵의 용병用兵』 이하 4권의 군사서를 각각 주문, 입수했다.

---

4 에도 시대에 나가사키 네덜란드 동인도회사의 상관장이 에도에 와서 쇼군(장군)을 알현하고 무역의 예를 갖추고 헌상품을 드리는 행사.
5 에도 막부의 직명의 하나로 노중(老中)의 지배 아래에 있으며, 막부의 정무(政務) 감독으로 여러 다이묘(大名)의 감찰을 담당했다.
6 약물에 관한 지식을 정리한 책.
7 선적된 수송하물의 선명, 국적, 품명, 보내는 사람, 받는 사람, 개수, 중량 등의 상세한 내용을 기입한 서류.

수입한 난서의 대부분을 차지하는 소위 '협하물脇荷物'에 관해서는 그 수가 방대할 뿐만 아니라, 수입 시기를 특정하기 어려운 것이 많아서 간단하게 정리하기가 어렵다. 하지만 예를 들어 그 유명한『해체신서解體新書』(1774년 간행)의 원서인 독일 해부학자 요한 아담 쿨무스의『해부도보解剖圖譜』(1732년 간행)의 네덜란드 번역서는 이 루트로 들어왔다고 생각된다. 또 아라이 하쿠세키新井白石의『채람이언采覽異言』(1713)을 개정, 증보하여 에도 시대 제일의 세계 지리서『정정 증역채람이언訂正增譯采覽異言』(1802)을 집필한 야마무라 사이스케山村才助가 저술할 때 이용했다고 전해지는 독일인 요한 뤼브너의『만국전신기사萬國伝信紀事』의 네덜란드 번역서(1732년 간행)도 같은 형태로 수입되었다고 생각된다.

덧붙여서『난학사시蘭學事始』(1815)는 저자인 스기타 겐파쿠가 만년에 이르러서까지도 이러한 '협하물'에 의해 오게 된 네덜란드 서적을 발견하고는 사 모아 수년 동안 상당한 장서가 만들어졌다고 자랑스럽게 소개하고 있다. 이 자랑은 어쩌면 그 당시 네덜란드 서적의 전파상황의 일면을 전하고 있는 것이라고 할 수 있다.

한서漢書가 전한 세계 정세

소위 도래인이 가져온 것은 별개로 한다고 해도 한서 수입의 역사는 오래되어서, 거의 서적 구입을 위해서 중국에 사절을 파견했다고 전해지는 성덕태자聖德太子 시대까지 거슬러 올라간다. 그런 의미에서 그것은 시간적으로도 수량적으로도 결코 앞의 난서蘭書 등과는 비교할 수 없다. 하지만 우리가 지금 여기서 문제로 삼고 있는 에도 시대의 수입 상황, 특히 정보로서의 서양 사정을 전하는 한서의 경우는 당연하다면 당연하지만, 그 기간이 몹시 짧고 또 수량도 상당히 한정된다.

에도 초기부터 오랫동안 일본에 서양 지식을 계속 제공해 왔던 것은 당시 중국에 머물러 있었던 예수회 수도사(야소회사耶蘇會士)가 한문으로 쓴 일련의 저작물이었다. 그중에서도 세계 각국의 지리나 물산物産, 풍속 등을 소개한 마테오 리치Matteo Ricci(리마토利瑪竇)의 『곤여만국전도坤輿萬國全圖』(1602)나 알레니(애유략艾儒略)의 『직방외기職方外紀』(1623) 게다가 페르비스트(남회인南懷仁)의 『곤여도설坤輿圖説』(1674) 등이 대표적이다. 이 책들은 아직 체계적인 세계지리서가 나타나지 않았던 일본에 다양한 세계 정세에 관한 정보를 가져다주었을 뿐만 아니라 마침내 일어나기 시작하는 난학의 기초를 구축하는 데 일조하였다.

예를 들면 해외 정세 소개서의 효시라고 일컬어지는 니시카와 조켄西川如見의 『화이통상고華夷通商考』(1695)가 정본定本을 작성할 때는 곧 알레니의 『직방외기』에 의해 증보된 것이다. 또 아라이 하쿠세키가 난학 성립의 상징이라고도 할 수 있는 『채람이언』을 저술했을 때도 마테오 리치의 『곤여만국전도』나 페르비스트의 『곤여도설』 등이 참고서로서 쓰였다고 생각된다.

덧붙이자면, 당시 지구 구체설球體説은 이미 일본에 전해져 있었는데, 그 인식을 표현할 개념이 아직 완전히 확정되어 있지 않았고, 거기에 '지구'라는 말로 그것을 명확하게 언어화한 것도 역시 마테오 리치의 『곤여만국전도』였다.

역전된 입장

그런데 확실한 증거를 들 수는 없지만, 예수회 수도사에 의한 이와 같은 일련의 한문 저작물의 대부분은 부수가 그렇게 많다고 생각되지 않지만, 대체로 이른바 쇄국체제 성립 이전에 이미 일본에 전해졌다고 생각된다.

그것은 예를 들면 1630년(관영寬永 7) 그리스도교 금서禁書 수입을 단속하는 서적 개역書籍改役이 막부에 의해 설치되고, 그 금서목록에『직방외기』를 비롯한 마테오 리치 일행의 32종 저작물이 분명히 등록되어 있음에도 불구하고, 앞에서 말한 것처럼 그 뒤의 아라이 하쿠세키 등이 자신들의 저작물에 그것들을 참고로 한 점에서 쉽게 추측할 수 있다.

그리고 약 1세기에 걸친 엄격한 수입금지 시기를 거쳐, 1720년(형보享保 5)에 장군 요시무네吉宗가 직접 그리스도교와 관계없는 일반 과학서의 수입완화책을 내세움으로써 그 일부가 마침내 정당하게 지속적으로 들어오게 되었다.

하지만 앞서 약간 언급했지만 얄궂게도 이 시점에서는 일본 국내의 난학이 이미 대두되기 시작하고, 이들 한역양서는 더욱 유식자에게 귀중하고 소중하게 여겨지지만, 웬일인지 이미 예전의 특권성을 잃어버리기 시작하였고, 또 그렇게 전한 지식이나 정보 내용도 그 뒤에 더욱 융성함을 보이는 난학의 파도가 모두 삼켜 버렸다.

예수회 수도사에 의한 한문 저작물의 쇠퇴라고도 할 수 있는 상황이 오게 된 것은 이러한 난학의 융성 이외에, 그보다 가장 근본적인 원인으로서 먼저 지적해야 하는 것은 오히려 그것들을 수출하는 중국 국내의 정세였다.

페르비스트 등의 활약을 보면 알 수 있듯이, 대체적으로 일본이 쇄국 체제를 취하기 시작한 처음 100년 동안은 중국에서 여러 가지 우여곡절을 겪으면서도 또 예수회 수도사의 활동이 허락되어 일단 '개국'의 태세를 갖추고 있었다. 그러나 마침 일본에서 요시무네에 의한 한역양서의 수입 완화령이 내려진 것과 거의 같은 시기인 1724년, 이번에는 일본의 조치와 정반대로 막 즉위한 청나라 5대째 황제 옹정제雍正帝가 선대 강희제康熙帝의 예수회에 대한 관용적인 정책을 갑자기 폐지했다. 금교령禁敎令으로 천문·역법을 관리하는 일부의 흠천감원欽天監員을 제외한 300명 가까운 선교사를 전부 광둥廣東과 마카오로 추방시켜서, 소위 예수회 수도사에 의한 저작활동은 거의 중지될 수밖에 없는 사태가 발생한 것이다.

이와 같은 격변하는 정세 속에 100년 이상이나 계속되어 온 중국의 '정보' 선진국으로서의 지위가 급속하게 후퇴하고, 반대로 난학 장려책을 내세운 일본이 나가사키를 창구로 해서 서양의 여러 지식을 순조롭게 축적하기 시작했다. 이를테면 서양 정세의 정보나 인식에 대한 일본과 중국의 입장이 이 시점에서 완전히 역전되어 이후 완벽하게 일본우위인 채로 약 100년 동안 계속되게 된다.

2. 동아시아의 '허브'로

쇄도하는 선교사들

일본에게 역전된 '정보' 선진국의 지위를 중국이 다시 찾아온 것은 1840년부터 1842년에 걸친 아편전쟁이 계기가 되었다. 간혹 동서 문명 최초의 정면충돌이라고 불리는 이 전쟁에서 중국의 참혹한 패배가 통상무역에서 광저우, 푸저우, 샤먼, 닝보, 상하이의 5개 항구의 개항을 초래했을 뿐만 아니라, 중미 간의 '왕샤조약望厦条約'(1844.7)이나 중불 간의 '황푸조약黄埔条約'(1844.10) 등에 의하여 개항지 한정이라는 조건이 붙으면서도 오랫동안 두절되었던 그리스도교 포교의 해금을 초래했다.

그 결과, 원래 예수회와 같은 가톨릭 선교사는 물론, 전쟁 전부터 말라카나 싱가포르 등을 거점으로 하면서 호시탐탐 중국에서의 전도傳道를 노리고 있었던 런던회를 비롯한 프로테스탄트 선교사들도 모두 전술한 5개 항구로 쇄도하여, 트러블도 많이 발생했을 만큼 적극적으로 선교활동을 전개하기 시작했다.

그리고 어디까지나 전도라고 하는 최종 목적을 위한 것이기는 하지만, 그들은 200년 전의 선조들처럼 서양에 관한 다양한 지식 전달을 매우 중시하고, 또 진료소나 교육시설 등의 설립에도 많은 힘을 쏟았다.

이는 나중에 자세히 소개하겠지만, 그중에서도 프로테스탄트 선교사들이 특히 '서적전도書籍傳道' 또는 '과학전도'를 신조로 하고 있어서인지 본래 정통 후계자인 가톨릭 신자들보다도 왕년의 예수회 수도사의 좋은 '전통'을 이어받아서 이른바 '한역양서'를 대량으로 저술했다. 서양 정보에 관한 중국의 '선진국' 지위를 탈환한 주역은 바로 새로운 중국 전도에 참여해 온 프로테스탄트 선교사들이었다.

일본의 난학을 능가한 『해국도지海国圖志』

전쟁 전의 말라카나 싱가포르, 그리고 아편전쟁 뒤의 5개 개항지에서 선교사들의 활동 '성과'가 가장 빠르게 나타난 것은 위원魏源(1794~

위원

1857)의 대저서大著書 『해국도지』(1842년 초판)에서였다. 이는 뒤에 중일中日의 서양 인식에 적지 않은 영향을 준 저술활동을 하는 데 있어서 위원 자신도 "서양인을 통해서 서양을 말한다"[5]고 공언했듯이 일부의 논의나 중국의 역대 대외 기록을 제외하고, 내용의 약 70% 이상은 전부 기존의 예수회 수도사나 새로 중국에 들어온 선교사들이 만든 저서나 잡지에서 거의 그대로 인용되어 있기 때문이다.

예를 들면 『해국도지』의 초기 저본인 『사주지四洲志』는 다름 아닌 임칙서林則徐가 자신의 통역인 양진덕梁進德 등에게 번역시킨 영국인 휴 머레이Hugh Murray의 『세계지리전서世界地理全書, The Encyclopaedia of Geography』(1834)이다. 그 외에도 중국 프로테스탄트 전도의 선구자인 로버트 모리슨Robert Morrison, 馬礼遜의 『외국사략外國史略』(초본)이나 그보다 조금 늦게 활약한 귀츨라프郭実猟 Karl Gitzlaf의 『만국지리전서萬國地理全書』(1838), 『무역통지貿易通志』(1840), 『동서양고매월통기전東西洋考每月統紀傳』(잡지, 1833~1838), 또 미국에서 처음 선교사로 파견된 브리지먼裨治文의 『미리가합성국지략美理哥合省國志略』(1838년. 제2판 1844년 『아미리가합중국지략亞美理駕合衆國志略』, 제3판 1861년 『연방지략聯邦志略』으로 제목 변경) 등이 어느 것이나 수십 곳에 걸쳐 본문에 들어가 있다.

이상은 주로 50권 초판본의 인용서로 생각되는데, 위원은 그 후 이 50권을 1847년에는 60권, 1852년에는 100권으로 두 번에 걸쳐 대폭 증보하였다. 그리고 그 때 마다 개항 후 각지에서 활동을 하고 있는 선교사의 새로운 저서, 예를 들면 마르퀴스Mareques, L. 瑪吉士의 『지리비고地理備考』(1847), 웨이Richard Quanterman Way, 禕理哲의 『지구도설地球圖説』(1848), 매카시麦嘉締의 『평안통서平安通書』(1850~1853) 등의 내용을 적극적으로 채택하여, 『해국도지海國圖志』를 마침내 당시 중국 최고의 서양 사정 안내서로 그치지 않고, 일부에서는 일본 난학의 지식 수준도 능가하는 서적으로 만들었던 것이다.

'호서好書'

그러한 의미에서 제2판의 60권본이 1851년(가영 4)에 중국 무역선에 실려 일본에 들어오고, 그 후 페리 내항이라는 시류時流의 영향도 크게 받았을 것으로 생각되는데 불과 4, 5년 사이에 20여 종에 달하는 각 권의 번각본飜刻本이나 해석본이 잇따라 간행된 것은 결코 우연이 아니다.

여기에 기록되어 있는 '정보'는 "오랑캐夷의 장기를 배워서, 오랑캐를 제압한다"[6]로 대표되는 해상 방어론 표현과 함께 당시의 일본인에게 일종의 '충격'을 준 것은 틀림없다. 동시에 기존의 난학만으로는 더 이상 만족할 수 없게 된 지적 '갈증'도 크게 풀어주었다. 그리고 바로 이러한 사정을 전부 알고 있었기 때문에 요시다 쇼인吉田松陰이 안세이 원년(1854)에 이것을 처음으로 읽었을 때, 무심결에 '호서'[7]라고 연이어 불렀음에 틀림없다.

물론 그 후 쇼인이 제시한 "오랑캐의 적국을 조사하여 오랑캐를 공격한다"[8]즉 열강 간의 모순을 이용하여 적국을 견제해야 한다는 외교책에 관해서는, 그것이 열강의 "이利를 보고는 의義를 보지 않는다"[9]는 본질을 모르는 안이한 논의라고 조금 비판한 적이 있다. 하지만 일반적으로 『해국도지』의 가치를 적극적으로 긍정하며, 옥중에 있으면서도 몇 번이나 "다시 읽었다"[10]고 한다.

'해외의 동지同志'

쇼인의 평가를 언급한 김에 그의 스승인 사쿠마 쇼잔佐久間象山의 감상도 보도록 하자. 구체적인 날짜는 특정할 수 없지만, 쇼잔도 거의 쇼인과 같은 시기에 『해국도지』를 읽고 적지 않은 감명을 받은 듯하다. 다만 서양 사정의 소개는 별도로 하고, 거기에 쓰여 있는 "외양外洋을 지키는 것은 해구海口를 지키는 것에 미치지 못하며, 해구를 지키는 것은 내하內河(내륙하천 – 역자 주)를 지키는 것에 미치지 못한다"는 '전수내하專守內河'[11]의 방위책에 대해서는 아무래도 찬동하지 못한 것 같으며, 그것보다도 오히려 "적의 급소를 외해外海에서 제압해야 한다"[12]는 적극적인 해양방어 정책海防論을 주장하고 있다.

또 『해국도지』에 소개되어 있는 '총포설銃砲說'에 대해서도 서양포술西洋砲術의 전문가로서 그들이 모두 "조잡하고 실수가 있어서 이치에 맞지 않는다粗漏無稽"[13]고 일축하는데, 그 이유가 대략 위원 본인이 '포학砲學'을 실천하지 않았기 때문이라고 저자에게 큰 아쉬움을 나타내고 있다.

그러나 이처럼 몇 가지 엄격한 의견을 말하면서도 쇼잔은 결코 위원이 한 일을 모두 부정한 것은 아니었다. 그것은 예를 들어 마찬가지로 위원의 저서인 『성무기聖武記』(1842)를 읽고 거기에 쓰여 있는 주장이 자신의 기존 지론과 '우연히 일치'할 뿐만 아니라, 그것을 세상에 발표한 것도 같은 해年인 것에 감격하여 위원을 진정한 '해외 동지'[14]로 인정한 점에서도 엿볼 수 있다.

『성무기』는 청조淸朝의 내외전쟁사를 정리한 책으로 1844년(홍화弘化원년)에 이미 일본에 들어왔는데, 그중에서도 쇼잔은 11권에서 14권까지의 도키마사時政[8]를 논하는 '무사여기武事余記' 4편에 대해서 특히 흥미를 가진 듯하다. '이서이사夷書夷史'를 번역하여, '외국 사정夷情을 앎洞知'으로서 '오랑캐를 제어해야 한다'[15]는 저자의 논의를 거론하고, 이것 또한 "나와 일치한다"(『성건록省諐録』)고 양자의 의견 일치를 자랑스럽게 강조하고 있다.

이와 같이 쇼인, 특히 쇼잔의 위원에 대한 평은 마지막까지 양면적인데, 그 모순된 평가는 당시의 난학 수준과 『해국도지』의 '정보'로서의 가치를 그대로 드러내고 있는 것으로 보인다. 즉 『해국도지』 등이 가져다 준 '정보'는 아편전쟁에 관한 부분을 제외하고 실질적으로는 거의 초기 프로테스탄트 선교사의 손에 의한 것이며, 그것이 내용상 일부의 예외는 있어도 기존의 난학 지식을 많이 보충하고 올바르게 고친 것은 거의 틀림없는 사실이다. 그리고 바로 그러한 사실이 있기 때문에 "위원의 도서가 우리나라에 크게 도움이 되었던"[16] 것이다.

그러나 한편 그 '정보'는 여러 곳에서 단기간에 모아지고, 체계적으로 정리되지 않은 옥석혼교玉石混交[9]의 상태에 있는 것도 사실이며, 이 저자에게는 아직 완전히 소화되지 않은 지식, 특히 그러한 인식 상태로부터 시작된 논의가 난학 등으로 오랫동안 무장되어 온 사쿠마 쇼잔 등의 눈에는 '조잡'하거나 '엉터리'[17]로 비친 것도 어쩌면 당연할지도 모른다.

---

8 호조 도키마사(北條時政)는 헤이안 시대 말기에서 가마쿠라 시대에 걸쳐 활약한 무장(武將).
9 좋고 나쁜 것이 서로 섞여 있는 모양.

서계여   성무기

이와 같은 많은 '허점'을 가진 『해국도지』가 그 후 새로운 '한역양서'
의 등장으로 인하여 서서히 그 매력을 잃기 시작하여, 1860년대에 들어
서자 거의 그 역사적인 사명을 끝내게 되는 데 이에 관해서는 또 나중에
언급하기로 하겠다.

기이한 인연

이상은 특히 위원의 저서를 중심으로 고찰했는데, 아편전쟁 이후 같
은 중국 지식인의 손에 의한 해외사정안내서는 실은 이 외에도 몇 가지
가 일본에 전해져 널리 유포되었다. 여기서는 그 주된 예로서 진윤형陳倫
炯의 『해국문견록海國聞見録』(1730년 초판, 1823년 중간), 진봉형陳逢衡의 『영
길리기략嘆咭唎記略』(1841), 왕문태汪文泰의 『홍모번영길리고략紅毛蕃英咭
唎考略』(1842) 그리고 서계여徐継畬의 『영환지략瀛環志略』(1848) 등을 들 수
있다.

그중에서 첫 번째 진윤형의 『해국문견록』은 본래 18세기 전반에 만들어진 저자의 견문기이며 '정보'로서는 당연히 오래된 것이지만, 아편전쟁이 초래한 영향 탓인지 전술한 『성무기』와 같은 해(1844)에 일본에 수입되어, 후에 요시다 쇼인 등도 제대로 읽어 보게 되었다.

또 진봉형의 『영길리기략』인데, 이것은 저자가 『해국도지』의 원본의 하나인 위원의 『영길리소기英吉利小記』(1840) 이외 여러 가지를 참고로 해서 만든 것으로, 일본에서는 『해국도지』에 한 걸음 앞서 페리가 내항한 1853년(가영 6)에 번역, 간행되었다. 세 번째의 『홍모번영길리고략』은 작성 과정이 확실하지 않지만 가영 연간에 편집되었다고 하는 『타산지석他山之石』에 채택된 점에서 보면, 거의 앞에서 서술한 서적과 같은 시기에 일본에 들어와 번역되었다고 생각된다.

위의 3종류의 서적이 비교적 빠른 시기에 전해진 것에 비해, 마지막인 서계여의 『영환지략』은 어찌된 이유인지 1859년(안쎄이 6)에야 겨우 일본에 들어오게 된다. 단 그 내용에 관해서는 실은 간행직후부터 이미 『해국도지』의 100권본의 30여 곳에 인용되어 있어서 어쩌면 『해국도지』를 통한 형태로 이미 일본에 전해져 있었을 가능성도 있다.

그리고 저자인 서계여는 이 서적을 만드는 데 있어서 앞서 언급한 브리지면Bridgman, 裨治文의 『미리가합성국지략』을 많이 참고했을 뿐만 아니라, 당시의 푸저우福州 주재영국영사인 알콕Sir Rutherford Alcock KCB이나 의사로서 샤먼厦門에 체류 중이었던 헵번 등에게도 협력을 바라고 있었다고 한다.

그러한 의미에서 『영환지략』은 그 시대에는 매우 드물고, 많은 생생한 '뉴스 소스'를 가진 해외안내서인 한편, 이 두 사람의 존재로 일본과도 기이한 인연을 가지게 되었다. 그리고 이 서적은 일본에 들어온 그 다음 해에 빠르게 번역본이 간행되어 막부 말기에 대대적으로 유행했을 뿐만 아니라, 메이지 시대에 들어서도『속해회입영환사략俗解繪入瀛環史略』(메이지 7년)이라는 제목으로 번역본이 나오는 등 그 영향력은 늘『해국도지』와 비교될 정도였다.

대일무역의 독점정책

그런데 앞에서도 언급했듯이 앞에서 말한「당풍설서」를 포함하여 이러한 해외 정보를 전하는 한문 서적의 전래는 모두 매년 내항하는 중국 무역선에 의해 이루어졌다. 이는 이른바 전통적인 무역 시스템에서 성립된 정보 전달 루트이며, 그 존재는 네덜란드 무역선과 함께 소위 쇄국체제하의 일본을 뒤에서 지탱하는 일종의 '생명선'과 같은 것이라고 할 수 있다.

그러한 의미에서『해국도지』등이 가져다 준 '충격'을 언급한 후, 역시 그러한 정보를 전해 온 선박에 관해서도 조금 생각해 보지 않으면 안된다.

그것은 단순히 이러한 전통적인 전달루트를 확인하는 것뿐만 아니라, 그 후에 전개되는 새로운 정보 네트워크의 의미를 생각하는 데도 매우 중요한 작업이다.

에도 시대에 당선唐船의 내항은 시대에 따라 상당한 성쇠를 보이고 있다. 이는 주로 중국 측의 국내정세와 일본 측의 무역정책의 변화에 의한 것이다. 전체적으로 보아 전반 즉 17세기 동안에는 청나라 측이 예컨대 저항하는 정씨鄭氏 일족에게 타격을 가하기 위하여 대외무역을 엄히 금하고, 연해 지방의 주민을 오지奧地로 강제 이주시키는 천계령遷界令(1661)을 내리고, 또 정씨 항복 후에는 해외진출을 장려하는 전해령展

난징선

닝보선

海令(1684)을 공포하는 등의 사정으로 내항 수에서는 심한 변동이 있었으나 그래도 연평균 항상 수십 척의 배가 일본을 방문했다.

그러나 후반, 즉 18세기에 들어와 이번에는 일본 측이 금, 은, 동 등의 해외유출을 억제하기 위하여 정덕신령正德新令[10] 등과 같은 무역 제한령을 연이어 발령하여 당선의 내항을 신령新令 발령인 1715년에 연간 30척, 그리고 1742년에는 마침내 연간 10척까지 줄여버렸다.

이 경우 일본 측의 무역제한은 특히 동銅무역의 제한인데 당선의 내항 수를 줄였을 뿐만 아니라 실은 그 출항지에도 영향을 주었다.

이미 알려진 대로 에도 시대의 중일 무역은 기본적으로 동무역이 중심이었는데, 이는 청나라가 동전을 만들기 위하여 아무래도 일본 동日本銅을 필요로 하고 있었던 것에 기인하지만, 일본 측이 정덕신령 등으로 동무역에 제한을 가하자 당연히 중국 측은 이러한 사태에 대하여 새로운 대응책을 취하지 않을 수 없게 되었다.

그것은 구체적으로 일본 동을 확실하게 수입할 수 있도록 기존의 민간 하청상인에 의한 동銅 조달 방법을 폐지하고 1가家의 관영 상인(관상官商)과 12가의 액상額商(수가 정해진 관허상인)에게 모든 대일무역을 독점시키는 정책이었다. 그리고 이 관상과 액상의 영업상 거점인 회관會館이 자푸乍浦라는 항구에 설치되었기 때문에 기존의 광저우나 샤먼, 그리고 상하이 등 여러 출항지를 가진 대일무역선의 거점도 그 후 서서히 이 한 곳으로 좁혀져 갔다.

자푸는 현재의 저장성浙江省 핑후平湖시에 있는 항구로, 소위 청조4해

---

10 에도 막부가 1715년(正德 5) 1월에 발령한 국제무역액을 제한하기 위하여 제정한 법령. 나가사키신령(新令)이라고도 한다.

관淸朝四海關(1685년에 설립된 광저우의 월해관粤海關, 샤먼의 민해관閩海關, 닝보의 절해관浙海關, 상하이의 강해관江海關) 중 절해관의 기지항基地港이다. 여기서 내항하는 무역선을 일본에서는 닝보선이라고 하며, 또 상하이나 양쯔강揚子江 하구 부근에서 오는 난징선南京船과 합쳐서 구선口船이라고 불렀다. 구선은 원래 많은 광저우성이나 푸젠성福建省 등에서 오는 중오선中奧船, 베트남이나 타이 등에서 오는 오선奧船과 구별해서 붙여진 명칭인데, 전술한 동銅을 조달하는 무역상의 사정으로 18세기 후반에 들어서면 거의 대일무역의 대세를 차지하게 되며, 그중에서도 자푸를 출항지로 하는 배가 마지막으로 그 모든 것을 독점하게 되었다.

그리고 이 자푸에서 내항하는 구선이야말로 바로 우리들이 앞에서 계속 문제로 삼고 있던 중일 간의 전통적인 정보운반수단이며, 에도 시대를 통해 일본에 해외 정보를 전달해 준 가장 중요한 전달 루트였다.

오바 오사무大庭脩의 대저서『에도 시대의 당선지도서唐船持渡書의 연구』[18]와『한적수입의 문화사』[19]에 따르면, 현재 남아있는『당만화물장唐蠻貨物帳』[11] 등의 사료를 살펴보는 한, 이른바 한문 서적漢籍을 일본에 들여온 배는 이 구선이라 불린 난징선과 닝보선뿐이었다고 한다.

여기에는 물론 여러 가지 원인을 생각할 수 있는데, 분명히 오바大庭 씨도 지적하고 있듯이 가장 중요한 것은 역시 양자의 출항지인 장쑤성江蘇省과 저장성이 청나라 초기부터 일관되게 중국에서 출판의 중심지였던 것과 한문 서적에 대한 일본의 수요가 높았던 시기에 마침 구선에 의한 무역체제가 확립되어 있었던 것을 들지 않으면 안 될 것이다. 그

---

11 1709년에서 1714년까지 나가사키에 입항한 중국 배, 네덜란드 배의 선적하물 품목이나 일본에서 매입한 품목과 그 수량, 가격 등을 선박별로 기록한 기록이다.

리고 바로 이러한 좋은 조건을 가진 수입 루트가 유지되면서 앞에서 말한『해국도지』를 비롯한 일련의 해외 정세를 전하는 한문 서적이 에도 시대를 통해 계속적으로 일본에 들어왔던 것이다.

새로운 대일 정보 네트워크

그런데 이 200년 이상이나 지속된 전통적인 정보 전달 루트는 1850년대 중반에 들어서자 급속히 무너지기 시작했다. 이러한 사태가 발생한 것은 첫 번째로, 1851년에 광시성廣西省에서 발발한 태평천국의 난이 순식간에 중국 남부의 전 지역으로 퍼지고, 특히 2년 후인 53년에 태평천국군에 의해 난징이 함락된 영향으로 기존의 동 무역을 독점해 온 관상이나 액상을 비롯하여 "금융 업계는 모두 그 동업자의 가족까지 모조리 뿔뿔이 흩어져 버린"[20] 것이다.

두 번째로는 마침 이 시기에 개항 10년째를 맞이하는 상하이가 유리한 지리 조건을 살려 기존의 대외무역항인 광저우나 자푸 등을 누르고, 마침내 동아시아의 최대 항구로 대두됨으로써 이 상하이를 중심으로 새로운 대일정보 네트워크가 갑자기 형성되기 시작한 것에 기인하고 있다.

전자는 사정이 너무 당연해서 더 이상 언급할 필요가 없지만, 후자는 그 후의 정보 전달 전개를 생각할 때, 매우 중요한 문제이기 때문에 여기서 조금 더 자세히 보기로 한다.

아시아 제2의 항구로

앞에서 말한 대로 청나라 시대 후반 중국의 대외무역은 대략 서양 쪽은 월해관의 광저우, 동양 즉 일본 쪽은 절해관의 자푸라는 식으로 분담

되어 있었다. 이에 비해 상하이는 이른바 국내의 지역간 무역의 중추로 대외무역액은 매우 낮은 수준에 머물러 있었다.

하지만 오지奧地로 통하는 양쯔강 하구에 위치하고 또 장쑤나 저장 등의 생산물이 풍부한 강남江南지역을 배후에 두고 있어 상하이는 1843년 '난징조약'에 의해 일단 개항되자 불과 10년 사이에 이미 광저우를 웃도는 대외무역량을 달성했으며, 자카르타에 이어 동남아시아의 제2의 무역항으로 뛰어올랐다.21)

여기에는 물론 지리적인 원인 이외에 예를 들어 1840년대 후반부터 광둥이나 광시에서 비밀결사인 천지회天地會에 의한 무장봉기가 연달아 일어나고, 광저우 일대의 분위기가 약간 험악하게 된 것도 하나의 원인이 되었다고 생각하는데, 그러한 요소를 제외하더라도 상하이 수출입액의 성장은 놀라웠다.

연이은 정기항로의 개설

무역뿐만 아니다. 실은 이 시기가 되자 상하이는 계속 동아시아에서 '교통'의 중심이 되어 가고 있었다. 그것은 예를 들면 영국의 P&O 기선 Peninsular & Oriental Steam Navigation Co.이 1850년에 상하이와 홍콩 사이에 정기 항로를 개설하고, 기존의 런던과 홍콩 사이의 연락망을 상하이까지 연장했다. 이어서 프랑스의 프랑스 제국우편선Services Maritimes des Messageries Imperiale이 1861년에 사이공과 상하이를, 그리고 1863년에 마르세이유와 상하이 사이에 정기항로를 개설하여 동남아시아 및 유럽대륙과 상하이를 직접 연결하였다.

그 뒤 약간 늦게 이번에는 미국의 태평양 우편선Pacific Mail Steamship Co.

도 1867년에 샌프란시스코와 홍콩 사이에 항로를 개설하고, 그 가운데 요코하마와 상하이 등을 기항지에 포함시켰다.

이것을 일본과의 관계로 한정해서 보면, P&O 기선이 1859년 일본의 개항과 거의 동시에 우선 상하이와 나가사키 사이에 취항하고 이어서 1864년에 상하이와 요코하마 사이에 정기항로를 개설하였다. 프랑스 제국 우편선은 1865년에 상하이와 요코하마 사이의 정기항로를 열고, 기존의 상하이와 마르세이유선과의 연락을 가능하게 하였다. 그리고 태평양 우편선은 앞서도 말했듯이 1867년에 샌프란시스코와 홍콩 사이의 항로를 개설하는 데 있어서 요코하마와 상하이 사이에 그 지선支線을 개설했다.

3,500척의 출입항

물론 상하이를 중심으로 운항한 것은 이러한 정기항로에 취항하는 우편선뿐 만은 아니었다. 그 외에 이른바 열강의 군함이나 상선 등도 이 시기가 되면 상하이를 동아시아의 '허브'로서 활동하는 일이 많았다.

군함의 경우는 가령 1853년에 유명한 페리함대는 즉 상하이 경유로 일본에 왔으며, 또 그 다음 해에 러시아함대를 추적하기 위하여 내항한 스털링 제독 지휘의 영국함대도 역시 상하이를 출항지로 하고 있다.

상선에 관해서는 1850년대 초에 이미 무역항으로서 동남아시아 제2의 지위를 획득한 상하이는 그 후 외국선의 진출이 한층 많아지고, 1857년에는 연간 출입항 수가 1,000척에 육박하며, 1850년대 말 이후가 되면 일본의 개국이나 그 외의 내외정세에 의해 선박의 출입 수는 더욱 증가하여 1866년에는 마침내 3,500척 가까이에 이르렀다.[22]

이 숫자를, 예를 들어 1859년에 개항한 나가사키를 출입한 외국상선 수와 비교하면 나가사키의 경우에는 1860년 3월 이후 10개월 동안에 대략 90척을 헤아릴 수 있으며,[23] 또 1869년(메이지 2) 한 해에는 295척이 입항했다고 한다.[24]

개항한 지 얼마 되지 않은 사정을 고려하면 결코 낮은 숫자는 아니지만, 그 대부분은 영국이나 미국 등의 석탄 수출선으로 일본에서 싸게 사들인 상품을 증기선이 많이 정박하는 상하이로 운반하여 연료로 비싸게 팔아넘기기 위한 것이었다.[25]

이처럼 1850년대 후반부터 60년대 전반에 걸쳐 상하이를 중심으로 하나의 교통·커뮤니케이션 네트워크가 형성되었다. 그것은 주로 우편선, 군함 그리고 증기선이 주류가 된 상선의 빈번한 왕래가 있었기 때문에 비로소 가능하게 되었는데, 그 후 70년대에 들어서 여기를 중계지로 나가사키와 유럽 사이의 해저 전신 케이블이 부설되자 교통의 '허브'로서의 역할은 한층 강해졌다.

이 새로운 네트워크에 의해 전달되는 정보는 물론 기존의 이른바 구선이 가져다 준 것과는 비교가 되지 않으며, 거기에는 양뿐만 아니라 질적으로도 큰 변화가 생겼다. 중일문화교류사에 입각해서 본다면, 즉 200년 이상이나 지속되었던 자푸(乍浦) 시대가 드디어 끝나고 상하이 시대가 도래한 것이다.

제3장

일본의 개국과 상하이

1. 정보발신지 묵해서관墨海書館

프로테스탄트의 활동거점

1850년대에 들어서자 무역과 교통뿐만 아니라 이른바 정보 네트워크도 상하이를 중심으로 재편되었다. 이는 예를 들어 아편전쟁 전부터 일관되게 서양 정보 전달의 최대 담당자인 프로테스탄트 선교사들의 동향을 보면 잘 알 수 있다. 아편전쟁 후 5개의 개항지로 흩어져간 이들 선교사들은 이 시기가 되자 전도傳道의 편의를 위해서라고 생각되지만, 계속해서 상하이에 모여, 무역과 교통 네트워크의 중심지인 이 땅을 자신들의 활동거점으로 삼기 시작하였다.

프로테스탄트 선교사로서 처음으로 상하이에 들어온 사람은 영국 런던회 소속의 메드허스트Medhurst, 麦都思와 록하트Lockhart, 雒魏林였다. 두 사람은 상하이 개항 직후인 1843년 각자의 근거지였던 광저우와 저우산舟山의 딩하이定海에서 여기로 이주하였는데, 그 때 그들은 원래 바타비아[1]에 있는 런던회의 인쇄소와 딩하이에 있는 록하트의 진료소를 함께 이 신천지로 이전시켰다.

그리고 후술하겠지만, 각각 묵해서관과 인제의관仁済醫館으로 명명된 이 두 시설에 나중에 같은 런던회 소속의 교회 ─ 천안당天安堂도 추가되어, 이 세 곳이 메드허스트의 중국명인 마이두스麦都思와 연관된 '마이자취안麦家圈'(현재의 산둥로山東路 부근)이라는 장소에서 크게 발전하였으며, 런던회뿐만 아니라 상하이의 모든 프로테스탄트 계파의 일대 활동거점이 되었다.

메드허스트는 원래 앞서 말한 로버트 모리슨Robert Morrison, 馬礼遜을 따라서 동남아시아에서 프로테스탄트 전도를 개척한 인물로, 모리슨 사후에는 실질적으로 그의 후계자로서 런던회의 중국전도에 중심적인 역할을 해 왔던 인물이다.

따라서 그의 상하이 이주는 상당히 중요한 의미를 가지고 있는데, 그것은 극단적으로 말하면 상하이가 프로테스탄트 전도의 새로운 중심지가 되었음을 그대로 보여준 사건이기도 하였다.

경이적인 활약

실제로 그 후 그의 감독하에 있는 묵해서관은 15년 이상이나 그리스도교 출판계에 군림하였고, 25만 부에 가까운 한역성서[1]와 171종류의 한문전도서와 과학서를 세상에 나오게 하였으며, 또 개인이나 묵해서

---

1 Batavia. 자카르타의 네덜란드 식민지 시대의 호칭.

관 등의 존재에 끌려 30여 명의 선교사가 잇달아 이 땅에 거주하게 되었다.[2]

윌리엄 뮤어헤드

그리고 대부분의 선교사는 전도에도 힘쓰는 한편 스스로 저술활동을 하고 또 구미학자의 저서를 번역하는 형태로 실로 다양한 서양지식을 중국에 소개하였다.

그들의 주요 저서를 분야별로 소개하면, 천문·지리학에서는 뮤어헤드Muirhead, 慕維廉가 1853년부터 1854년에 걸쳐 『지리전지地理全志』를 저술하여 서양 근대지리학에 관하여 기존의 인문지리학뿐만 아니라 자연지리학의 내용도 더해 상세하고 간략하게 해설했다.

또 웨이Way Richard Quarterman, 禕理哲(그는 닝보를 근거지로 하고 있었다)가 1856년에 전술한 『지구도설地球圖說』을 대폭 개정하여 아직 중국 지식인에게 충분히 인지되지 않았던 지구 구체설球體說이나 태양중심설의 설명과 각국의 국가 정세를 소개하는 데 노력했다. 그리고 이것은 작자가 저술한 것은 아니지만, 와일리Wylie, 偉烈亞力가 1859년, 예전에 영국 천문학회 회장도 역임한 존 허셀侯失勒約翰, John Herschel의 명저 『천문학개론』(1849년 초판)을 『담천談天』이라는 서명으로 번역하여, 코페르니쿠스에서 케플러, 그리고 뉴턴에 이르기까지 서양 근대천문학의 흐름과 최신의 연구 성과를 체계적으로 소개하였다.

이어서 역사학에서는, 앞에서 말한 뮤어헤드가 1856년에 토머스 밀러의 『영국사』를 『대영국지大英國志』라는 제목으로 한역漢譯하고, "정교政教의 미美가 동서양에 최고를 만들어내고", "전성기의 나라"[3]인 영국의 2000년 역사를 왕조별王朝別로 따라가 보았는데, 그중에서도 정치제도에 관해서는 '파력문의회巴力門議會, parliament'(국회)의 '노이덕사勞爾德士, House of Lords'(상원)와 '고문사高門士, House of Commons'(하원)의 양원제나 '추선推選'의 제한선거제, 하원의 주도적인 입장 등을 간결하게 해설하고, 기존의 『해국도지』 등에서는 확실히 설명하지 못했던 지식을 명확하게 제시하였다.

또 앞에서 말한 브리지먼裨治文 자신이 쓴 『미리가합성국지략美理哥合省國志略』의 재증보판으로서 1861년에 『연방지략聯邦志略』을 저술하여 신흥국인 미국의 독립사를 비롯한 정치, 경제, 교육, 종교, 게다가 각 주州의 구체적인 상황 등을 매우 체계적으로 소개하였다.

그리고 수학·물리학에서는 와일리가 먼저 1853년에 『수학계몽數學啓蒙』을 저술하여 서양수학의 기초적인 지식을 해설했다. 이어서 1857년에 마테오 리치Matteo Ricci, 利瑪竇가 전반밖에 번역하지 않았던 유크리드의 『기하학입문幾何學入門』의 후반을 『속기하원본續幾何原本』으로 번역하여, 리치의 번역으로부터 250년이 지난 후 마침내 이 고대 그리스의 명저를 완역하였다.

이후 그는 1858년에 다시 『중학천설重學淺說』을 간행하여 한문으로서 처음으로 역학力學을 중심으로 하는 서양 근대물리학에 관한 해설을 시도하는 한편, 그 다음 해는 또 영국의 수학자 모건Morgan의 『대수초보代數初步』(1835)를 『대수학』, 미국의 수학자 루미스Loomis의 『해석기하解析幾何와 미적분초보』(1850)를 『대미적습급代微積拾級』이라는 서명으로 번역하고, 특히 후자에서 처음으로 서양 근대수학의 지식을 중국에 소개했을 뿐만 아니라, 동시에 계수, 함수, 변수, 미분, 적분 등과 같은 많은 새로운 수학용어도 만들어냈다.

　이러한 분야 이외에도 예를 들면, 의학에서는 록하트의 뒤를 이어 인제의관의 관리를 맡은 홉슨Hobson의『전체신론全體新論』(1851년 광저우 초판, 1855년 묵해서관 재판),『서의약론西醫略論』(인제의관, 1857),『부영신설婦嬰新說』(인제의관, 1858),『내과신설內科新說』(인제의관, 1858), 박물博物・생물학에서는 같은 홉슨의『박물신편博物新編』(1855년 광저우 초판, 같은 해 묵해서관 재판), 윌리엄슨韋廉臣의『식물학』(묵해서관, 1859) 등, 소위 프로테스탄트 선교사에 의한 한역양서는 실로 헤아릴 수 없을 정도로 많았다.

　그리고 그들의 이러한 경이적인 활약에 의해 상하이는 급속히 서양 정보 발신지로서 발전하고, 1850년대 후반에는 이미 완전히 자신들을 중심으로 한 하나의 큰 정보 네트워크를 형성하였다.

정보생산기지

　그런데 뮤어헤드와 와일리를 비롯한 이들 선교사들이 왜 1850년대에 접어들면서 갑자기 이만큼 집중적으로 한문 저서를 간행한 것일까? 더욱이 메드허스트를 제외하고 중국체류가 결코 길다고는 할 수 없는 이 사람들이 어째서 그 추상성이 높은 서양과학서 등을 한문으로 번역할 수 있었던 것일까?

　위와 같은 활약상을 확인한 후에는 아마도 누구나가 가질 수 있는 의문일 것이다. 이러한 질문에 답하기 위하여 다음은 그들의 구체적인 일상 활동, 그것을 둘러싸고 있는 환경 특히 묵해서관이라는 그 정보생산을 가능하게 한 '현장'의 모습을 조금 엿보기로 한다.

　앞에서도 언급했지만, 묵해서관이란 즉 메드허스트가 1843년에 자신의 이주와 함께 원래 바타비아에 있었던 런던회의 인쇄시설을 상하이로 옮겨 설립한 것이다.

그 소재지는 처음 2년 동안은 상하이현성 동문東門 밖에 있는 메드허스트가 빌린 집 1층에 있었으나, 그 후 1846년에는 같은 현성 북문 밖 신축 2층 건물의 1층 집으로 옮겼다. 이 근처에는 묵해서관 외에 마찬가지로 신축된 메드허스트의 자택이나 인제의관도 인접해 있고 또 나중에 천안당이라는 교회도 들어섰다. 앞서 언급한 마이자취안은 말하자면 이들 시설이 집중되어 있는 지역을 가리킨다.

설립 초기의 묵해서관에는 불과 수동식 인쇄기 1대와 누락된 글자가 많은 금속활자 한 세트밖에 없었으며, 또 인쇄공도 중국인 청년 한 명밖에 없었다. 그러한 이유로 마침 갖고 있었던 활자와 대조해 가면서 문장을 만들어야 해서 매우 힘든 작업이 강요되었다고 한다.

그 후 1847년이 되자, 곧 대량의 성서인쇄에 대응하기 위하여 런던 전도회 본부로부터 한 대의 트윈실린더식 인쇄기를 들여왔고, 또 그것에 앞서 전문 인쇄 직원인 와일리도 파견되었다. 물론 묵해서관은 설립 직후인 1844년에 이미 전도용 소책자 인쇄를 시작했으나, 앞서 말한 활약으로 연결되는 운영은 역시 새로운 기계와 직원이 오고 나서 비로소 가능하게 되었다. 덧붙여 이 실린더식 인쇄기는 하루에 수만 장이나 인쇄할 수 있었다고 한다.

소의 동력을 이용해서

1840년대 후반의 묵해서관에 관하여 나중에 선교사들의 중국어 조수가 된 왕타오王韜는 당시의 모습을 다음과 같이 기술하고 있다.[4]

때때로 서양학자인 메드허스트(麦都思)가 묵해서관을 맡아 활자판 기계로써 책을 인쇄한다. 마침내 독창적인 견해라고 한다. 나는 특별히 가서 그곳을 방문했다. 대나무화분, 국화와 난초 정원이 꽤 야외의 풍취가 있다. 안에 들어가 보니 담황색의 선반에 올려둔 갖가지 훌륭한 물건이 가득하다. 메드허스트에게는 2명의 딸이 있는데, 장녀는 메리, 차녀는 아란이라고 하며 모두 나와서 인사를 나눈다.(…중략…)

뒤에 안내받고 인쇄된 책을 봤다. 소의 동력을 이용해 인쇄기계를 당기고 차축(車軸)과 같은 것이 날아가듯이 움직이고 있다. 하루에 수천 장이나 인쇄를 해야 한다고 한다. 정말로 정교하고 빠르다. 서고는 전부 유리를 사용해 창문을 만들어 매우 밝고 그늘이 없다. 마치 유리(瑠璃)의 세계에 있는 것 같다. 서가는 동서쪽으로 나열되어 있고, 위치는 모두 사전에 따라서 약간의 빈틈도 없다.

메드허스트와 같은 곳에 사는 이는 밀른(William Charles Milne), 록하트, 뮤어헤드, 애드킨스(Joseph Edkins)이며 모두 중국어를 안다.

소의 동력으로 활자의 인쇄기계를 돌린다는 이 사실은 아마 당시의 중국인에게 매우 보기 드문 일이었다. 다른 글에서 왕타오는 이 서양에서 들어온 전혀 익숙치 않은 기계에 관하여 보다 자세히 기술하고 있다.[5]

서양인은 인쇄국을 여러 곳에 설치했는데, 가장 저명한 것은 묵해(墨海)이다. 거기에는 철재로 제조된 인쇄기계가 있고, 길이는 일장수척(一丈數尺)[2]이며, 폭은 3척 정도이다.

양쪽에 무거운 톱니바퀴가 2개 붙어 있고 거기서 2명씩 협력해서 인쇄를 한다. 소의 동력으로 그 톱니바퀴를 회전시키면서 밀어내기도 하고 끌어들이기도 한다. 그 위에는 커다란 축이 2개 달려 있고 그것을 벨트로 아래 기계와 연계시켜 종이를 보낸다. 한 번 회전할 때마다 종이 양면에 인쇄되며 매우 간단하고 또한 빠르다. 하루에 4만 여장도 인쇄가 가능하다. 글자는 활판이며 납으로 주조하고 먹은 젤라틴과 철매기름을 혼합해서 만든 것이다.

인상(印床)[3]의 양쪽에 먹통이 붙어 있고 철제 축으로 이것을 회전시키면 먹물이 평판(平板)에 옮겨진다. 그 옆에 몇 개의 동일한 간격으로 배열된 먹물 축이 연결되어 있으며, 평판 위에 있는 먹물을 바르면서 활자판에 보내고 이렇게 해서 먹물의 농도가 저절로 지워져 버린다.

먹이 균등하게 인쇄되기 때문에 글자는 당연히 뚜렷해져 도저히 중국의 종래 인쇄와는 비교할 바가 못 된다. 인쇄기계를 움직이는 데는 대략 소 한 마리의 힘이 필요한데, 소를 쓰는 것은 바로 증기(蒸氣)의 대용(代用)이다.

아는 바와 같이 미국의 리처드 마치 호Richard March Hoe에 의해 증기 윤전輪轉인쇄기가 발명된 것은 1846년이다. 묵해의 실린더식 인쇄기가 도입된 것은 1847년의 가을이라고 하니까 아무래도 호의 윤전기일 가능성은 희박하다. 하지만 그래도 그 한 세대 전의 윤전기임에는 틀림이 없으며 당시로서는 매우 첨단의 기계이다. 그 우수한 성능은 마침내 성서나 그 외의 서적인쇄에서 크게 발휘되어 1850년대를 통해 묵해서관을 지탱하는 원동력의 하나였다고 해도 과언이 아니다.

---

2 장(丈)은 중국과 일본의 전통적 길이 단위이며 1장(=3.03m)은 10척(尺)으로 정의되어 있다. 척(尺)은 약 30.3cm.
3 도장을 팔 때, 도장 재료를 끼워 움직이지 못하게 하는 도구. 딱딱한 목재로 만든다.

최초의 한역성서

이와 같이 설립 당초의 묵해서관의 모습을 알기 위하여 우선 그 '간판'이라고도 할 수 있는 윤전인쇄기를 살펴봤다. 하지만 이 기계를 도입한 것은 어디까지나 새롭게 번역된 성서 인쇄를 위한 것이기 때문에, 그러한 의미에서 여기서는 역시 그 최대 사업인 성서한역의 '현장'도 조금 봐두어야 할 것 같다.

중국에서 프로테스탄트 선교사로서 최초로 성서한역을 직접 한 사람은 역시 앞에서 말한 로버트 모리슨이다. 1807년 중국에 온 모리슨은 처음 거의 혼자 힘으로 1813년에 『신약성서』를 번역한다. 이어 모리슨 이후에 파견되어 온 같은 런던회의 윌리엄 밀른의 도움을 받아 1819년에 또 『구약성서』의 한역을 완성시켰다. 그리고 이 양쪽을 합쳐서 1824년에 『신천성서神天聖書』(일명 『성서전서聖書全書』)로 간행하였다.

이것은 중국에서 만들어진 최초의 한역성서이다. 그러나 이 모리슨 역의 성서에는 표현상 많은 문제점이 있어서 중국인에게 아주 난해했다고 한다.[6]

이러한 사정으로 인하여 그 후 중국에 온 메드허스트나 귀츨라프, 브리지먼들도 가세하여 소위 개정사업改訂事業을 하였다. 그들은 먼저 공동으로 1837년에 『신약성서』를 『신견조서新遣詔書』로서 간행하고, 이어 귀츨라프 혼자서 1838년에 『구약성서』를 『구견조서舊遣詔書』로 개역하여 간행했다. 이것으로 일단 『신천성서』의 최초 개정판이 완성되었는데, 이 개정판에 대하여 그 후 귀츨라프가 또 불만이 있어서 이번에는 단독으로 『신견조서』를 개정해 1840년 『구세주야소신견조서救世主耶蘇新遣詔書』를 간행했다.

'신神'인가 '상제上帝'인가

그러나 교양이 있는 원어민이 참가하지 않고 번역된 성서는 역시 평판이 좋지 않았던 것 같다. 그 때문에 런던회를 비롯한 각 회파會派의 대표가 1843년 홍콩에서 회합을 갖고 앞으로의 개역사업改譯事業을 둘러싼 협의를 한 결과, 새로 메드허스트를 책임자로 하는 번역위원회를 조직하고 그 대표위원회가 주도해서 성서한역의 결정판을 만들기로 결정했다.

메드허스트와 이미 언급한 밀른의 자식인 찰스 밀른 등의 5인으로 구성된 대표위원회는 1847년 6월경부터 상하이 마이자취안에 있는 메드허스트의 자택에 모여 거의 매일 "아침 10시부터 오후 2시 반까지" 중국인 조수와 함께 "한 글자 한 구를 몇 번이나 다듬으면서"7) 결정판이 될 성서 번역을 시작했다.

그리고 그들의 이러한 노력의 결과로 마침내 1850년에『신약전서新約全書』(1852), 이어서 1853년에『구약전서舊約全書』(1855)의 한역을 완성시켰다.

여담인데 이 번역 과정에서 'God'의 번역어를 둘러싸고 메드허스트를 비롯한 영국계 선교사와 브리지먼을 중심으로 하는 미국계 선교사들 사이에서 논쟁이 벌어져, 전자는 '상제'로 번역한 데 대해 후자는 '상제'에는 현세적인 이미지가 붙기 때문에 '신'으로 해야 한다고 주장했다. 결국 양쪽 의견이 좁혀지지 않아 각각 'God'을 '상제'로 하는 번역본(대영성경회大英聖經會 출판)과 '신'으로 하는 번역본(미화성경회美華聖經會 출판)을 간행하게 되었다. 참고로 일본에서 'God'을 '신'으로 번역한 것은 즉 메이지 초기에 미국계 번역본의 영향을 받았기 때문이다.

이 결정판인 대표위원회역 성서는 호평을 받았다. 특히『신약전서』는

1859년에 이미 11판을 내었고, 그 뒤에도 1920년
대까지 사용되었다고 한다. 이 성공의 이면에는
사실 한 사람의 숨겨진 공로자가 있다. 조금 전부
터 몇 번이나 이름을 언급한 왕타오^{王韜}다. 그가
번역 스태프에 포함됨으로써 번역문이 완전히
새로워지고 아주 세련되게 바뀌어 나중에 '문리
성서^{文理聖書}'라는 미명^{美名}까지도 얻었다.[8]

왕타오

묵해서관의 '낭인^{浪人}' 수재들

왕타오는 1828년 장쑤성^{江蘇省} 보리^{甫里}에서 태
어나 소년 시절부터 문장에 '뛰어난 재능'이 있다
고 말해질 정도로 아주 유능한 지식인이었다. 그는 17세 때 과거의 첫
단계 시험(현시^{縣試})에 합격해 수재^{秀才}(생원^{生員})가 되었으나, 그 뒤의 향
시^{鄕試}에 떨어져 관료로서 출세할 길이 끊겼다. 1849년 왕타오는 돌아
가신 아버지의 뒤를 이어 일가 6명의 가족을 부양하기 위해 메드허스트
의 중국어 조수로서 상하이 묵해서관에 입주해 이후 13년 동안 피고용
인으로서 일했다.

앞서 말한 것처럼 묵해서관에 들어갔을 당시에 왕타오는 주로 대표
위원회에 의한 성서 번역을 돕고 있었다. 구체적으로는 선교사들의 번
역문을 첨삭하고 그 문장을 중국어답게 새롭게 고치면 되는데 그것은
그에게 아주 편한 일이었다. 하지만 선교사들이 이렇게 교양이 있는 중
국인 조수를 고용한 것은 처음이어서 성서 번역에 이어 다수의 찬송가
의 첨삭도 부탁할 정도로 그의 문인으로서의 재능은 높게 평가되었다.

그리고 이러한 두터운 신뢰를 바탕으로 이후 성서 등의 번역이 일단락되자, 그는 우선 애드킨스^{Edkins}와 함께 『격치신학제강^{格致新學提綱}』을 번역하고, 1857년부터 와일리와 협력하는 형태로 후술하는 『육합총담^{六合叢談}』이라는 잡지를 편집하면서 전술한 『중학천설^{重學淺說}』 등도 간행했다.

그러나 묵해서관에 대한 왕타오의 공헌은 이 정도에 그치지 않았다. 그의 소개로 1852년에 수학자인 리산란^{李善蘭}, 그 다음 해에 문학자 장둔푸^{蔣敦復} 등의 중국 지식인들이 연이어 묵해서관에 들어와 자신과 함께 같은 일을 하기 시작했다.[9]

예를 들면 전술한 와일리의 『속기하원본^{続幾何原本}』, 『대수학』, 『대미적습급^{代微積拾級}』, 『담천^{談天}』이나 윌리엄슨의 『식물학』 등은 전부 리산란과의 합작으로 완성한 역서이며, 또 뮤어헤드의 『대영국지^{大英國志}』도 장둔푸의 협력을 얻어 완성되었다. 그리고 이 세 사람의 활약이 하나의 본보기가 되어 그 후에도 의학에 조예가 깊은 관스푸^{管嗣復}나 천문학에 교양을 가진 장푸시^{張福僖} 등 모두 10여 명이 기간의 길고 짧음이야 있겠지만 모두 묵해서관에 신세를 진 적이 있다.[10]

그중에서도 관스푸는 홉슨의 『서의약론^{西醫略論}』, 『부영신설^{婦嬰新說}』, 『내과신설^{內科新說}』의 한역을 도왔을 뿐만 아니라, 런던회 소속이 아닌 브리지먼의 저서 『미리가합성국지략^{美理哥合省國志略}』(『연방지략^{聯邦志略}』)의 개정에도 도움을 주었다.

이들은 왕타오와 마찬가지로 모두 수재가 되었지만 그 다음 단계의 과거시험에 실패하여 소위 '낭인^{浪人}'과 같은 존재였다. 관료의 길이 끊긴 그들에게 묵해서관은 보수도 높아서 만족스러운 자리는 아니지만 결코 있기에 불편한 곳은 아니었다고 생각한다. 리산란처럼 '번역'이라는 행위를 통해서 어느 정도 자기실현이 가능했던 사람도 있었다.

더욱이 그들이 묵해서관에 온 시기는 마침 서관의 성서한역 사업이 일단락되어 선교사들이 서양 실정이나 과학서의 번역에 시간을 할애할 여유가 생겼을 때이기도 했다.

바로 이 2개의 조건이 잘 부합되었기 때문에 한역양서의 양산이 비로소 가능하게 되었다. 1850년대에 들어 선교사에 의한 한문 저서가 일거에 늘어난 역사적 배경은 다름 아닌 이러한 점에 기인한다.

개명파開明派가 된 계기

이 최전성기에 있는 묵해서관을 기록한 문장이 하나 남아 있다.[11] 그 문장의 필자는 나중에 처음으로 중국의 영국주재공사를 역임한 궈쑹타오郭崇燾라는 인물이다. 이때 그는 마침 태평천국의 난을 진압하는 쩡궈판曾國藩[4]의 수하에 있었고, 염세鹽稅 등에 의한 자금을 조달하는 일에 종사하고 있었는데, 상하이에 온 것은 아마 그러한 군무軍務의 일환일 것이다.

이후 묵해서관을 방문했다. 그곳에 있는 메드허스트라는 사람은 서양의 선교사로서 스스로 묵해노인이라고 칭하고 있었다. 주거의 전반부는 예배당이며 후반부의 객실에는 많은 서적이 진열되어 있었다. 동서(東西)의 창가에 구슬 모양의 모형이 하나씩 놓여 있으며, 오른쪽에는 천구의(天球

---

4 중국 청말(淸末)의 정치가. 학자. 후난성(湖南省) 사람.

儀),[5] 왼쪽에는 지구의(地球儀)로 되어 있다. 메드허스트는 저술활동에 매우 열심인 사람인데, 그의 문장을 교정하는 한 사람은 하이옌(海鹽)의 리런수(李壬叔, 李善蘭)이고 또 한 사람은 쑤저우(蘇州)의 왕란칭(王蘭卿, 王韜)이다. 리런수는 매우 박식하여 수학을 계속 공부하고 있다고 했다. 왕란칭은 호쾌 활달하고 꽤 풍류가 있는 사람이었다. 『수학계몽(數學啓蒙)』이라는 책을 찾아주었는데, 이것은 와일리의 저작물이다. 와일리는 매우 평범한 용모의 소유자로 특히 수학을 전공했다. 또 애드킨스Edkins이라는 사람이 있는데, 그는 학문적으로 가장 뛰어나고 메드허스트로부터 도서 관리의 일을 부탁받았다. 이 외에 여러 권의 『하이관진(遐邇貫珍)』[6]을 받았다. 각 책의 전반부에는 과학에 관한 문장이 약간 실려 있고, 그 뒤는 전부 국내외 기사의 발췌로서 즉 '신문'이다. (…중략…) 왕란칭은 가족과 함께 여기에 살고 있었다. 그 거실에 '단의필마수이광(短衣匹馬隨李廣), 지각노염대맹광(紙閣蘆廉對孟光)'이라는 대련(聯)[7]이 걸려 있어서 꽤 정취가 있다. 하는 일을 물어보니 매일 도서실에 2, 3시간 출근해 그들(서양인)의 저서에 있는 문법적 오류를 고치고 그 문장을 한문답게 첨삭할 뿐이라고 했다.

일설一說에 의하면 궈쑹타오가 뒤에 서양 사정에 관심을 갖게 되고, 또 양무운동洋務運動[8]을 리드하는 개명파開明派 관료가 된 최초의 계기는

---

5 별과 별자리를 천구(天球) 위에 놓여 있는 것처럼 표시한 천구의 모형.
6 1853~1856년에 홍콩에서 간행된 최초의 중국어 월간지이다.
7 중국에서 대구(對句)를 쓰거나 새긴 가늘고 긴 목판 혹은 종이. 이광·맹광은 모두 한나라 시기 인물. 이광은 용맹한 장수를, 맹광은 가난하지만 남편을 잘 보필한 아내를 대표한다. 이 대련의 뜻은 이광처럼 용감하고 맹광처럼 가난을 개의치 않고 누군가를 도와준다는 의미.
8 중국의 청조 말기에 유럽근대문명의 과학기술을 도입해 청조의 국력 강화를 지향한 운동. 자강운동(自强運動)이라고도 한다.

이때의 상하이 체험, 특히 묵해서관에서의 견문이었다고 한다.[12] 이것은 물론 어디까지나 그 작자의 추측에 지나지 않지만 그러나 그 추측은 대체로 정확하다고 생각한다.

왜냐하면 이 시기의 묵해서관은 분명히 이미 일부의 중국 지식인에게 어떤 '충격'을 주는 장소가 되었고, 그 존재는 마치 '서양'을 중국사회에 소개하는 하나의 창구와 같은 역할을 하고 있었기 때문이다. 이것은 전술한 몇 개의 인용에서 이미 그 일부분을 알 수 있었는데, 그 상황을 보다 자세하게 전달하기 위하여 여기서 또 왕타오의 이전 일기를 들여다 보겠다.

증기기관의 실연實演

『왕타오 일기王韜日記』[13]를 읽어 보면 그 풍류 문인과의 교류를 나타내는 많은 기록 중에서 특히 눈에 띄는 것으로서, 자신을 포함해 묵해서관의 관계자들이 꽤 빈번히 중국 지식인에게 '서서西書'(한역양서)를 보내는 이야기를 들 수 있다.

상대방은 그들의 일반 친구에 한정하지 않고, 예를 들면 상하이 도대道臺(지방장관)였던 우젠장吳健彰과 같은 고관高官도 포함되어 있으며, 또 "합중교사合衆教士가 여러 권의 『합신의서合信醫書』를 팔고 싶어 일본에 보낸다"(1858.12.25)라고 했듯이 일본도 그 목표의 하나였다. 물론 여기에는 '전도'라는 목적이 있었기 때문에 반드시 순수한 '계몽' 활동이라고는 할 수 없으나, 그래도 이러한 행위 중에 묵해서관은 정보 발신지로서의 모습을 나타내었다고 할 수 있다.

도서 증정에 이어 자주 보이는 이야기로는 지방으로부터 여러 사람들이 찾아와서 서관의 인쇄기계 등과 같은 설비를 견학하는 내용에 관한 것이다. 예를 들면 나중에 장쑤江蘇 순무巡撫9로 승진한 쉬여우런徐有壬이나 초대 일본주재 부공사인 장스구이張斯桂 등도 있는데, 묵해서관이 중국의 유력 지식인에게 영향력을 미친 것을 엿볼 수 있다.

그런데 설비견학을 둘러싼 이야기에서 가장 흥미를 끄는 것은 역시 선교사에 의한 증기기관 가동을 실제로 해 보이는 것으로, 예를 들면 1860년 1월 27일의 일기에 "서양인 학자 와일리가 화윤기를 시험하는 것을 보았다. 물이 끓고 김이 나고 회전이 매우 빨랐다"라고 쓰여 있다. 이후에도 이러한 기술記述이 여러 번 보이는데, 아무래도 묵해서관에서는 부정기적으로 이러한 실험을 하고 중국인에게 견학을 시킨 듯하다. 덧붙여 왕타오 일행도 '조영법照影法' 등을 공부해 친구 집에서 사진 촬영을 실천했다고 기록되어 있다.

이 외에도 예를 들어 소고기 시식이나 서양식으로 행한 친구 결혼식, 또 서양 여성의 바이올린 연주 등, 소위 서양의 '일상'이 여러 곳에 기록되어 있어 그 당시 묵해서관의 모습과 그들의 관심 분야를 알려준다.

물론 그중에는 이러한 일방적인 수용이 아니라 와일리 등과 논쟁을 통해 '서양국정의 큰 오류'를 비판하고, 중국 '태고의 바람'을 주장하는 이야기도 보여, 왕타오를 비롯한 당시 중국 지식인들이 가진 서양 인식의 복잡한 일면을 보여주고 있다.

---

9 중국 명, 청 시대의 관직의 하나로 임시직이지만 청 시대에는 각 성에 두어 민정과 군무를 담당했다.

살아 있는 창구

이와 같이 묵해서관은 제1차 아편전쟁 직후부터 제2차 아편전쟁 종결까지 대략 20년 가까운 세월 동안 전술한 선교사와 '낭인' 수재들의 활약에 의해 단지 한역양서를 간행하는 서양 정보 발신지로서뿐만 아니라, 소위 '살아 있는' 서양 창구로서도 큰 역할을 했다. 굳이 '전도'의 요소를 제외하고 말하자면, 아직 관영 양학기관이 설립되어 있지 않았던 당시의 중국에서 그 존재는 에도 막부의 '양학소洋學所'[10](1855년 설립)와 비슷할 수 있다.

덧붙여 말하면 중국의 '양학소'에 해당하는 경사동문관京師同文館이나 상하이광방언관上海廣方言館, 또 강남제조국번역관은 모두 1860년대 들어서 설립된 것으로 묵해서관보다는 20년 가까이 늦다. 그리고 후술하겠지만 묵해서관의 영향력은 중국 국내에 머무르지 않고 중국 국내 이상으로 일본에도 영향을 미쳐, 막부 말기의 일본인들에게 적지 않은 '정보'의 혜택을 베풀었다.

1860년대에 들어와 기존의 전도나 양서번역의 자세를 둘러싼 선교사들의 의견대립으로 인하여 묵해서관의 활동은 급속히 위축되었다.[14]

1860년 11월에 인쇄 담당으로 한역양서의 중심적인 역할을 한 와일리가 휴가로 영국으로 귀국한 후, 먼저 인쇄 업무의 대부분이 새롭게 닝보寧波에서 상하이로 이전해 온 미국 장로회소속의 미화서관美華書館(닝보 시대의 명칭은 화화성경서방華花聖經書房, 1844년 마카오에서 창립)으로 넘어갔으며 이윽고 인쇄 설비 자체도 『상하이신보上海新報』 발행을 준비하고

---

10 에도 막부 때 외교문서 및 수입 서적의 번역을 주된 업무로 한 부서.

있는 자림양행字林洋行에 팔려 버렸다. 이렇게 해서 묵해서관은 마침내 그 황금시대의 막을 내리게 되었던 것이다.

2. 한역양서가 가져다 준 '서양'

빈번한 중일 간의 왕래

그런데 묵해서관 등에서 간행된 이 한역양서들은 원래 발간 동기를 생각해 보면 모두 중국으로 전도의 길을 개척하기 위하여 중국 지식인을 계몽하고 중국 '개국'을 촉진하기 위하여 저술된 것이다. 지금까지 보아 온 것처럼 그것은 어느 정도 중국 사회에 침투해 약간의 '충격'을 준 것도 사실이다.

하지만 유감스럽게도 그 후 중국에서는 그 서적들이 전한 내용을 본격적으로 수용하고 소화하기까지 반세기 이상이나 시간이 걸렸다. 물론 여기에는 예를 들어 외래 문물을 좀처럼 받아들이려고 하지 않는 중화의식의 존재라든가, 과거제도에 따른 엘리트 지식인의 속박과 같이 그 원인은 많이 있다. 그러한 것을 규명하는 것도 매우 흥미있는 작업이지만, 그것은 이번 주제에서 벗어나기 때문에 더 이상 깊게 들어가지 않는다.

그것보다도 조금 전에도 언급했듯이, 오히려 이들 서적이 1850년대 중반부터 전술한 '교통' 네트워크에 편승해 전부 일본에 선편으로 들어와 일본 지식인들을 '계몽'하고 일본 '개국'을 촉진한 프로세스를 여기서 조금 고찰해 보려고 한다.

막부 말기의 한역양서의 일본 전래를 살펴볼 때, 먼저 부딪히는 것은 도대체 이 서적들이 어떤 루트로 그리고 어떤 종류와 어느 정도의 수량으로 일본에 들어왔는가라는 문제이다.

만약 기존의 당인무역唐人貿易[11]에 의한 수입이었더라면, 예를 들어 '재래서목齎來書目', '서적원장書籍元帳', '낙찰장落札帳' 등과 같은 나가사키회소長崎會所[12]의 수입 업무와 관련된 리스트가 있어 어떤 의미에서는 매우 간단하게 조사할 수 있다.

그러나 페리함대 내항 이후에는 당선 이외의 루트도 생겨나고, 특히 1858년의 '안세이개국安政開國'에 의하여 일종의 자유무역체제에 접어들자 우편선을 포함한 다양한 종류의 배가 빈번하게 중국과 일본을 왕래하게 되어, 도저히 기존처럼 한역양서의 일본 전래에 대하여 특정할 수 없게 되었다. 다만 굳이 그 루트를 분류하자면, 예를 들어 열강의 군함에 의한 운송, 중일의 상인에 의한 수입, 일본에 들어온 선교사에 의한 유입, 이 3가지를 우선 생각할 수 있다. 이하 각각의 루트에 의해 선적되어 들어온 양상을 간단하게 살펴보도록 하겠다.

페리 함대가 갖고 들어온 잡지

군함에 의한 운송은 페리함대 그 자체의 내항으로 거슬러 올라간다. 1854년 1월, 두 번째 방일 도중에 들린 류큐琉球에 페리함대의 누군가가, 앞에서 말한 궈쑹타오가 묵해서관에서 받은 것과 똑같은 한문 잡지『하이관진遐邇貫珍』을 두 권 가지고 와서 현지 사람들에게 전했다.

---

11 에도 시대에 일본에 온 중국인과의 무역.
12 에도 시대 나가사키에 설치된 무역기관. 현재의 나가사키세관의 전신이다.

『하이관진』은 1853년 9월에 메드허스트가 상하이에 있으면서 홍콩에서 발행한 월간지로, 그 내용은 궈쑹타오도 말한 것처럼 대략 각 호의 전반부는 과학 등의 서양 문명을 소개하는 문장이 중심이며, 후반부는 국내외 뉴스기사가 대부분을 차지하고 있었다. 이 두 권의『하이관진』을 류큐에 가지고 온 사람이 누구인지는 물론 특정할 수 없다. 하지만 이 때 페리함대에 탑승해 있던 멤버 중에서 한문을 이해할 수 있는 사람은 통역인 윌리엄즈S. W. Williams와 뤄썬羅森밖에 없어서 아마도 둘 중에 한 명이라고 추측할 수 있다.

윌리엄즈는 미국 미부회美部會(공리회公理會)[13] 소속의 선교사로서 1833년에 중국에 와서 당시는 광저우에서 그리스도교계 인쇄소를 관리하고 있었다. 뤄썬은 홍콩주재의 문인으로 윌리엄즈의 권유를 받고 페리함대에 탑승해 나중에 가나가와神奈川조약이 체결될 때 한문 통역으로 많은 활약을 했다.

아무튼 이 두 권의『하이관진』은 이후 류큐에서 사쓰마번薩摩藩[14]에 전해지고, 또 사본으로서 전국의 유력 번사藩士[15] 사이에서 널리 유포되었다.

예를 들면 이 두 권의 사본에 한정되지는 않겠지만, 안세이安政 5년에 당시의 외국봉행奉行인 이와세 다다나리岩瀬忠震는『하이관진』을 소장하고 있었으며, 또 그 전에 가쓰 가이슈勝海舟와 요시다 쇼인吉田松陰도 각각 이 잡지를 열독했다고 친구 앞으로 보낸 편지에서 기술하고 있다.[15]

물론 이『하이관진』의 경우는 어디까지 하나의 특수한 예로서, 일반

---

13 미국의 해외 전도 조직의 하나.
14 현재 가고시마현(鹿兒島縣)전역과 미야자키현(宮崎縣) 남서부를 영토로 가진 번(藩).
15 번에 소속되어 있는 무사.

적으로 군함에 의한 운송은 그 루트를 규명하는 것이 불가능하다. 필자가 조사한 바로는 단지 가쓰 가이슈의 『개국기원開國起原』[16]에 이와 관련된 기록이 남아 있을 뿐 그 외에는 거의 알 수 없다.

이러한 점은 어떤 의미에서 중일의 상인에 의한 수입의 경우에도 적용된다. 이것은 소위 자유무역체제에 들어간 이후 기존의 나가사키회소會所에 의해 들어온 도서 검열 기능이 거의 마비되었기 때문에, 이 루트를 통해 도대체 어떤 서적이 어느 정도 들어왔는지를 조사하려고 해도 상당히 어렵다.

다만 나가사키에는 1858년경부터 영미 등의 외국 상사가 잇달아 진출해 옴에 따라 그 상사의 사용인이라는 형태로 많은 중국 상인이 새롭게 일본에 들어오고, 기존의 관상官商·액상額商(수가 정해진 관허상인)과 경쟁하면서 활발하게 합법, 비합법의 무역 활동을 전개했다는 사실[16]과, 당시의 나가사키 입장에서 상하이는 가장 중요한 무역 상대였다는 것도 아울러 생각하면 '무허가 당인唐人'이라고 불린 이들 중국 상인에 의하여 수요가 높은 한역양서가 일부 수입되었다고 해도 전혀 이상한 일은 아니다.

이것은 확실한 증거는 아니나, 예를 들어 1858년부터 그 다음 해에 걸쳐 미야케 곤사이三宅艮齋라는 에도거주 난방의蘭方醫[17]가 앞에서 말한 홉슨의 『서의약론西醫藥論』이나 『부영신설婦嬰新說』, 『내과신설內科新說』을 잇달아 번역하는데, 이 미야케 곤사이는 즉 나가사키 루트를 통해 상하이로부터 "긴밀하게 서적과 약품 등"을 구입한 것으로 보인다.[17]

---

16 페리 내항 전후부터 대정봉환(大政奉還) 전후에 이르는 막부 말기의 내정, 외교사료집.
17 의학 방면에서 난학(蘭學)을 실천하는 의사.

"1,000부 이상 판매"

위 2개의 루트에 비하면 일본에 들어온 선교사에 의한 유입은 의외로 간단하게 확인할 수 있다. 그것의 대부분은 그들의 친구 앞으로 보낸 편지나 일기 등에 기록이 남아 있고, 일부는 거기에 도서 종류뿐만 아니라 구체적인 권수까지 기록되어 있다.

예를 들면 개국 이후 처음으로 상하이에서 나가사키에 온 미국성공회 소속의 리긴스林約翰는 친구 앞으로 보낸 편지에서 뮤어헤드의『지리전지』,『대양국지』, 브리지먼의『연방지략』, 웨이의『지구도설』, 홉슨의『서의약론』,『박물신편博物新編』, 윌리엄슨의『식물학』등의 "한문서"를 "일본상류사회 인사"에게 "1,000부 이상 판매"(요시다 도라 전게서)했다고 자랑하고 있다.

또 1859년에 일본으로 건너와 가나가와神奈川에서 전도활동을 하고 있었던 장로회소속의 헵번도 그 다음 해 4월 7일 친구에게 보낸 편지에서 자신이 이미 웨이의『지구도설』을 "250권 정도" 팔았다[18]고 적었고, 그 책이 일본인들 사이에서 매우 호평을 받고 있음을 전하고 있다.

불교도의 우려

한역양서의 전래 루트에 관해서는 대체적으로 위와 같으나 이러한 루트를 확인한 뒤, 다음 과제로서 일본에 전래된 이후의 유포 상황도 살펴볼 필요가 있다.

왜냐하면 이들 서적이 일본에 어떤 '충격'을 주었는가라는 문제를 생각할 때, 그 유포 상황이 전래 루트 이상으로 중요하다고 생각되기 때문이다.

막부 말기에 한역양서의 유포는 그 전래 루트와 마찬가지로 아직 해명되어 있지 않은 것이 많다. 따라서 여기서는 그 유포 상황의 전모, 특히 구체적인 통계숫자에 관해서는 물론이고 아무것도 제시할 수 없다.

다만 조금 전의 리긴스나 헵번도 그렇듯이, 개별적으로 그들 서적의 유포 상황을 기록한 자료가 일부 남아 있어서 그러한 기록이 당시 상황의 일부를 엿보게 해준다.

예를 들면 1863년에 진종대곡파眞宗大谷派 강사였던 향산원香山院 히구치 류온樋口龍溫이 자신의 강의 '벽사호법책闢邪護法策'에서,19)

> 그런데 2~3년 뒤,『만국강감록(萬國綱鑑錄)』,『지구략(地球略)』,『지리지(地理誌)』,『담천(談天)』 등과 같은 책이 비밀리에 아주 많이 돌아다닌다. 또한 관(官)에서 발행하는 서적도 적지 않다. 오로지 예수교를 분명히 밝히는 것이 아니라면 금지하지는 않지만 그 중심은 전부 예수이다. 게다가 '중외신보(中外新報)'라고 할 수 있는 것이 불과 한권, 해외 여러 나라의 '풍설서(風說書)'라고 할 수 있는 것, 연력(年曆)과 같은 수백 권이 흩어져 팔린다.

와 같이 한역양서의 엄청난 '밀행密行'을 지적하고 그 사태를 불교도의 입장에서 우려하고 있다.

또 1867년 같은 진종대곡파 강사인 도가시 모쿠에富樫黙惠가 '내외이우록內外二憂錄'이라는 강의에서,

> 당시 2~3년 동안에 저술한 예수교 서류, 내가 본 것만으로도 100부에 달한다. 이와 같이 사교(邪敎)가 당당하게 천하에 유행하는 것, 누군가가 반

드시 슬퍼할 것이다. 200여 년동안 엄금(嚴禁)했지만 시류(時流)라고 하면서 느슨해지는 것 여기에 국가의 재난이 있다.

라며 개국 직후 한역양서의 대량 유입을 되돌아보고, 그것이 일본에 국가 '재난'까지 초래했다며 슬퍼하고 있는 것이다.[20]

이 외에도 예를 들어 1865년 시점에서 이른바 '사교서류邪教書類'의 '도래'가 '총 96건'[21]이라는 숫자도 지적되었지만, 이것들은 종교서도 모두 포함되어 있어 결코 전부가 우리들이 문제로 삼고 있는 한역양서라고는 한정할 수 없다.

그리고 한때 개성소開成所[18]의 기관장까지 역임한 야나가와 순산柳川春三이 자신의 한문 저서 『요코하마 번창기繁昌記』에서 막부 말기의 선박을 통해 들어온 서적은 23점이라는 통계도 있는데, 이것은 오히려 가장 불완전한 것으로, 반대의 의미에서 마찬가지로 그대로 받아들일 수는 없다.

아무튼 현재 필자가 파악하고 있는 자료에 한해서 보더라도 개별적인 것은 제외하고 대략 상하이 등에서 간행된 한역양서의 8할 이상이 사본 혹은 번각翻刻이라는 형태로 일본에서 광범위하게 유포되어 있었던 것은 거의 틀림없으며, 그 침투 정도는 중국 내지內地보다도 훨씬 높았다.(〈표 2〉 참조)[22]

---

18 1863년(문구文久 3)에 설치된 에도 막부의 양학교육연구기관.

〈표 2〉 막부 말기 일본에서의 선교사에 의한 한역양서의 번역 상황

서명(저자, 출판사, 출판년)	번역자, 출판사, 출판년
『수학계몽』(와일리, 묵해서관, 1853)	막부육군소(幕府陸軍所) 화본(和本), 안세이 연간.
『항해금침(航海金針)』(맥고완瑪高溫), 닝보화화성경서방(華花聖經書房), 1853	에도오카다야(江戶岡田屋), 1857
『지리전지』(뮤어헤드, 묵해서관, 1853~1854)	시오노야 도인(塩谷宕陰) 번역, 상쾌루(爽快樓), 1858~1859
『하이관진』(메드허스트, 홍콩영화서원, 1853)	복사본
『전체신론』(홉슨, 묵해서관 재판, 1855)	후시미(伏見) 오치장판(越智藏版), 이서당(二書堂) 발행, 1857
『박물신편』(홉슨, 묵해서관 재판, 1855)	개성소(開成所) 번역(관판), 에도노조관(江戶老皂館), 문구년간(文久年間)
『지구설략』(웨이, 닝보화화성경서방, 1856)	미즈구리 겐보(箕作阮甫) 번역, 에도노조관, 1860
『대영국지』(뮤어헤드, 묵해서관, 1856)	아오키 슈스케(靑木周弼) 번역, 장문온지사(長門溫知社), 1861
『지환계몽』(레게, 홍콩영화서원출판, 1856)	야나가와 슌산(柳川春三) 번역, 에도개물사(江戶開物社), 1866
『홍콩선두화가지(香港船頭貨價紙)』 (일본판은 『홍콩신문』, Daily press사, 1857)	개성소관판(開成所官板), 문구년간
『서의약론』(홉슨, 인제의관, 1857)	미야케 곤사이(三宅艮齋), 에도노조관, 1858
『육합총담』(와일리, 묵해서관, 1857)	번서조소관판(蕃書調所官板), 에도노조관, 1860~1862
『중학천설』(와일리, 묵해서관, 1858)	요도카게(淀陰) 아라이(新井) 모 방점, 요도히(淀陽) 기무라(木村) 모 번역 간행, 1860
『내과신설』(홉슨, 인제의관, 1858)	미야케 곤사이(三宅艮齋), 에도노조관, 1859
『부영신설』(홉슨, 인제의관, 1858)	미야케 곤사이, 에도노조관, 1859
『중외신보』(인슬리, 닝보화화성경서방, 1854)	번서조소관판, 에도노조관, 1860
『대수학』(와일리, 묵해서관, 1859)	스루가(駿河) 쓰카모토 아키다케(塚本明毅) 교정, 시즈오카집학소(静岡集学所), 1872
『담천』(와일리, 묵해서관, 1859)	후쿠다 이즈미(福田泉) 번역, 오사카가와치야(大坂河内屋), 1861
『식물학』(윌리엄슨, 묵해서관, 1859)	기무라 가헤이(木村嘉平), 1867
『연방지략』(브리지먼, 묵해서관, 1861)	미즈구리 겐보번역, 에도노조관, 1864
『중외잡지』(맥고완麥嘉湖, 상하이, 1862)	개성소관판, 에도노조관, 1864
『만국공법』(멀틴, 북경숭실관, 1864)	개성소훈점(訓點)번역, 에도노조관발행, 1865
『격물입문』(멀틴, 북경동문관, 1868)	모토야마 젠기치(本山漸吉)번역, 명청관(明淸館), 1869

주 : 『일본기독교사관계화한서목록(日本基督敎史關係和漢書目錄)』(기독교사학회편, 문황당(文晃堂), 1954년) 등을
참고로 해서 작성했다.

번교藩校[19]의 '교과서'로

일본에서 한역양서의 높은 보급률을 살펴보기 위해서 또 하나 생각해야 할 것이 있는데, 그것은 각 지역의 학교에서 이들 서적의 이용 상황이다. 참고로 예를 들어 보겠다.

메이지 초기에 『지리전지』를 비롯해 『지구설략地球說略』, 『대영국지』, 『연방지략』 등의 번각판은 많은 번교, 예를 들면 가나자와金沢, 후쿠이福井, 이즈시出石, 다나베田辺, 고베神戸, 요도淀, 노베오카延岡, 다케오武雄, 이세와다라이伊勢度会 등의 학교에서 '교과서'로 사용되었다고 하며,[23] 그 중에서도 『지리전지』와 『지환계몽智環啓蒙』(레게理雅各, 홍콩영화서원출판, 1856년 초판)이 가장 인기가 높아 둘 다 5개 이상의 학교에서 채택하고 있었던 듯하다.

이것은 이른바 에도의 난학에서 메이지의 양학으로 가는 과도기에 일어난 일시적인 현상으로 볼 수 있다. 하지만 이 과도기에 해당하는 1850~1860년대에 이들 서적의 역할은 결코 부정할 수 없으며, 극단적으로 말하면 그 존재가 단순히 둘 사이의 공백을 메웠을 뿐만 아니라, 동시에 또 전환할 수 있게 했다고도 생각할 수 있다. 그 정도로 이 한역양서가 초래한 '충격'의 범위는 컸다.

정보 통제라는 의도

이상에서 우리들은 상당히 많은 지면을 할애해 소위 상하이 네트워크의 형성과 그것에 의한 한역양서의 유포 상황을 확인해 왔다. 그것은

---

19 에도 시대에 여러 번이 번사(藩士)의 자제를 교육하기 위하여 설립한 학교.

문화교류사의 입장에서 보면 의미가 큰 것이지만, 첫 주제인 일본의 개국과 상하이와의 관계를 생각할 경우 왠지 그것만으로는 아직 불충분한 느낌이 든다.

왜냐하면 이러한 작업은 어떤 의미에서 목적을 위하여 쓸데없는 것을 정리하는 것과 같은데, 결국 '상하이 정보'가 일본에 어떤 '충격'을 초래했는가에 관해서는 아직 진지하게 답을 하지 못하고 있기 때문이다. 그래서 막부 말기 일본에게 '상하이'는 도대체 어떤 존재였는지를 보기 위하여 조금 더 선박을 통해 일본에 들어온 정보, 특히 그것을 종합적으로 전달하는 『육합총담六合叢談』 등과 같은 한문 잡지의 내용부터 검토하려고 한다.

오늘날 그다지 알려져 있지 않지만 막부 말기에 '문구신문文久新聞'이라고 불렸던 일련의 번역 신문이 있었다. 구체적으로는 네덜란드령 동인도 총독부의 기관지인 『자파체・쿠란트Javasche Courant』를 비롯한 몇 개의 구자 신문歐字新聞[20]에서 기사를 발췌해 거의 발행 순으로 번역한 『관판官版 바타비야신문』(문구 2년(1862) 2월), 『관판 해외신문』(문구 2년 8월), 『관판 해외신문별집別集』(문구 2년 8월) 3종의 신문과, 앞서 기술한 한문 잡지 『하이관진』, 『관판 육합총담』, 『관판 중외신보』, 『관판 홍콩신문』, 『관판 중외잡지』 5종의 잡지를 합친 것을 가리킨다. 이 8종의 신문과 잡지는 그 제목에서 나타나듯이 모두 막부의 번서조소蕃書調所, 혹은 그 후속기관인 양서조소洋書調所나 개성소가 번역・번각하여 에도의 노조관老皂館이라는 서점에서 간행했다. 문구년에 들어서면서

---

20 로마자 신문.

막부가 이들 번역 신문을 갑자기 간행하게 된 것은 어떤 의미에서 매우 명확한 목적이 있었는데, 그 하나는 기존의 네덜란드 풍설서와 당唐 풍설서 제출을 안세이개국安政開國 후에 잇달아 폐지한 상황에서 아무래도 그것을 대신할 정보원情報源이 필요했던 것, 또 하나는 그리스도교나 그 외의 다양한 요소가 있는 구자 신문과 한문 잡지를 부분 삭제한 후 관판官板으로 간행함으로써 일정한 정보 통제를 꾀하려 했다고 생각할 수 있다.

물론 막부의 이와 같은 의도는 전혀 효과가 없었다고는 할 수 없으나, 그것보다도 오히려 이 '문구신문'의 간행으로 그때까지 그다지 많지 않았던 '생생한' 해외 정보가 급속히 보급되기 시작한 것에 매우 중요한 의미가 있다. 그것은 말하자면 기존의 서적에 의한 정보를 보충했을 뿐만 아니라, 그 내용을 한층 리얼하게 전했다는 점에서 이후 막부 말기 사회의 다양한 움직임에 영향을 주었던 것이다.

4종의 '한문 잡지'로 보는 서양의 '충격'

3종의 구자 신문은 이 책의 연구 영역에서 벗어나기 때문에 생략하고, 복사본인 『하이관진』을 제외한 4종의 한문 잡지 내용을 고찰해 보겠다. 다만 간단히 4종이라고 해도 『관판 육합총담』은 15권, 『관판 중외신문』은 12권, 『관판 홍콩신문』은 2권, 『관판 중외잡지』는 7권으로, 실로 방대한 내용이기 때문에 여기서는 천문·지리학, 민주정치, 서양문화, 각국의 산업이라는 4개의 항목으로 나누어 소개하기로 한다.

지구 구체설球體說의 강조—천문·지리학에 관한 정보

중국의 전통적인 천문·역산曆算 중시 사상을 의식했는지는 모르지만, 이들 한문 잡지에는 천문·지리학에 관한 논문이나 그것을 소개한 문장이 특히 많고, 또 대체적으로 권두卷頭 혹은 그것에 이은 형태로 게재되어 있다.

예를 들면 『육합총담』의 1권에서 15권까지는 전부 그런 식으로 되어 있으며, 『중외 잡지』도 7권 중 4권까지는 그러한 편집 태도를 취하고 있다. 그래서 선교사들은 반복적으로 지구구체설이나 태양중심설을 주장하

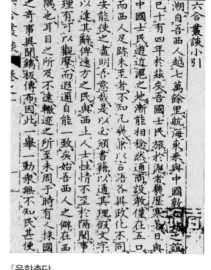

『육합총담』

고 때로는 코페르니쿠스나 갈릴레오, 뉴턴의 학설을 소개하고 있다. 시험 삼아 『육합총담』 1권의 뮤어헤드의 문장을 보기로 하자.[24]

천문가가 말하기를, 우리들이 살고 있는 곳은 여러 행성 중의 하나이다. 여러 행성은 모두 태양을 둘러싸고 움직이기 때문에 혹자는 태양에 속하는 여러 행성이라고 칭한다. 행성은 태양에서 떨어져 있어 멀고 가까운 것이 같지 않으며, 대소, 소밀(疏密) 및 자전(自轉) 또한 같지 않다. 형태는 가늘고 긴 원으로, 빛을 통과시키지 않고 또 발광(發光)하지 않으며 다만 햇볕을 반사할 뿐이다. 서에서 동으로 가고 궤도는 타원형이다. (…중략…) 지구도 행성이다. 태양에서 2만 7천 5백 5만 리 떨어져, 태양을 둘러싸고 한 바퀴 도는 데는 365일 2시간 7각(刻)[21] 3분 49초, 이것을 일 년이라고 한

다. 자전(일주)하는 데는 11시간 7각 11분 4초, 3분 56초를 더해서 모두 12
시, 만 하루가 된다.

물론 오늘날 이 정도의 지식은 거의 상식이다. 하지만 1850년대 중국
에서는 매우 신기한 일이며 충분히 사람들에게 '충격'을 줄 만한 우주
인식이었다.

물론 지동설地動說 그 자체는 앞에서 말한 것처럼 마테오 리치 시대부
터 이미 중국에 전해졌지만, 전문가만의 지식에 그치고 결코 일반 지식
인들까지 침투되지 않았다.

예를 들면 귀쑹타오도 1856년 항저우杭州 방문 시, 처음으로 "태양이
움직이지 않고 땅이 움직인다"는 것을 듣고서 "상당한 의문을 가졌
다"25)며, 바로 납득하지는 못했던 듯하다. 과거에 합격한 사람조차 이
러한 상태였기 때문에 일반 지식인들의 정황도 대략 짐작이 된다.

선교사들이 집요하게 지구 구체설이나 태양중심설을 주창하는 것은
서양의 진보된 학설이나 지식을 소개하여 중국 지식인의 계몽을 꾀할
뿐만 아니라, 그 외에 또 하나의 목적을 갖고 있다고 볼 수 있다. 그것은
곧 어떻게 해서라도 지구가 둥글다는 것을 인식시켜 둥근 지구에 결코
중심=중화中華가 아니라 '전 세계'가 모두 평등한 '나라'라는 관념을 모
든 중국인에게 심어주려고 한 것이다.

그러한 의미에서 메드허스트가 전술한 것처럼 일부러 지구의를 자
택의 손님방에 둔 것도 아마도 이러한 동기에 의한 것으로, 여기서 '중

---

21 1각(刻)은 약 15분.

화사상'을 타파하려고 하는 선교사들의 고충을 엿볼 수가 있다. 실제로 그들의 이러한 노력이 주효해서 1850년대 후반이 되자, 기존의 세계관을 대표하는 '천하'라는 개념을 대신해서 보다 중성적이며 평등한 '영환瀛環'이나 '만국(전 세계)' 게다가 '지구'라는 말을 많이 사용되게 되어 조금이나마 '중화의식'이 상대화相對化되기 시작했던 것이다.

쩡궈판. 쩡지쩌 부자와 지구의

"천문을 공부하라"

그런데 난학의 실적이 있고 지동설이 일찍부터 들어온 일본에서 이 『육합총담』 등이 전한 지구구체설과 태양중심설은 도대체 어떻게 받아들여진 것일까? 중국보다는 물론 인식이 앞서 있었던 것 같지만 그래도 왠지 그것이 '충격'인 점에는 변함이 없었다.

그런데 현재 불법(佛法)을 믿고 공부하는 승려들을 제외하고, 나머지 유학자와 신도(神道)신봉자는 자기 자신의 오래된 종교적 가르침에 등을 돌리고 오히려 자기 자신의 길을 해치는 것을 모르고 입을 열면 모두 지구 5대주(大州)를 논한다. 30여 년 전에 에도 거리 위에서 지구도(地球圖)를 파는 것을 보고 미간을 찌푸렸던 적이 있었지만 지금은 지구도 등은 도로에 넘친다.

서국(西國)[22]의 어떤 번(藩)의 사람이 에도에서 천문을 공부하고 자기 고향에 돌아가 진종일파(眞宗一派)의 학문적 명성이 있는 사람을 찾아가 지구가 둥글다는 것을 시끄러울 정도로 주장해 수미계(須彌界)[23]를 우롱했다. 그런데 그 학자는 오로지 종학(宗學)[24]에만 관심이 있고 다른 일은 몰라 한 마디도 하지 않고 얼굴이 빨개졌다고 한다. 그런 사람들이 여기저기서 말썽을 부리게 되면 어떻게 되겠는가.

그 불염거사(不染居士)[25]도 불교에서의 큰 어려움은 반드시 천문지리의 설(說)에서 일어날 것이라고 할 정도였기 때문에 이것은 매우 강력한 적이다. 외국과의 교역 이후에는 『지구설략』, 『지리전지』, 『담천』 등의 책이 세상에 돌아다니고 있어서 모르는 사람은 없을 것이다.

앞에서도 나온 향산원 히구치 류온이 1863년에 쓴 문장이다.[26] 『육합총담』 등의 한문 잡지명은 그대로 나타나지 않는데, 당연히 이것도 포함한 한역양서의 급속한 '보급'과 그에 따른 서양천문·지리학 지식의 새로운 침투상황이 반대의 입장이지만, 꽤 리얼하게 전달되고 있다. 대체로 일본에는 난학의 기초가 있는 만큼 그와 같은 지식 수용도 중국보다 훨씬 빨랐을 것이라고 추측할 수 있다.

천문·지리학과 관련해서는 이 외에도 예를 들면 당시 건설 계획 중인 수에즈 운하와 파나마 운하에 관한 정보도 일련의 한문 잡지에 게재되었다. 특히 전자에 관해서는 『중외신보』 등이 이후의 진전 상황을 호(號)를 거듭하면서 계속 소개할 정도로 열심이어서, 이 시대의 세계적인

---

22 동국(東國)에 대한 말로, 시대에 따라 그 범위는 달랐는데 옛날에는 규슈(九州)를 가리키고 나중에 주고쿠(中國), 시고쿠(四國) 지방도 포함해 말하게 되었다.
23 고대 인도불교의 세계관.
24 자기가 속해 있는 종파(宗派)의 교의(教義)의 학문.
25 에도 중기의 유학자인 모리 쇼켄(森尚謙)을 말한다.

관심사의 하나임을 나타내고 있다. 이것은 서적이 아니라 월간잡지이기 때문에 전달될 수 있었던 정보에서 그 내용이 어디까지 의식되었는지는 알 수 없으나 지구가 공球 모양인 것을 보다 리얼하게 증명했을 뿐만 아니라, 마침내 현실 감각을 찾으면서 배를 이용한 세계일주의 꿈도 부풀린 것이다.

미국 대통령선거전 보도—한문 잡지가 전한 민주주의

서양 각국의 정치 상황에 관해서는 물론 위원魏源의『해국도지』이후 뮤어헤드의『대영국지』나 브리지먼의『연방지략』등에 의하여 이미 어느 정도 소개되어 있었다. 그러나 그것은 단지 정치제도 그 자체의 해설에 머물러, 그 개념을 설명하는 것만으로 끝나버리는 경우가 많았다. 그러한 의미에서 이들 한문 잡지는 그러한 제도를 대략적으로 설명하는 한편, 잡지라는 성격 탓에 이보다 많이 전한 내용은 오히려 제도의 구체적인 운영이며 민주정치의 '현장' 상황이었다.

예를 들면『육합총담』이 창간된 1857년은 마침 미국 대통령선거 다음 해에 해당되며 노예제도의 존속 등을 둘러싼 후보자 3인의 열전이 펼쳐지고 있었다. 잡지는 창간호부터 여기에 주목해 대륙횡단철도 건설이라는 부캐넌 후보의 공약 등과 같은 선거의 세부사항도 전하면서 간략하기는 하지만 민선대통령 선출 과정을 되짚었다. 그리고 다음의 인용처럼 그 일련의 '보도'의 마무리로서 현역 대통령의 이임 직전에 행한 국정 보고를 소개하고 대통령제의 정치 운영에 관한 실제 모습을 전하고 있다.[27]

합중국의 수장 부캐넌, 새로이 국민들에게 추천되는 바, 병진(丙辰) 11월 6일, 의회의 의원(議員)들이 모인다. 전 대통령의 비아스(庇爾思)는 4년간의 임기를 끝내고 자기 정권 때 협력해 준 사람에게 감사의 인사를 하고 고향에 돌아가려고 한다. 즉 옛부터의 관례로 의회에 가서 자세히 국사를 논하고 민중들에게 그 취지를 알린다. 그 방법은 처음에 국가를 강하게 만드는 것을 논하고 그 다음은 의원을 선거하는 것에 이른다. 이어서 은(銀) 징세를 논한다. 병진 5월 29일에 이르러 만 1년이 된다. 징수한 은을 합하면 7,691만 8,141엔, 을묘(乙卯) 때와 합치면 9,225만 117엔이었다. (…중략…) 합하면 앞에 5년간의 이 비용을 바탕으로 매년 약 4,800만 엔, 이후 5년은 이 금액으로 충분하다. 전년도 관세 6,400만 엔을 기록하고 지금 새로운 법률을 만들어 확실하게 5,000만 엔 이상을 받을 수 있도록 해야 한다. 작년은 병사들이 고생이 많았던 해이고, 오리건·워싱턴의 원주민과의 전쟁은 아직 끝나지 않았다. 그래서 원정을 그만두고 민중에게 휴식을 주고 함께 평화를 기원한다. (…중략…) 또 말하기를 우리나라는 열강과의 관계도 좋고 평화롭다. 실제로 런던에서 새로운 조약을 맺고 관계를 강화하고 이미 중앙아메리카의 땅을 확보했다. (…중략…) 비아스가 말하는 것은 매우 구체적이고 중요한 포인트 정도밖에 알 수 없었다.

물론 이 시점에서는 링컨의 "국민의, 국민에 의한, 국민을 위한 정치"라는 명언은 아직 나타나지 않았다. 그것이 선언되어 전 세계에 감동의 물결을 일으킨 것은 그로부터 5년 후의 일이다.

그러나 이와 같이 재정, 내정, 외교 등의 여러 문제에 관하여 대통령이 일일이 국민에게 보고하는 것은 분명히 그 '국민을 위한 정치'라는 민주주의의 기본정신을 몸소 실현하는 것이며, 그리고 그것이 간략하면서도 전부 한문 잡지에 의하여 '보도'되었다는 것은, 그 당시 사람들에게는 정말로 '충격' 바로 그 자체였다. 게다가 이것을 전한『육합총담』이 일본에서 널리 유포되기 시작한 것은 마침 군함인 간린마루咸臨丸의 태평양횡단으로 알려진 견미사절遣美使節의 도미渡美 시기 전후로, 그러한 상황 속에서 이러한 기사가 무사들에게 읽히고 있었다는 것을 생각하면 그 정보적 가치의 크기도 자연스레 짐작이 된다.

이해 불가능한 사건

1857년은 또 소위 애로우호 사건[26]이 발생한 그 다음 해이기도 하다. 지극히 사소한 마찰로 일어난 이 사건을 둘러싸고 이후의 외교처리 과정에서 중영 양국은 한층 대립이 격화되어 마침내 그 해 연말에 전쟁상태에 돌입한다. 이 전쟁에 이르기까지의 양국 동향에 관하여 일련의 한문 잡지는 편집자들 자신의 운명도 걸려 있는 탓인지는 모르겠으나, 전술한 미국 대통령선거보다 훨씬 상세하게 추적하고 그중에서도 개전開戰여부로 갈등을 빚고 있는 영국의회의 움직임을 거의 매호每號 소개하고 있다.[28]

타이완 역선(驛船)[27]이 12일에 상하이에 온다. 전하는 바에 따르면 최근 일은 다음과 같다. 영국은 애로우호 사건 때문에 의회에 모여 대책을 강구

---

26 1856년 청국관헌이 영국 국기를 게양한 홍콩선적인 애로우호의 중국인 승조원을 체포하고 국기를 모욕한 사건을 계기로 발발한 청나라와 영국, 프랑스 간의 전투를 일컫는다.
27 율령제(律制令)에서 수로 역에 상비되어 관리의 공무 왕래에 사용한 배.

한다. 의원 모두가 이 사건을 알고, 반드시 결론은 만장일치여야만 한다고 한다. 전쟁으로 해결하라는 의견과 평화적으로 해결하라는 두 개의 의견으로 나뉜다. 영국 수상은 전쟁을 지지하고 상원은 수상의 뜻에 따라 전쟁을 지지하는 자가 26명이 많고, 하원에서는 전쟁보다도 평화적 해결을 바라는 자가 16명이 많았다. 수상의 의견은 확고하고 사임하는 것을 원하지 않았기 때문에 명령을 내려 민중에게 물어보아야 한다고 한다. 3월 하순에 하원 의원에게 말하고 고향으로 내려가 애로우호 사건 해결 방법의 시시비비를 민중의 판단에 맡긴다. 실제로 민중이 다른 의원을 선출하고 싶다고 해서 5월 중에 다시 모여 함께 논의한다. 런던 등의 거상(巨商)은 각지에서 모여 논의를 거듭하고, 하원의 주장에 동의하지 않았다. 의견서를 수상에게 제출하고 말하기를, 반드시 중국과 새로운 조약을 체결하고 공사(公使)를 파견하여 수도(首都)에 주재시키고 통상무역, 장강(長江)에서의 상선왕래 금지를 없애야 한다고 한다. 이것을 보면 재선된 신인(新人) 의원은 대신의 의견과 잘 맞는다는 것을 알 수 있다.

이것은 소위 제2차 아편전쟁의 개전이 드디어 결정된 것을 전하는 뉴스이다. 물론 이 정보 자체도 매우 충격적인 것이지만 동시에 아마도 여기서 전달된 그 개전을 결정하는 프로세스 쪽이 당시 사람들에게 훨씬 '충격적'이었을 수 있다.

왜냐하면 한 나라의 운명을 걸고 전쟁의 시작 여부를 결정하는 것은 '영국 왕'도 아니고 '재상'도 아니며, 그것이 바로 '국민'에 의해 '절충'된다는 것은 1850년대의 중국인이나 일본인의 입장에서 보면 거의 이해 불가능에 가까운 사건이기 때문이다. 그러한 의미에서 한문 잡지의 이러한 기사는 곧 때마침 인식되기 시작한 서양 의회제도에 관한 '주석注釋'과 같은 역할을 하고 있으며 그 사실적인 내용은 아직 익숙하지 못한 민주적 정치 운영을 이해하는 데 많이 참고가 되었다고 생각한다.

정치제도 운영에 관해서는 이외에도 예를 들면 서양 국가 간의 외교 교섭이나 영국의 세수제도, 보험제도 등과 같은 실로 다양한 정보가 전해지며 그들이 또 각각 다른 측면에서 서양 자본주의의 국가상을 제시하고 있었는데, 지면 관계상 여기서는 생략하기로 한다.

일부다처제에 대한 비판—서양문화 일반 및 그 배후의 정신풍토

『해국도지』 이후의 한역양서는 주로 세계 각국의 국내 정세國勢에 관하여 해설해 왔다. 거기에는 물론 각 민족의 풍속도 소개되어 있지만, 대부분의 경우는 그 특성에 대한 설명에 그치며 소위 근대 국가의 모습으로 이어지는 서양문화 정보가 의외로 경시되어 왔다.

하물며 그 문화의 근거가 되는 정신적 풍습 등에 관해서는 거의 대부분이라 해도 좋을 만큼 전해지고 있지 않다. 그러한 상황 속에서 일련의 한문 잡지는 이들의 약간 추상적인 서양 사정에 관하여 꽤 적극적으로 소개했을 뿐만 아니라, 동시에 그 배후에 숨어 있는 가치관 등에 관해서도 때때로 기사화해 그 우수한 단면을 강조하고 있다.

하늘이 남녀를 낳게 하는 것은 길고 짧은 것이 균일하지 않은 것과 마찬가지다. 그런데 어떤 집에서는 남자를 많이 낳는 사람이 있는가 하면, 틀림없이 여자를 많이 낳는 사람도 있다. 그래서 이것을 합산해 보면 숫자가 늘 비슷하다. 이러한 것을 생각해 보면, 이것은 하늘이 사람을 만드는 의미이다. 어떤 남자에게 어떤 여자를 짝 지어주어 자연스럽게 사이좋은 부부를 만든다. 중국에 첩을 사는 일이 있는데, 심할 때는 한 명이 여러 명의 첩을 가진 사람도 있다. 자신이 부인을 한 명 더 가진다면 다른 사람의 부인을 한 명 빼앗는 것이다. 이것은 다시 말하면 다른 사람의 부인을 빼앗고, 다른 사람의 아내를 범하는 것과 별다른 차이가 없다. (…중략…)

내가 들은 바에 의하면 금화시(金華市)의 사람들은 아내나 첩을 많이 맞이할 뿐만 아니라 여자를 물에 빠뜨리는 관습이 있어 그러한 탓인지 남자가 많고 여자가 적다고 한다. 그러한 이유로 100명 가운데 아내가 없는 자는 약 30명이 된다. 원래 성인이며 아내가 없는 경우에 외출을 억제할 이유가 없다. 그러니 도리에 어긋나며 악행을 저지르지 않는 자가 얼마나 되겠는가? 속어로 말하기를 유두광곤(遊頭光棍, 결혼을 못하는 독신자), 이것이 그 의미이다.

『중외신보』 제3호에 게재되어 있는 「부부설夫婦說」이라는 문장이다.[29] 여기서 작자는 중국의 일부다처제의 폐해를 강하게 비판하고 있는데, 그때 그가 근간으로 삼고 또 간판으로서 전면에 내걸었던 것은 틀림없이 그리스도교적 일부일처제一夫一婦制라는 근대 유럽의 '합리'적 정신에서 나온 가치관이다.

그러한 의미에서 일부다처제에 대한 비판은 어디까지나 하나의 돌파구에 불과하며, 작자의 목표는 처음부터 그러한 근대적 '합리' 정신의 선양宣揚에 있었던 것이다.

휴머니즘의 강조

저자인 선교사들이 어디까지 의식하고 있었는지는 모르나, 실은 이와 같은 근대 '정신'을 선전하는 기사가 이외에도 다수 게재되어 있으며, 이러한 기사는 마치 기존의 정치제도의 소개에 치우쳐진 것을 수정하려는 것처럼 어딘가 다른 '서양상西洋像'을 만들어내고 있다.

> 유럽 열강이 러시아와 혈전을 할 때, 영국에 한 유명한 여자, 나이팅게일이 있다. 스스로 군에 가서 부상자를 도와주고 병을 치료하고 성의를 다해 치료한다. 여러 부상자들이 나날이 호전의 기미가 있어서 보람이 적지 않다. 일을 끝내고 여자가 돌아왔다. 영국사람 모두는 이것을 칭찬한다. 곧 사람을 모으고 마음을 내어 은을 모아 감사의 표시를 한다.
>
> 이 여자가 재산에 욕심을 내지 않고, 이 무렵 일선당(一善堂)을 설립해서 여러 부인들을 모집해 환자를 치료한다. 바로 시작해서 모은 은을 계산해 보니 전부 17만 6,156냥(兩), 그 5분의 1은 군의 장교와 사병이 기부한 것이다.[30]

아는 바와 같이 나이팅게일은 오늘날 적십자의 기초를 만든 사람이다. 여기서 그녀를 소개하는 것은 바로 근대 유럽의 '인도주의'를 소개하는 것이며 그것을 몸소 실천하는 근대적 정신을 선전하는 것이 된다.

물론 이 기사는 매우 간략한 것으로, 그러한 심오한 의미는 반드시 전부 이해하지 못했을 수도 있다. 하지만 서양인이 '의義'를 모르고 '이利'만을 중시한다는 인식이 만연한 그 당시에 이 나이팅게일상像은 이른바 매우 효과가 있는 선전 재료이며, 그것은 서양인이 단지 난폭한 지배자가 아니라 사람을 감동시키는 '휴머니즘'의 소유자이기도 한 것을 보여

『중외잡지』의 표지

주고 있는 것이다.

　이 외에도 예를 들어 영국의회에서 전개된 유태인 참정권에 관한 논의(『육합총담』권10)나 빈곤 아동에 의한 '식리국拭履局'(구두 닦이 회사)을 창립해 그들의 자립을 도우는 런던의 복지 사정(『육합총담』권13), 앵글로 색슨 민족의 여성 존중 습관(『중외잡지』제4호), 미국 남북전쟁에 의해 대량 실업이 발생한 영국 방적노동자에게 보내는 의연금 모집(『중외잡지』제5호) 등도 있다.

　예를 들기 시작하면 끝이 없을 정도지만 바로 이러한 많은 소개로 인하여 비로소 소위 서양문화의 진정한 가치를 서서히 인식하게 되었던 것이다.

　또한 여기에는 구체적인 서양 여러 나라의 문화시설로서, 예를 들면 파리도서관이나 런던의 음악 홀, 동물원 등에 관한 정보도 등장하는데, 다만 그 대부분은 꽤 간략한 것으로 아직 기성개념旣成槪念을 갖지 못한 당시 사람들에게는 아마 거의 실상을 이해할 수 없었을 것이다.

런던박람회 보도—서양 각국의 산업, 무역사정

　19세기 전반이라면 마침 영국에 이어 유럽 각국에서 산업혁명이 일어나는 시기인데, 그러는 사이에 소위 자본주의적 생산양식이 확실하게 진전되어 그에 따른 도시화도 급속하게 진행되고 또 자유무역체제도 서서히 성립되기 시작했다.

유럽 각국에서 산업상의 이러한 다양한 동향에 관하여 물론 기존의 역사나 지리서에도 전혀 소개가 없는 것은 아니나 절대량이 적고 진전되고 있는 시대 상황이 거의 반영되어 있지 않은 것이 사실이다.

그에 비하여 50년대에 등장한 한문 잡지는 전부 월간지라는 성격상, 처음부터 거의 실시간으로 그들의 정보를 전달하고 지금까지 그다지 알려져 있지 않았던 산업이나 교통혁명의 성과를 많이 소개했다.

예를 들어 동력혁명의 상징이라고도 할 수 있는 증기기관에 관하여, 앞에서 말한 묵해서관에서의 실연實演에 이어 이번에는 보다 광범위하게 이 "이상한 기기에 도움을 주는 공功"을 선전하기 위하여 그 원리에 관한 해설을 오랫동안『중외잡지』(제5호)에 게재해 아주 상세하게 증기기관의 "정교하고 세밀한 방법"을 전하고 있다.

또 교통 분야에서는 마침 '철도광 시대鐵道狂時代'의 마지막에 해당하는 세계 각지의 철도건설 사정이나 증기선의 등장에 따른 신항로 개설 상황, 게다가 영미의 해저케이블을 비롯한 각국 간의 전기통신개통 등과 같은 실로 많은 정보가 쇄도해 과장해서 말하면, 번창하는 모습이 오늘날의 잡지 지면을 방불케 할 정도이다.

그리고 이 많은 산업정보 중에서 아마 가장 '충격적'인 것은 제2회 런던만국박람회에 관한 기사인데, 특히 여기에 막부 사절단이 등장한다는 내용도 있어서 그 당시 사람들이 상당한 관심을 갖고 읽었을 것이라고 생각된다. 그 일부를 인용해 본다.[31]

전에 영국이 함풍(咸豊) 원년(1851)에 아주 큰 유리로 만든 건물을 세웠는데, 철과 나무을 사용해 이것을 만들었다. 그 안에 각국이 정교하고 치밀하게 만든 물건, 골동품 및 일상에서 쓰는 크고 작은 많은 정교한 물건을 만들어 두고 사람들이 관람하는 데 대비한다. 때문에 보는 사람은 즐거워하지 않는 이가 없다. 후에 함풍 11년에 또 한 곳을 세웠는데 이전과 비교하면 더욱 크며, 그해 2월에 비로소 완공된다. 4월 초 3일, 나라의 장관 및 원래부터 명망을 갖춘 사람, 모두 그 안에 모이고 그 외 각국에서 또 사절을 보내와서 완공을 축하한다. 가장 드물게 보이는 자는 동양의 흠차(欽差)[28]이다. (…중략…)

각 건물의 안에 있는 것은, 순서가 질서정연해 모두 함께 제자리를 지키고 있다. 그 물건이 온 곳을 규명하기 위하여 본국과 여러 나라에서 모아 순서를 매겨서 구성했는데 이렇다. 물건은 크게 3개로 나누어, 첫 번째를 각 물건을 제조하는 재료로 하고, 둘째를 각 물건을 만드는 도구로 하고, 셋째를 이미 완성된 물건으로 한다. (…중략…)

인간 세상에 유익한 것들은 아름다움을 갖추지 않은 것이 없다. 그러한 이유로 보는 사람은 탄식을 금하지 못하였다고 한다.

문장이 길어지기 때문에 도중에서 생략했지만, 실은 여기서 3개 부분으로 크게 나눈 물품을 다시 '땅 속에서 나온 물건', '약품', '음식' 등의 36품목으로 분류해 각각에 관하여 간단한 해설을 덧붙이고 있다. 이들 품목 중에 예를 들면 '기차를 만드는 도구'나 '편지 또는 소식을 전하는 전기철선電氣鐵線' 등, 곧 당시의 최첨단 기술에 의하여 만들어진 제품도 포함되어 있으며, 약간의 설명으로 반드시 명확하게 이해되었다고는

---

28 황제의 명령으로 보내던 파견인.

단정할 수 없으나 그래도 이 시대에 있어서 구미의 발전된 산업의 일부분을 엿보게 할 수 있었다.

또 여기에는 나와 있지 않지만, 사실 이 제2회 런던만국박람회에는 세계 각국으로부터 29,000개의 기업이 참가해, 제1회 런던만국박람회(1851)나 파리만국박람회(1855) 이상으로 구미 여러 나라의 산업화 성과를 널리 알렸다고 말해지고 있다.

그런데 조금 전 여기에 막부 사절단이 등장한다고 썼는데, 문장 안의 '동양의 흠차' 등이 그것을 가리키고 있으며, 이 사절단의 정체는 다름 아닌 바로 만국박람회 개막 전날에 런던에 도착한 다케우치 야스노리竹内保徳 외국봉행이 이끌고 있는 견구사절단遣歐使節團 일행이다. 그들은 큰 환영을 받은 것 같은데, 주름이 잡힌 하의에 상투머리라는 이국적인 풍채는 정말로 만국박람회장에서 센세이션을 일으킨 것으로 보인다.

또 이 사절단 속에 실은 후쿠자와 유키치福沢諭吉도 통역으로서 참가하고 있는데, 그는 완전히 다른 시점에서 이 박람회를 관찰하고 "대개 하루에 회장으로 들어오는 사람 4~5만 명, 현재는 유럽 여러 주州의 왕후, 귀족, 부유한 상인 모두가 와서 전시장을 보지 않는 자가 없다"32)며 그 융성한 모습에 상당한 관심을 보였다.

'문명의 이기利器'에 관한 충격

이와 같이 런던 만국박람회는 산업혁명 이후의 성과를 강조하는 전시회로서 선교사들에 의해 전해지고 있는데, 산업화가 초래한 이 구미 여러 나라의 번영된 모습에 관한 소개는, 물론 이것 외에도 많이 있으며 그리고 그 기사들도 어떤 의미에서 전부 하나 하나의 '전시장'이 되어 정말로 각 분야에서 새로이 확립된 자본주의적 생산양식의 위력을 보여주고 있다.

예를 들면 산업혁명의 결과, 도시 기능이 큰 발전을 이루고 도시 인구도 급속히 증가한 1850년대의 런던에 관하여 『중외잡지』는 다음과 같이 전하고 있다.[33]

> 런던은 특히 지방이 클 뿐만 아니라 거주하는 가옥도 역시 매우 넓다. 각 지방의 사람은 런던이 풍요롭다는 것을 모르는 사람이 없다. 장사꾼의 왕래도 매우 활발하다. 많은 외국인이 여기로 온다. 이 지방의 땅 길이는 40리, 넓이는 20리이며, 도로도 중국에 비하면 두세 배 넓어 마차의 왕래가 매우 편리하다. (…중략…) 1857년 후, 런던에서 빈 방을 제외하고 사람이 살고 있는 방은 30만 5,933곳, 성인남자는 300만 명이다. (…중략…)
>
> 1855년 런던에 750척의 배가 있다. 영국 배의 출입을 계산하면 1년에 2만 척 있고, 그 외에 외국선박의 출입은 헤아릴 수가 없다. 그래서 매우 활기가 있다. 출국 시에 지불되는 화폐는 매년 은으로 약 7,700만 898량, 납부해야 할 관세는 약 4,000만 량. 거기에 일하는 자는 중국이나 인도 등 없는 국가가 없다.
>
> 런던에는 대형은행이 있으며 거기서 일하는 사람은 800명 이상, 연봉은 약 60만 량이다. 아주 큰 우체국이 있으며, 1855년 1년에 우편물이 4,500만 개였다. 1857년, 신문이 464장이 있다. (…중략…) 런던에서 나오는 물건은 정밀하고 정교하다. 이러한 이유로 시계도 심벌이 되고 마차도 심벌이 된다. 이 땅의 길이가 40리라고 해도 기차가 있어서 왕래가 가능하다. 그러한 이유로 번영하기에 이르렀다.

이 시점의 런던 안내로서는 비교적 잘 되어 있어서 굳이 길게 인용했다.

여기에는 한때 '세계의 공장'으로까지 불린 영국의 발달된 산업이 실로 다양한 숫자로써 나타나고, 그 규모는 아마 그 당시 사람들을 많이 놀라게 했음에 틀림없다. 숫자만이 아니다. 그 외, 은행이나 '우체국' 게다가 신문, 시계, 마차, 기차 등과 같은 소위 19세기 문명의 이기가 전부 여기에 등장하며, 이들 '서양 물건'이 가져다 준 '충격'도 마찬가지로 사람들이 갖고 있던 기존의 도시 인식을 뒤집기에 충분하다.

숨겨진 의도

지금까지 우리들은 상당한 지면을 할애해 선교사들이 편집한 4개의 한문 잡지를 고찰해 왔다. 4개의 항목으로 나누어 그 내용을 확인했는데 여기서 새로이 일련의 잡지가 전한 풍부한 정보와 또 그들 정보가 가져다 준 '충격'에 놀라지 않을 수 없다.

그런데 여기에서 선교사들이 어디까지 의식하고 있었는지는 모르나 어떤 숨겨진 공통의 '의도'가 존재하고 있다고 느끼는 것은 과연 필자 혼자만일까? 그 '의도'란 말하자면 그들이 독자인 중국인에게 어떻게든 기존의 '중화질서中華秩序'를 상대화시켜 서양 여러 나라를 모델로 한 새로운 '근대 국가' 체제를 받아들이게 하는 것이다.

물론 19세기 전반이라고 하면, 마침 영국 산업혁명이나 프랑스혁명 등에 의하여 소위 '국민국가'적 체제의 우위성이 증명되어 전 세계에서 그러한 '국가'로의 재편이 활발하게 진행되는 시기이다. 그들의 움직임을 전하면 당연히 일종의 '국민국가'의 선전이 되는데, 그래도 이 일련의 잡지 전달 방식은 아주 집요하고 또한 용의주도한 것처럼 보인다.

그럼, 여기서 『육합총담』 제2호의 주요한 기사를 예로 들어 선교사들의 이러한 종류의 기사에 대한 고정관념의 일면一面을 확인해 보자.

권2

지리

해외이인전(海外異人傳) 시이저(該撒 Caesar)

화영통상사략(華英通商事略) 명말청초의 중영무역사(中英貿易史)

태서근사술략(泰西近事述略)[29]

○ 영국수상이 방적도시 맨체스터를 방문 시찰, 노동자에게 격려의 말

○ 영국에 영미 간 해저케이블을 부설하기 위한 새로운 전기회사(電機會社)가 탄생

○ 러시아 황제가 전국철도망을 건설하기 위하여 새로운 회사 설립을 명령

○ 호주가 금의 산출량, 수출량을 공표

○ 그리스 민정대신이 국정보고서를 발표, 의회선거, 사법, 재정, 교육 등의 현황을 보고

○ 미합중국 대통령선거 속보(續報), 바로 지금 부캐넌 씨가 리드, 그의 공약에 대륙횡단철도 건설도 포함됨.

○ 캐나다에 새로이 '2,480리'의 철도가 완성, 몬트리올에서 축하퍼레이드
　 인도 최근 사건 (印度近事) 영국·이란전쟁에 대한 인도주둔영국군의 참가 상황
　 웨이둥 최근 사건 (粤東近事) 중·영군의 광저우(廣州)공방전 속보(速報)

---

29 유럽 정세를 전하는 책.

잡기(雜記)

○ 뮤어헤드 저 『대영국지』의 내용 소개

○ 애드킨스 저 『중서통서(中西通書)』의 개요

○ 프랑스 과학자 토마스 씨의 발명에 의한 신형계산기의 성능 소개

언뜻 보기에 아무렇게나 게재된 기사인 것 같으나, 실은 그 내용을 잘 보면 거의 대부분이 소위 근대 국가, 혹은 그 정부 모습에 관련되어 있으며, 더욱이 각 분야에 걸쳐 그 상황이 보고되어 있다.

선교사판 '학문의 권유'

이들 정보가 만약 오늘날이라면 그것이야말로 거의 매일같이 신문에 나오고, 이렇다 할 특별한 의미도 갖지 못할 것이다. 그러나 체험적으로 전통적인 중화질서나 막번체제幕藩體制[30]밖에 모르던 당시의 중국과 일본의 지식인에게 그것은 바로 새로운 국가관 혹은 정부관의 형성으로 이어지는 '충격'적인 지식인데, 하물며 이러한 내용의 기사가 매호每號마다 '보도'되면 거기에는 필연적으로 일종의 근대 국가의 '모델' 형성 방법으로서의 기능이 생기기 시작하는 것도 대체로 상상이 되는 일이다.

실제로 선교사들도 꽤 명확히 이러한 서양 근대화의 '경험'을 배워야 한다고 끊임없이 권하고 있다.[34]

---

30 에도 막부와 그 지배하에 있으면서 독립된 영지(領地)를 가진 여러 번(藩)을 통치기관으로 하는 봉건적인 정치체제.

국가의 강성함은 민중에 의해, 민중의 강성함은 마음에 의해, 마음의 강성함은 격물궁리(格物窮理)에 의한다. (…중략…) 내가 보기에 중국인의 지혜는 서양을 따라가지 못한다. 그런데도 제조가 평범하고 재능을 발휘하여 다투지 않는 것은 마음을 쓰지 않는 것이다. 민중 위에 있는 자가 격치(格致)의 학(學)으로 이를 격려할 수밖에 없다. 우리 서양도 100년 전, 중국인들처럼 고서(古書)를 읽으며 마음을 다해 물리(物理)를 탐구하지 않았다. 그래서 이러한 기계가 하나도 없었다. 100년간 사람들은 격치에 마음을 다해 우연히 한 가지 이치를 얻어 바로 법을 이용해 그것을 시험했다. 그렇게 해서 농부가 농기구를 만드는 것에 신경을 쓰고, 노동자가 제조 기구를 만드는 데 마음을 쓴다. 그래서 사람들이 날마다 현명해지고 도구가 날마다 편리해지지만, 오늘날에 이르러서는 아직 노력이 부족하다. 학문을 가르치는 사람이 더 많아지면, 그 지혜는 한층 깊어진다. 매달 반드시 새로운 이치가 나오고, 그것을 신문에 게재해 알린다.

이 학문은 날이 갈수록 성장하여 멈출 줄을 모른다. 그러나 중국인은 아직 유용(有用)의 심사(心思)로 무용(無用)의 팔고(八股, 과거시험용 문장)에 몰두하고 있다. 의지가 좀 있는 이도 단지 시(詩)와 고문(古文)에 종사하는 것만 알고, 재능을 자랑하며 아첨을 할 뿐 빈말을 보완하는 사람이 없다. 우선 이쪽을 버리고 저쪽으로 나가려면, 사람들이 격치에 마음을 쓰고, 서양의 이론을 배워서 앞으로 나가는 데 사용하여 점점 정신적으로 깊어지면, 이와 같은 명리(名理)가 날로 나와서 이것에 의해 새로운 기구를 제작하고 물건을 만들어 이것으로 국가를 세우고 군대를 단련시키면 그 이익은 결코 적지 않다.

'격물궁리格物窮理'란 원래 과학 내지는 과학지식이라는 의미이다. 이렇게 보면 이 문장은 주로 과학을 권유하는 것으로 이해될 수 있다. 그러나 아마도 중국 관헌을 배려해 어쩔 수 없이 이 '격치학格致學'(물리학)에 한정했을 뿐, 실제로는 오히려 보다 많은 '서양의 선진문명'의 채택을 권유하려고 한 것이다.

이것은 '국가의 강성함'을 실현하는 데 단지 '격치학'만으로는 결코 충분하지 않다는 것은 선교사들이 누구보다도 가장 잘 알고 있으며, 그런 의미에서 여기서의 '격물궁리'라는 것은 어디까지나 하나의 돌파구에 불과하며 그들의 시야에는 항상 그것을 만들어낸 국가제도 내지 그 배후의 '정신'이 포함되어 있다고 생각했기 때문이다. 실제로 위 문장에 이어 서양 '군장君長'(지도자)의 과학 장려나 특허제도, 또 신문 시스템의 도입도 활발히 주장되는 등, 그들의 열의는 단순히 과학지식에 그치지 않았다.

그렇다면 이 '격물궁리론格物窮理論'은 역시 앞에서 말한 일련의 근대 국가의 모습에 관한 '보도'와 공통의 요소를 갖고 있으며, 양자가 합쳐져 선교사들의 '의도'를 전하고 있다. 이것은 이른바 일종의 선교사판 '학문의 권유'라고 이해할 수 있으며, 막부 말기의 계몽적인 의미, 적어도 그 선구성先驅性에 있어서는 이후의 후쿠자와 유키치福沢諭吉의 『학문의 권장学問のすすめ』과 비교해서 나으면 나았지 못하지 않다고 한다면, 과연 지나친 말이 될까?

3. 일본 개국을 촉구한 2명의 '상하이인'

근대자본주의의 '모범'

이상에서 주로 선교사에 의한 한역양서, 특히 그 가운데 일련의 잡지를 중심으로 '상하이 정보 네트워크'를 고찰해 왔다. 하지만 일본 개국에 많이 공헌한 이 '정보 네트워크'는 결코 서적만의 유통에 의해 형성된 것은 아니다. 서적의 유포에는 미치지 못하지만, 실은 일부의 인적 이동도 '상하이 정보 네트워크' 성립에 크게 기여했다.

태풍으로 인해 떠내려 와서 미국이나 홍콩, 상하이 등에서 다양한 '서양 체험'을 강요당한 일부 표류민과, 일본 개국이 몹시 기다려져 나가사키가 개항하자마자 바로 상하이로부터 활동 거점을 옮겨온 모험적인 서양인이 여기에 해당한다. 그리고 전자의 예로는 모리슨호 사건[31]으로 유명하게 된 '닛폰 오토기치音吉'의 예를 들 수 있으며, 후자로는 그 유명한 나가사키 글로버 저택으로 널리 이름이 알려진 토머스 글로버의 존재를 들 수가 있을 것이다.

그들은 어떤 의미에서 정말로 살아 있는 '서양'으로서, 혹은 상하이에 머무르고 혹은 나가사키에 배를 타고 들어온 형태로 일본과 '교류'를 계속 유지하면서 그리고 다양한 국면에서 일본 개국을 촉구하고 또 근대화의 시동에 기여했다.

일본을 방문하는 열강 군함의 통역으로서 양자의 중개를 홀로 맡기도 하고 혹은 자신의 행동으로 일본에 근대 자본주의의 '모범'을 보여주

---

31 1837년(天保 8), 일본인 표류민(오토기치音吉) 일행 7명)을 태운 미합중국의 상선을 일본 측 포대가 포격한 사건.

기도 한 활약상 그 자체가 곧 서적 등과 함께 수평적인 관계로, 소위 상하이를 중심으로 한 정보 혹은 무역 네트워크를 유지하고 있었다고 생각할 수 있다.

영원한 '표류민漂流民'

다음으로 이 두 사람의 중간에 위치한 '상하이인'에 대한 일본과의 관계를 간단하게 소개하겠다.

전술한 한역양서가 상하이를 중심으로 하는 교통 네트워크에 편승해 속속 일본에 들어온 것과 거의 같은 시기에 그 발신지인 묵해서관에서 불과 1킬로미터도 떨어져 있지 않은 번드에 사실은 한 사람의 일본인이 영국계 대형 상사 보순양행寶順洋行(덴트상회)에 소위 '상회 사무원商會事務員'의 신분으로 근무하고 있었다. 통칭 '닛폰 오토기치'라고 불린 사람이다.

모리슨호 사건(1837)의 당사자 중 한 명으로서 나중에 막부에까지 그 존재가 알려지면서 평생 표류민이라는 숙명을 짊어지고 결국 귀국의 길을 선택하지 않았던 그는 정말로 완전히 '서양'의 일원이 되어 '개국'이 임박한 일본을 바라보면서 그들과의 교섭의 최전선에 서 있었다.

어떤 의미에서 이 오토기치의 존재만큼 가장 현실적인 형태로 당시의 '상하이 정보 네트워크'와 일본과의 관계를 상징하는 것은 없으며, 또 표류 이후의 그의 발자취 특히 상하이로 거점을 옮긴 이후의 그 활약은 그대로 이미 하나의 일본 개국 이야기의 형태를 갖추고 있다고도 할 수 있다.

오토기치 일행 17명의 승조원을 태운 오와리 지역을 도는 여객선 호준마루寶順丸가 엔슈遠州 여울에서 폭풍우를 만나 태평양 해상으로 떠밀려간 것은 천보天保 3년, 1832년 12월의 일이다. 그 후 해상에서 '14개월'이나 표류를 계속해 대략 1834년 2월경에 미국 서해안에 표착했는데, 생존자는 17명 중에서 최연소인 오토기치와 이와기치岩吉, 히사기치久吉 불과 3명밖에 없었다.

당초에는 일시적으로 현지인에게 신병을 구속당했으나, 그들은 운 좋게 허드슨만 회사에 의해 구출되었고 이후 그 회사의 배로 일단 런던까지 끌려가서 표류 이후 3년이란 세월이 경과된 1835년 12월에 당시 유일한 귀국 루트인 중국·마카오로 보내졌다.

마카오에서 오토기치 일행 3명은 선교사 신분으로 있으면서 동시에 영국무역 감독청의 중국어통역관을 맡고 있던 앞서 서술한 귀츨라프의 도움을 받아 그에게 일본어를 가르쳐주고, 신약성서의 일본어 번역을 도우면서 오로지 일본으로의 귀국 기회를 계속 기다리고 있었다.

그 사이에 1837년 3월 대략 1년 반 전에 필리핀 루손 섬에 표류해 있던 규슈 출신의 하라다 쇼조原田庄蔵, 주 사부로寿三郎, 구마 다로熊太郎, 리키마쓰力松 4명도 스페인 배로 마카오에 보내지게 되어, 일행은 귀츨라프의 집에서 갑자기 만나게 되었다.

후대에 말하는 모리슨호 사건이란 즉 마카오에서 합류한 이 7명의 표류민 송환을 구실로 일본과의 '교섭'을 시도하려 한 미국상선 모리슨호가 천보 8년, 1837년 7월에 '이국선타불영異國船打仏令'[32]으로 인하여, 먼저 우라가浦賀에 이어 가고시마鹿児島에서도 막부의 포격을 받고 마침내

---

32 에도 막부가 1825년(文政 8)에 발표한 외국선 추방령이다.

'교섭'을 단념하지 않을 수 없었던 경위를 가리킨다. 귀국에 실패하고 미련을 떨칠 수 없는 생각으로 마카오로 되돌아온 그들은 이후 이 이국 땅에서 영원한 '표류민'으로서 각각 살 길을 찾아 나서지 않으면 안되게 되었다.

7명의 그 후

마카오에서 어쩔 수 없이 자치생활을 하게 된 7명은 우선 오와리尾張[33]의 이와기치와 히사기치가 신약성서의 일본어 번역을 돕기 위하여 계속해서 귀츨라프 집에 남았다. 이 2명은 나중에 귀츨라프의 도움으로 영국 무역감독청의 통역인이 되고, 아편전쟁 발발 후, 그 사람에게 붙어서 점령하에 있는 저우산舟山[34]에서 한동안 일했던 것 같다. 그 뒤에 이와기치는 1852년에 불의의 죽음을 당한 것 같고, 히사기치는 1863년에 푸저우福州에 살고 있었다고 하는데 모두 확실한 것은 알 수 없다.

이어서 규슈의 쇼조 일행 4명 중 3명은 모리슨호 사건의 당사자의 한 명으로 이후에 페리 내항 때 일본어 통역으로 일본에 온 윌리엄스에게 인계되었다. 전술한 것처럼 윌리엄스는 당시 마카오에서 『차이니즈 레포지토리Chinese Repository』(『중국총보中國叢報』)지의 편집 일을 하면서 미국 해외 전도회의 인쇄소 운영도 맡고 있었고, 그들의 도움을 자진해서 받아들인 것은 아마 자신의 일본어 학습을 위해서였을 것이다.

그러나 이 세 사람 중 구마 다로와 주 사부로 두 명은 이른 시기에 죽은 것 같고, 남은 쇼조만이 훗날에 '의복을 만드는 일'로 자립하여, 홍콩

---

33 옛날 지명으로, 현재의 아이치현(愛知縣) 서부에 해당한다.
34 중국 저장성(浙江省)에 위치하는 지명.

에서 그 후 일본인 표류민의 귀국을 도와주면서 건강하게 생활하고 있었던 것이 적어도 1855년경까지는 확인된다.

그리고 마지막까지 살아남은 가장 나이가 어렸던 오와리의 오토기치와 규슈의 리키마쓰 두 사람은 먼저 오토기치가 한때 미국으로 건너간 후 40년대 초에 중국으로 되돌아와, 아마도 그 시점에 입사했을 것으로 생각되는 덴트상회의 진출과 함께 거의 1844년경부터 이 '신천지'로 이주했다.

또 리키마쓰도 한동안은 미국으로 갔든지 혹은 윌리엄즈의 도움으로 마카오의 학교에서 교육을 받았든지 그런 뒤, 1845년에 윌리엄즈의 일시귀국과 함께 그의 보호막에서 벗어난 것 같으며, 그 후 1855년에 홍콩의 어느 신문사 혹은 인쇄소에 근무하고 있었던 것이 확인된다.

'안내자'

상하이로 이주한 뒤의 오토기치에 관해서는 유감스럽게도 그의 활약상을 직접적이고 명확하게 기록한 자료가 남아있지 않다. 그러한 의미에서 상하이에서의 그의 구체적인 활동을 알려고 해도 거의 불가능에 가깝다. 그러나 다행스럽게도 영국과 막부의 중요한 교섭 장소에 몇 번인가 통역으로서 그 모습을 나타낸 덕분에 그러한 기록에서 간접적이나마 그 후의 그의 모습을 조금은 알 수가 있다.

오토기치가 모리슨호 사건 이후 처음으로 일본을 방문한 것은 1849년 5월 29일의 일이다. 에도만江戸灣과 시모다만下田灣의 측량을 위하여 일본에 온 영국군함 마리나호에 통역으로서 타고 있었던 그는 이 때 스스로 중국인이라고 칭하며 이름을 임아다林阿多라고 거짓말을 했다. 그리고 우라가浦賀 관리의 질문에 대하여 자신은 중국 상하이의 사람이며 이번에는 영국에 고용되어 왔던 것이라고 대답했다.

그러나 마리나호가 그 후 6월 7일에 일본을 떠날 때까지 막부 측에게 완강히 상륙을 거절당해 양자 사이에서 결국 교섭다운 교섭을 가질 수 없어서 통역으로서의 오토기치에 관해서도 약간의 신체적인 특징 이외에 그다지 기록이 남아 있지 않다.

다만 이 짧은 교섭기간 중에 오토기치는 시종 열강과 일본 사이에 서 있는 자신의 중개적인 입장에 민감했던 것 같고 또 그의 말 한 마디 한 마디에서 '안내자'로서의 자신을 어떻게든 나타내 보려고 하는 모습도 보인다. 이러한 언동은 역설적으로 상하이에서 온 '일본인'의 일련의 '교섭' 상에서의 독특한 입장과 그 중요성을 나타낸 것이라고 할 수 있다.

'일본을 얕보다'

1854년 9월, 오토기치는 영국의 극동함대를 따라 한 번 더 나가사키에 온다. 사령관 제임스 스털링이 이끄는 극동함대의 내항은 원래 크리미야 전쟁에서 전쟁 상대국이 된 러시아의 푸탸틴 함대의 동정을 살피고 또 이 전쟁에서 일본의 중립적 입장을 요구하는 것이 목적이었는데, 막부 측의 오해로 인하여 그 교섭이 어느 틈엔가 통상개국을 둘러싼 거래가 되고, 최종적으로는 양자 사이에 영일화친조약을 체결하는 결과가 되었다.

이 과정에서 양쪽 사이에 서서 그 중개를 모두 맡았던 사람이 임시로 상하이에서 고용되어 온 오토기치였는데, 이번에는 본인 스스로가 자신의 출신을 명확히 밝히고 또 자신이 '통역관'으로서의 입장을 강하게 어필하는 태도로 끝까지 '영국 측'의 일원으로 행동했다고 전해지고 있다.

예를 들면 막부 관리의 질문에 대하여 자신이 "비슈尾州 나고야의 모에몬茂右衛門의 아들"로 모리슨호 사건 후 일시 미국 그 외 여러 곳을 돌아다녔는데 중국에서 '영국상관商館'에 고용된 지 10년이 되었다고 하고, 귀국 권유에 "상하이에 처자식이 있어서 영국의 보호하에 있는 편이 좋다"[35]고 단호하게 거절했다고 한다.

오토기치의 이러한 의연한 태도는 당연히 일본 측의 강한 불신감을 사게 되고, 또 '지극히 일본을 얕보는 태도'로 '일본인이면서 외국인의 이익을 탐하는 자'라는 인상을 준 것 같다.

하지만 이러한 '평판'에 대하여 그는 이전과는 완전히 다르게 시종 태연히 행동하며 자신의 그러한 '안내자'적인 입장을 한마디도 변명하지 않았다고 한다.

'은혜에 보답하기'

오토기치의 이와 같은 자신에 찬 태도는 말할 것도 없이 주로 10년간에 걸쳐 '영국상관' 근무로 얻은 '국제감각'에 의한 것으로 생각되지만, 한편 그는 상하이를 중심으로 한 '정보 네트워크'에서의 자신의 역할에 관해서도 왠지 꽤 명확하게 구분하기 시작한 것처럼 보인다. 임시로 고용되었다고 하지만, 이 시점에서 그의 심중에는 이제 어떻게 해서든지 이 유일한 '서양'을 불러들일 수 있는 네트워크 속으로 조국 일본을 끌어들이고자 하는 인식이 생겨났을지도 모른다.

그러한 의미에서 어디까지나 서양인의 '앞잡이'로 행동하고 있었던 오토기치의 의연한 언동은 바로 동아시아에서 성립한 근대적 네트워크의 내부에서 스스로의 '존재 가치'를 획득하고, 조금 먼저 '일본'을 떠난 선구자이며 또 귀국을 거부당해 한평생 타국에서 '표류'해야 하는 한 사람의 표류민이 조국에 대한 적어도 '보은'이었다고도 할 수 있다.

더욱이 이러한 종류의 자각은 그의 동료인 홍콩 거주의 리키마쓰에게도 보이는데, 마찬가지로 엘리엇 제독이 이끄는 영국유격대, 또 영일화친조약비준서 교환 시에는 스털링함대의 통역으로서 하코다테箱館와 나가사키에 두 번이나 방일한 그의 언동에는 틀림없이 오토기치와 같은 '자유분방함'을 가진 자신을 확인할 수 있다.

상하이에서 '극동무역'을 배운 글로버

오토기치가 일본개국을 바라면서 덴트상회에서 '상회사무원'으로 일하고 있었을 무렵, 같은 번드에 집을 짓고 사는 또 하나의 영국계 대형상사 자딘 매디슨(이화양행怡和洋行)도 사실은 오토기치와 거의 같은 신분인 한 명의 영국청년이 상사에 근무하고 있었다. 나중에 무기상武器商으로서 일본 전국에 그 이름이 알려지는 토머스 글로버이다.

글로버가 '해외웅비'를 목표로 고향인 스코틀랜드를 뒤로 하고 극동지역, 상하이로 넘어온 것은 1858년 5월 아니면 6월경으로, 불과 19세였다. 글로버는 우선 상하이에서 당시 이 업계에서 최대 규모를 자랑하는 무역회사(자딘 매디슨) 상회에 들어가 거기서 소위 '극동무역'의 기초를 배웠다고 한다.

자딘 매디슨 상회는 원래 스코틀랜드 지방 상인 윌리엄 자딘과 제임스 매디슨 두 명이 1832년에 광저우에서 설립한 것으로 당초에는 주로 인도・중국 사이에서 아편 무역과 차茶 무역을 하고 있었다.

토머스 글로버

아편전쟁 이후 자딘 매디슨 상회는 우선 홍콩에 거점을 요구했는데 상하이 개항이 결정되자마자 재빨리 현지에 지점을 열고 기존의 상품거래를 계속하면서 서서히 조선과 방적, 게다가 운수, 보험 등, 생산은 물론 서비스 부문까지 진출해 한때 '상회의 왕'이라고까지 불리며 19세기 상하이, 더 나아가서는 중국에서 영국자본의 대표적인 존재였다.

이 자딘 매디슨의 상하이 지점에서 글로버는 주로 '통신서간'의 복사나 '선하증권船荷證券'[35] 작성 등과 같은 대형 상사의 통상적인 일상 업무에 대략 2년 정도 종사했다. 그러나 장래의 사업전개 모습으로 보면, 그는 얌전하게 무역회사의 일반사무 경험을 쌓았을 뿐만 아니라, 자딘 매디슨 상회적인 경영방침 내지는 '사업정신'에 관해서도 그 본질을 많이 체득한 것처럼 느껴진다.

'새로운 시장'으로

상하이에 체류하는 동안 글로버의 구체적인 활동에 관해서는 유감스럽게도 현재 그것을 기록한 자료는 아직 발견되지 않았다. 하지만 이 시점에서 그는 이미 '극동무역상인'으로서의 천성天性을 충분히 발

---

35 무역에서 선적서류의 하나로, 선박회사 등 운송업자가 발행하고 화물 인수를 증명하고 당해 화물을 받을 때의 근거로 삼는다.

휘하고 있었으며, 또 실적으로 회사 안에서 꽤 높은 평가를 받고 있었던 것은 거의 틀림 없다. 그렇지 않다면 자딘 매디슨 상회가 자기 회사의 나가사키 대리인(당초는 대리인 보좌)으로서 이제부터 개척해야 할 '새로운 시장'인 일본에 약관 21세(1859년 당시)의 그를 보내는 일은 없었을 것이다.

일본에 온 후 글로버는 여러 의미에서 '상하이'라는 배경을 계속 짊어졌다. 예를 들면 1861년에 그가 무역상으로서 독립한 후에도 여전히 장기에 걸쳐 자딘 매디슨 상하이 지점으로부터 거액의 융자를 받고, 또 막부나 각 번으로 함선艦船 수입이나 무기 거래 등이 거의 자딘 매디슨 상하이 지점이나 그 외의 상하이에 있는 상사 사이에서 이루어지고 있었던 것으로부터도 알 수 있다.

그는 일본에 거점을 두면서도 결코 상하이라는 '무대'를 잊는 일이 없었고, 일본에 들어온 지 5년째인 1864년에는 상하이에 '가나화加羅花'라는 글로버상회의 상하이 지점을 개설했을 뿐만 아니라, 그 지점을 통해서 또 유니온 증기기선회사를 설립하여 당시 양쯔강 항로에서 거의 독점적인 지위에 있었던 러셀상회의 기선회사에 도전했다.

그리고 이것들 이상으로 그에게 상하이의 '자취'를 느끼게 한 것은 역시 '극동무역' 수법인데, 이 예로는 함선이나 무기 수입뿐만 아니라 사쓰마번薩摩藩에 대한 융자, 홍콩 상하이은행의 대리, 부동산 관리, 보험업무의 참가, 도크dock의 보유, 다카시마高島탄광개발의 신규 참여 등과 같은 그가 추진하는 사업의 전개 모습은 마치 상하이에서의 각 상사, 특히 그 필두인 자딘 매디슨 상하이 지점의 '모방' 혹은 '축소판'과 같은 인상을 준다. 글로버에게는 상하이 시대의 '기억'이 상당히 강했다고 할 수 있다.

아무튼 대략 19세기 후반에 상하이를 중심으로 형성된 소위 '극동무역' 네트워크로서 나가사키, 나아가서는 일본의 참여를 촉구하는 의미에서 또 그의 활발한 사업전개 모습이 사카모토 료마坂本竜馬[36] 등의 '해원대海援隊'[37] 활동에 하나의 '상사商社'로서 모델을 제공했다는 의미에서, 그리고 무엇보다도 막부 말기의 일본운명을 좌우하는 데 상하이루트를 통해 대량의 무기를 삿초 양번薩長両藩[38]에 수입했다는 사실을 생각한다면, 이 상하이에서 '수행修業'을 쌓아온 젊은 상인의 도일渡日과 이후의 활동은 바로 막부 말기의 하나의 '사건'이었다.

---

36 에도 시대 말기의 무사.
37 에도 시대 말기의 사카모토 료마가 중심이 되어 결성한 조직으로 1865년부터 1868까지 3년여 동안 사설해군의 역할과 무역 등에서 사쓰마번 등으로부터 자금원조도 받았다. 근대적인 주식회사와 유사한 조직.
38 사쓰마번(薩摩藩)과 조슈번(長州藩, 지금의 야마구치현)의 약칭.

제4장

'로망'에 고무된 메이지 사람들

1. '근대'가 낳은 마도魔都─찻집·유곽·아편굴

파괴 장치

그런데 지금까지 우리들은 3장에 걸쳐 막부 말기의 일본과 상하이의 관계를 고찰해 왔다.

그것을 대략적으로 설명하면 즉 '국민국가'로서 근대 일본의 성립에 상하이가 도대체 어떤 역할을 하였는가라는 것이었다.

그런데 막부 말기 일본에 다양한 '근대 국가'의 정보를 계속 전해온 상하이는 대략 메이지 국가가 성립된 시점에서 그 존재 의미가 완전히 반전되어 버렸다.

서양에서 직접 근대의 여러 제도를 '수입'하고, 천황을 중심으로 하는 '국민국가'를 지향하기 시작한 메이지 일본에게 상하이는 이미 '중계지 中繼地'로서의 역할이 끝났을 뿐만 아니라, 너무나 다양한 '아이덴티티'

의 존재로 인하여 오히려 경원敬遠의 대상까지도 되었던 것이다. 하지만 바로 이와 같이 어느 국가에도 소속되지 않고 완전히 특정한 '내셔널리즘'을 초월한 점에서 '국가'가 아니라 그 '국가'에 속박을 느끼고 있는 개인이 많이 매료되었다.

말하자면 근대 국가의 통제가 마침내 견고해지는 '폐쇄적'인 일본의 입장에서 보면, 이때의 상하이는 틀림없이 '로망'을 맡겨야 할 대상, '모험'의 꿈을 실현할 절호의 땅이 되었던 것이다.

그러한 의미에서 정치, 경제 등의 분야를 제외하고 1870년대 이후의 상하이는 '국가'로서의 일본에게는 그다지 중요한 존재가 아니게 되었지만, '일본 탈출'을 꿈꾸는 많은 일본인에게 이 혼돈의 도시는 정말로 가장 가까운 '피난소'이며 또한 가장 가까운 '낙원'이었던 것이다.

그래서 앞으로 또 다시 3장으로 나누어 이 근대 일본, 특히 근대 일본인에게 있어서 상하이의 의미를 고찰해 가기로 하는데, 그 전에 19세기 후반 상하이의 실상을 파악하기 위하여 우선 '근대 도시'로서의 성립과정을 간단하게 살펴 보겠다.

화양분거華洋分居

이미 이 책의 서두에서도 약간 언급했듯이 원래 500년 이상의 역사를 가진 상하이현성縣城의 성북城北에 또 하나의 '상하이'(조계租界)가 탄생한 것은 소위 난징조약에 의한 상하이 개항 이후 3년째에 해당하는 1845년이었다. 이 해 11월, 당시의 상하이도대道臺(지방장관) 궁무쥬宮慕久가 초대 영국영사인 발포어와 2년에 걸친 협의 결과, 영국 상인의 거주지로서 황푸강黃浦江 근처에 대략 0.56평방미터의 조차租借를 정한 '토지장정土地章程'(제1차)을 공포했다. 현성 밖에서 거주지를 만드는 것은 물론 영국 측의 요청에 의한 것인데 실질적으로 중국 측의 일종의 '격리 정책'이기도 하며, '토지장정'에 규정되어 있는 '화양분거'는 그것을 명확히 반영하고 있다. 그리고 이 영국 조계 설치에 준하여 1848년에 먼저 미국 조계, 또 그 다음 해에 프랑스 조계도 각각 영국 조계의 북측, 우쑹강吳淞江 맞은편의 홍커우虹口 일대와 남쪽 경계선인 양징방洋涇浜 맞은편 일대에 성립되었다. 이 3개 조계는 말하자면 훗날의 바로 근대 도시・상하이의 원형原型이다.

그런데 '화양분거'를 원칙으로 하고 다소의 자치권을 가지면서도 어디까지나 중국 측의 관할하에 있는 이들 조계는 최초의 설립부터 10년도 지나기 전에 갑자기 그 성격을 바꾸어 버렸다. 계기는 1853년 9월에 일어난 소위 비밀결사 소도회小刀會의 비밀봉기로 농민군의 1년 반에 걸친 상하이현성 점령으로 인하여 실로 엄청난 난민이 발생했으며 그 대부분이 인접한 조계로 도망쳤다.

이 예기치 않은 전란戰亂으로 인하여 기존의 '화양분거'의 원칙이 맥없이 무너져 버리고, 이후 중국, 조계 양측 모두 어쩔 수 없이 소위 '화양잡거華洋雜居'의 현실을 받아들이게 되었다. 그리고 이 새로운 사태에 대응하기 위해서라며 당시의 영국영사 올콕이 1854년 7월에 미불영사의 승인은 받았지만, 중국 측에는 사후통보라는 형식으로 일방적으로 기존의 '토지장정'을 수정하여 '제2차 토지장정'으로 발표했다.

이 '제2차 토지장정'에는 기존의 약 3배에 달하는 조계 확장, 중국인의 거주 묵인, 또 '순포巡捕'(경찰)의 설치 등과 같은 내용이 담겨져 있다. 그중에서도 3국 영사에 의한 시의회에 해당하는 '조주租主'(차지인借地人)

회의 소집과 집행기관으로서의 공부국工部局 설치가 가장 중요한 내용
이며, 특히 후자에게는 확실한 시정부로서의 기능을 가지게 했기 때문
에 그것으로 인하여 조계는 이미 대부분 중국정부의 관할하에서 벗어
났다. 대부분이라는 것은 약간의 장정개정에 관해서 '3국 영사와 도대
(지방장관)가 협의한 후, 3국 공사公使 및 양광총독兩廣總督[1]에게 보고하고
그 비준으로 비로소 행하여져야 한다'[1]는 조문條文에 아직 중국 관헌이
조계운영에 관련되어 있는 것을 확인할 수 있는 정도이며, 그 외는 중국
의 주권이 완전히 무시되어 있다.

군대에서 재정까지

그러나 공부국에 독립된 행정권을 갖게 한 이 제2차 토지장정은 조문
이 조금 간단하기 때문에 몇 가지 애매한 부분도 남아 있었다. 특히 그
'권력'의 근거에 관해서는 거의 설명이 이루어져 있지 않아서 그 후의
운영에는 일정의 장애가 생겼다. 그래서 60년대 초의 태평천국의 난으
로 인하여 대량의 난민이 더욱더 조계로 유입되었다는 사정과도 맞물
려서 조계당국은 1869년 9월에 다시 한번 장정개정을 하여 소위 제3차
토지장정을 공포했다.

이 새로운 '토지장정'에서는 우선 기존의 차지인회의借地人會議를 납세
외인회의納稅外人會議로 확대하고, 여기에 조계예산의 심의, 공부국동사
회董事會(시참사회)의 선출 등의 권한을 부여하여 완전히 시의회 기능을
가지게 했다. 동시에 선거권도 일부의 차지인으로부터 '소지한 산업지

---

1 중국 청조의 지방장관의 관직으로, 광둥성(廣東省), 광시성(廣西省)의 총독으로서 관할지역
   의 군정·민정의 양쪽을 통괄했다.

가産業地價 합계 500냥 이상', 혹은 가옥의 '매년 임대료 합계 500냥 이상'의 납세자에게까지 확대하여 보다 많은 사람에게 참정권을 부여했다.

다음으로 기존의 공부국 권한을 더욱 강화하고, 그 여러 권한을 위원회별로 분담시킴으로써 시정부로서의 모든 기능을 부여했다. 예를 들면 공부국 아래에 만국상단萬國商團, 경무처警務處, 화정처火政處(소방서), 위생처, 교육처, 재무처 등과 같은 시정市政에 관련되는 다양한 기관을 설치하여 조계에 완전한 행정시스템을 갖추게 했다. 그중에서도 만국 상단은 원래 소도회小刀會나 태평천국의 상하이침공에 대응해 조직된 의용대義勇隊로서 거의 군대에 가까운 존재이기도 했다.

전도轉倒된 관계

그리고 이 '제3차 토지장정' 공포와 함께 실은 공부국 측에서는 또 하나의 중요한 '장정'을 만들었다. 그것은 즉 조계 거주의 중국인을 둘러싼 재판권에 관한 사법규정으로서 같은 해 4월에 공표된 '양징방설관회심장정洋涇浜設官會審章程'이다.

이 '회심장정'에 의하면, 조계 거주 중국인에 관한 재판은 모두 조계에 설치되어 있는 '회심공당會審公堂'(재판소)에서 상하이 도대로부터 파견된 '동지同知'(재판관)에 의해 행하여진다. 그러나 당사자의 한쪽이 외국인, 혹은 외국인에게 고용되어 있는 중국인인 경우, 반드시 영사 혹은 영사에게 인정받은 배심관陪審官과 함께 심의해야 한다. 또 판결에 대하여 피고가 불복했을 때는 상하이도대와 영사관領事館에 상소할 수 있게 되어 있다. 이것은 표면상으로는 일단 심의에서 중국 측의 주도권을 유지하고 있으나, 실제 재판 중에서는 그 주종관계主從關係가 거의 뒤바

공부국

의용병으로 구성되는 만국상단

꿰어 있어서 최종적으로는 역시 가장 큰 재량권을 가진 영사의 판결에 맡겨지는 경우가 많았다.

이와 같이 사법 분야만은 아직 약간의 문제가 있으나, 여기서 소위 '근대 국가'의 기본인 입법, 행정, 사법의 3권 분립 체제가 거의 완전한 형태로 성립되었다고 할 수 있다.

하지만 이 '근대 국가'로서의 '상하이'(조계)는 예를 들면 그 존재의 '근거'로서 '제3차 토지장정' 그 자체가 마지막까지 청조정부의 정식 '비준'을 받지 못한 것으로도 상징되듯이, 소재국所在國인 중국의 주권을 완전히 무시하고 성립된 것이므로 국제법적으로 보면 오히려 그 존속의 필연성조차도 상당히 의심스러운 것이다.

2개의 얼굴

그러한 것들에 관해서는 물론 우리들은 항상 의식하고 또 비판하지 않으면 안 될 것이다. 다만 한편으로는 이 땅은 동아시아에서 어떤 특정국가의 식민지로서가 아니라 일정한 '자치'하에서 존립한 반半 '근대 국가'적인 도시인 것도 또한 틀림없는 사실이며, 그것이 지금까지 보아 왔듯이 중국 국내에 그치지 않고, 일정 시기까지는 일본과 한국 등에도 많은 영향을 계속 끼쳐 온 것이다.

게다가 마침 이 3권 분립 등과 같은 근대의 여러 제도가 '상하이(조계)'에 뿌리내리고 있는 1860년대 후반, 대략 500년 이상의 역사를 가진 또 하나의 '상하이(현성)'는 정말로 "조계, 날마다 번성하고, 남시南市[2](성내

2 　중국 상하이에 예전에 있었던 도시, 상하이 구시가(舊市街) 전역 및 현재의 루자방(陸家浜), 푸둥(浦東) 남지구(南地區)를 포함하는 가장 역사가 오래된 시.

1860년대의 성내

城內), 날마다 쇠하려 한다"2)고 일컬어지듯이 어느 틈엔가 기존의 주역
主役 자리를 전자에게 양보하여 결국은 완전히 그 '부속물'로서밖에 기
능하지 않게 되었다.

번드Bund에서 근대는 시작되었다

그런데 우리들은 이상에서 정치제도 등을 중심으로 '근대 도시'로서
상하이를 고찰해 왔는데, 대략 반半 식민지적 성격을 가진 근대 정치제
도를 실시한 시기와 거의 전후해서 상하이는 다른 분야에서도 마침내
'근대'의 도래를 맞이하기 시작했다.

예를 들면 제2장에서 우리들이 이미 확인했던 해운업의 발달에 의한
교통 네트워크의 성립이나, 1860년대 초기에 대규모 투자 붐을 불러일
으키면서도 눈 깜짝할 사이에 또 공황에 빠져버렸지만 불완전하나마
그 모습을 드러낸 '근대'적인 금융체제에서도 알 수 있다. 그리고 그것

은 소위 양무운동洋務運動을 진행하는 가운데서 리훙장李鴻章 일행의 개혁파 관료에 의해 추진된 강남제조국江南製造局[3]을 비롯한 일련의 군사산업과 민간산업의 약진 등에도 반영되어 있다.

그 중에서도 도시로서 상하이의 기반정비, 인프라는 그 완성도가 눈부셔 70년대 중반 무렵에 이미 엄연한 '근대' 도시의 풍모를 나타내기 시작했다. 이하 몇 개의 당시 기록을 단서로 이 시기의 상하이의 번영된 모습을 살펴보도록 하자.

지금까지도 자주 말해왔듯이 근대 상하이의 성립은 우선 황푸강변黃浦江邊에 있는 번드bund, 중국어로는 '와이탄外灘'에서 시작되었다. 번드란 원래 힌두어로 축조된 제방을 의미하는 말인데, 19세기 이후 영국인의 식민지 경영이 동아시아 각지로 침투하는 과정에서 특히 그 "항만 거주지 특유의 수변 지역 공간"[3)]을 가리키게 되었다고 한다.

그 당시 해운 중심의 입장에서 생각하면, 이 번드는 말하자면 각 항만도시의 중심이며, 여기서부터 모든 경영 사업이 전개되어 갔다. 물론 이러한 점에서 상하이도 예외가 아니며 1845년 영국영사와 상하이 도대가 교환한 '제1차 토지장정'에 의해 조계 최초의 정비 사업은 바로 원래의 예항로曳航路[4]인 '옌푸대로沿浦大路'라는 번드의 도로보수에서 출발했다. 또 이 남북번드와 직각으로 4개의 평행하는 '추푸대로出浦大路'(현재의 베이징, 난징, 주장九江, 한커우로漢口路)를 동서로 건설함으로써 이후 상하이의 원형原型을 만들어낸 것이다.

그리고 약 30년 뒤인 1870년대 후반, 이 번드에서는 가장 북쪽에 위치

---

3 중국 청말의 대표적인 관영군사공장. 1865년 리훙장에 의해 상하이에 설립되었다.
4 배가 다른 배나 하물(荷物)을 예인하여 항행하는 길.

최고 번성기의 번드

하는 영국영사관과 남쪽에 위치하는 프랑스영사관에 끼인 형태로 이화양행怡和洋行, 대영수선공사大英輪船公司(P&O), 려여은행麗如銀行(동방은행東方銀行), 기창양행旗昌洋行, 회풍은행匯豊銀行(홍콩상하이은행), 프랑스은행 등 18사社의 상관商館4)이나 그 외의 시설들이 줄지어 들어서 마침내 근대 상하이의 '위용'을 드러냈다.

상관만이 아니다. 그 앞의 강변도로에는 산책로, 또 최북단의 영국영사관 바로 옆에는 산책로를 낀 공원도 1868년에 조성되었다. 나중에 개와 더불어 중국인도 '들어가서는 안된다'며, 세계적으로 유명해진 그 퍼블릭가든公家花園이다.

이와 같이 번드는 정말로 상하이의 '근대'를 대표하고 또 무역이나 금융을 비롯한 다양한 자본주의 생산 활동의 거점으로서 성립했다. 그리고 이 번드를 조계 상하이의 현관으로 비유한다면, 그 뒤에 전개되는 거주 공간을 끼고 가장 안쪽에 위치한 경마장은 말하자면 그 '뒷 정원'에 해당한다. 1850년에 처음으로 만들어진 경마장이 화원花園, park도 겸하고 있었던 것에서 알 수 있듯이, 그 공간은 틀림없이 번드와 대치되며 여가를 즐기는 향락의 장소로서 의식되고 있었다.

'생산'과 '향락'이라는 이 대치 관계는 거의 같은 구조로 어쩌면 다른 아시아식민지의 개항장에서도 되풀이되고 있었는데, 이것은 '근대 도시'로서의 상하이의 성격을 또 다른 각도에서 부각시켰다고 할 수 있다.

메인 스트리트 난징로南京路

이 시기에 상하이의 '번성'을 보기 위하여 번드 이외에 또 하나 거론하지 않으면 안되는 장소가 있다. 번드에서 경마장으로 가는 난징로(다마로大馬路)이다. 원래 난징로는 조계 성립 초기에는 불과 500미터 정도의 이름도 없는 시골길이었다. 그것이 1850년에 최초의 경마장이 완성되자, 거기에 이르는 길이라는 의미로 파이커로派克(Park)路, 또는 위안로花園路로 불리게 되었다.

1854년에 경마장이 서쪽으로 이전됨에 따라 이 위안로가 약간 연장되었고, 노면도 6미터로 확장되고 벽돌로 포장도 되었다. 또 1862년에 경마장의 두 번째 이전에 따라 이 도로는 더욱 서쪽으로 연장되고 포장도 처음의 벽돌을 대신하여 화강암이 사용되었다. 그리고 3년 후에 공부국의 정령政令에 의해 다른 모든 간선도로와 함께 정식으로 명명되어 '난징로'로 부르게 되었다.

대략 두 번째의 연장공사가 완성될 무렵부터 난징로는 마침내 조계의 동서東西 메인 스트리트로서 지위를 갖게 되었다. 거위안쉬葛元煦의 『호유잡기滬游雜記』(1876)에 의하면, 1876년 시점에 난징로는 이미 노덕기약방老德記藥房, 복리양행福利洋行, 공도양행公道洋行, 태흥양행泰興洋行, 조풍양행兆豊洋行 등의 8개사社의 상관과 그 외의 많은 '사호絲號'(견직물점), '양화洋貨'(양포이우洋布呢羽=평직목면平織木綿) 점이 빼곡히 들어서게 되었다고 한다.

그리고 여기에 모인 곳은 거의 다 실제 영업점이기 때문에 그 소비 공간으로서 분위기는 당연히 대무역상사나 은행이 들어선 번드와는 다르고, 심지어 그 안에 소위 민족자본에 의한 것도 꽤 많이 포함되어 있어서 그들 점포가 만들어낸 '번영'된 모습 또한 번드와는 분위기가 조금 달랐던 것이다.

문명 개화의 공유

번드나 난징로와 같은 '근대'적인 공간이 만들어지고 있던 1860년대부터 70년대에 걸쳐 조계 상하이 외의 도시시설 정비도 눈부시게 진전되었다. 예를 들면 1864년에 조계 최초의 '대영자래화방大英自來火房'이라는 가스회사가 설립되었고, 그 다음 해 난징로에서 가스등이 켜짐과 동시에 일부 주민에게도 가스공급을 시작했다.

또 1875년에 정수장이 만들어져 차로 공급 서비스를 한동안 계속하였지만, 6년 후인 1881년에 '상하이자래수공사上海自來水公司' 설립과 동시에 본격적으로 수도에 의한 공급으로 바뀌었다.

그리고 1865년에 공부서신관工部書信館(우체국), 1867년에 화정처火政處(소방서)도 각각 설치되었고, 1876년에는 상하이·우쑹吳淞 사이에 철도

1870년대의 난징로

개와 중국인 출입금지의 퍼블릭가든

본토에도 뒤지지 않는 본격적인 경마장

번드의 가스등

전화회사 내부. 최신형 난방기가 보인다

도 건설되었다(단 1년 후에 청조정부에 의해 철거되었다).

1880년대에 들어와 '상하이전광공사上海電光公司'라는 전기회사에 의한 전기 공급과 '대북전보공사大北電報公司'라는 전보회사에 의한 전화업무가 개시되자 상하이는 더욱더 '문명 개화'의 시대로 접어들었다.

참고로 이들 공공설비의 개시 시기를 일본과 비교하면, 예를 들어 도쿄·오사카·교토 간의 우편업무는 1871년, 신바시新橋·요코하마橫浜 간의 철도 개업은 1872년, 요코하마에서 일본 최초로 가스등을 점등한 것은 1872년, 전신중앙국에 의한 전등의 점등은 1878년, 공중전화 개통(도쿄·아타미熱海 사이)은 1889년, 도쿄시의 근대 상수도 개통은 1899년으로 상하이와 일본이 거의 같은 시기에 '문명 개화'를 공유하고 있었던 것을 알 수 있다.

그리고 나중에 언급하겠지만 이 '문명 개화'의 공유 또한 메이지 이후의 일본인의 상하이 도래를 초래하는 배경의 하나가 되었다고 생각한다.

찻집, 유곽, 아편굴―'마성魔性'의 출현

그런데 상하이의 이러한 화려한 '근대'를 충분히 연출한 번드의 경관은 한편에서 또 종종 '허구의 현관False Front'이라고 불리고 있었다. 즉 여기서 나타난 '근대'는 어디까지나 상하이의 표면상 '겉모습'이며, 그 이면에 전개된 '화양잡거'의 혼돈된 현실이야말로 소위 진정한 상하이의 '본 모습'이라는 것을 의미하는데, 분명히 이후 상하이의 '마성'을 만들어낸 것도 다름 아닌 이 '복합'적인 '내부 공간'이었다.

나중에 언급하겠지만 상하이는 1920년대 어떤 일본인의 '불량' 작가에 의하여 '마도魔都'라는 별명을 얻었다. 이후 이 이름은 상하이라는 다양한 '얼굴'이 뒤섞인 공간을 잘 표현하는 말로서 진부해질 때까지 다양한 사람에게 인용되어 왔다. 그리고 연상되는 이미지는 종종 상하이와 관계된 사람들, 특히 일본인의 심상풍경心象風景[5]의 하나가 되었다고 할 수 있다. 그러나 곰곰이 생각해 보면 '마도'라고 일컬어지는 상하이가 처음으로 그 '마성'을 드러낸 것은 결코 20세기에 들어서가 아니라 그 기원은 오히려 멀리 19세기 70년대로까지 거슬러 올라간다.

1870년대 '마도'로서의 상하이를 나타내는 공간은 50년 후와 마찬가지로 찻집, 유곽 그리고 아편굴이라는 일련의 오락시설이다. 이들은 얼핏 보기에 이 시기에 겨우 눈뜨기 시작한 '근대'와 완전히 상반되는 것처럼 보이나 실은 이쪽도 소위 '문명 개화'의 훌륭한 부산물이다.

왜냐하면 아편굴이라는 새로운 참가자는 차치하더라도 원래 '현성'에 속해야 할 찻집과 유곽은 기존의 전통적 규범에서 일탈해 '조계'라는 '근대' 시스템 속으로 들어가고 나서야 비로소 새로운 생명력을 획득한 것이며, 또 반대로 '조계'의 다양한 '사물'도 이들의 '신기함'을 요구해 마지않는 오락 공간 이외에는 스스로 기존질서에 대한 '월경越境'의 돌파구를 찾을 수가 없었기 때문이다.

그러한 의미에서 양자의 '교차'야말로 말하자면 상하이를 상하이답게 만드는 배경이며, 또 그 '마도'적인 특성을 만들어낸 원인이라고 할 수 있겠다. 아래에 간단하지만 이러한 양자가 '교차'하는 실태에 관하여 각각 오락공간의 발전의 역사를 따라가면서 보도록 하겠다.

---

[5] 현실이 아니라 마음속에서 그려내는 풍경 혹은 정경. 현실에는 있을 수 없는 풍경인 것도 있다.

연예장과 아편과 매춘부

중국에서 찻집의 출현은 멀리 송宋나라 시대로 거슬러 올라간다. 찻집이란 문자 그대로 차를 마시는 장소인데, 하지만 오랫동안 그것은 또한 상인들의 거래에 관련된 상담 장소이며 일반시민의 휴게소로서도 사용되어 왔다. 그 대부분은 규모가 작고 약간의 안주거리를 제외하고 차 이외의 서비스도 없었다. 이것은 예를 들면 상하이 개항 전의 찻집이 거의 소동문小東門이라는 황푸강변의 선착장에 집중되어 있고, 그 후에도 한때는 성내城內의 중심인 성황묘城隍廟 부근에 모여 있다는 것에서도 알 수 있다.

그러나 대략 1870년대부터 중국의 전통적인 음식시설이 조계인구의 급속한 증가와 더불어 잇달아 이 신천지에 진출하기 시작했다. 예를 들면 전술한 거위안쉬의 『호유잡기』에는 이미 일동천一洞天, 여수대麗水臺, 송풍각松風閣, 보선원寶善園, 일호춘一壺春, 위원渭園, 계방각桂芳閣 등과 같은 유명한 찻집 이름이 보인다. 그리고 이들 찻집은 명확히 기존의 것과는 다르며, 거래에 관한 교섭이나 상담, 휴게소 기능을 더하여 다양한 오락공간을 만들어내었다.

예를 들면 1880년대 일품향一品香이라는 찻집이 있었는데, 그 안에는 당구장이나 볼링장까지 설치되었다고 한다.5) 이것뿐만 아니다. 이후 또 1,000명이나 수용할 수 있는 서양식 3층 건물인 유랑원제일루有閬苑第一樓가 푸저우로福州路에 생겼는데, 1층은 당구장, 2층은 찻집으로 되어 있으며, 2층부터 위로는 벽이 전부 유리창으로 되어 있어 매우 현대적인 분위기를 자아내었다.

19세기 후반에 상하이에서 가장 유명한 찻집은 청연각靑蓮閣이라고 한

큰 인기였던 찻집의 연예장

다. 청연각은 원래 화중회華衆會라고 하며, 1884년에 창간된 삽화신문
『점석재화보点石齋畵報』에 "화중회에서 차를 만들어 그 맛을 평가한다"[6]
고 거론한 후부터 그 이름이 널리 알려졌다. 그 후에 이 찻집은 장소를 옮
겨 청연각으로 개명했는데, 1층에 이번에는 '서장書場'(연예장)을 만들어
차 이외에 아편 서비스도 제공하게 되었다고 한다. 그리고 이 연예장과
아편 흡인을 위하여 오는 손님을 노리고 수많은 매춘부가 항상 거기에
모여 있었다. 훗날 무라마쓰 쇼후村松梢風의 체험을 빌어 말하자면 그 "넓
디넓은 2층에는 몇천 명인지도 모를 손님들이 들어차 있었다"[7]고 한다.

무라마쓰 쇼후도 갔던 청연각

이와 같이 원래 기능도 단순하고 규모도 작았던 찻집이 바로 '조계'라는 반식민지적인 '공간'에 진출함으로서 마치 눈사람처럼 끊임없이 다양한 '장치'를 몸에 지니게 되어 기존과는 완전히 다른 일종의 거대한 '마성'의 장을 형성해 간 것이다. 이러한 현상이야말로 말하자면 '상하이'가 아니면 볼 수 없는 것으로 이것과 유사한 사례가 상하이에는 이 외에도 무수히 많이 있다.

10만 명의 매춘부

3개의 공간 중에서 다음으로 거론하지 않으면 안되는 것이 유곽인데, 상하이에서 이 유곽은 그 발달사를 간단하게 되짚어 볼 필요가 있다.

원래 중국의 청조에서는 시대에 따라 다소 차이는 있으나 과도하게 주색에 빠짐으로써 멸망한 명明의 교훈을 본받아 기본적으로는 '금창禁娼' 정책이 취해졌다.

물론 이것은 당시 중국에 매춘부가 없었다는 것을 의미하지 않으며 특히 조정에서 멀리 떨어진 남쪽에서는 반 묵인된 형태로 소위 사창私娼이 비밀리에 움직이고 있었다. 그래도 가령 상하이현縣을 예로 들어보면, 19세기 초까지는 역시 성내城內에 거의 유곽이 없었으며, 겨우 동문東門 밖의 항구 주변과 서문西門의 청군주둔지 부근에서 그 존재를 확인할 수 있다.

그 후 이러한 사창들은 서서히 성내로 진출하기 시작했는데 그래도 그녀들의 손님이 될 수 있는 사람은 여전히 유복한 상인이나 세력이 강한 군인들이 많았고 일반서민은 물론 약간 지위가 있는 '서생書生'도 좀처럼 손이 미치지 못했다.

밀집해 있는 유곽

그러나 이 전통적인 매춘부 모습은 현성縣城 옆에 조계가 나타남으로써 한순간에 바뀌었다.

이유는 두 가지가 있다. 하나는 태평천국의 난, 특히 난징점령에 의해 대량의 매춘부 '난민'이 상하이로 숨어들어가 그녀들이 생계를 위해서는 손님들을 고를 '자유'가 없어져 버린 것, 또 하나는 태평천국의 난이 일어난 시기와 전후해서 영국과 프랑스 조계 당국이 중국의 '금창' 정책을 무시하고, 각각의 관할 내에서 '공창제도公娼制度'를 실시한 것이다.

이후 상하이 매춘부 수는 상하이의 인구증가와 더불어 현저하게 증가했고 가장 많을 때인 1930년대는 사창을 포함한 숫자이지만, 약 10만 명에 이르렀다고 한다. 당시의 상하이 인구는 약 360만 명인데 그중에서 여성은 약 150만 명이기 때문에 여성 인구 중 거의 15명에 한 명꼴의 계산이 된다. 이것은 당시의 대도시 가운데서는 가장 높은 비율이다.

상하이의 매춘부는 그 손님의 계층과 '인종'에 따라 전부 17종류나 존재한다. 서우書寓, 장삼長三, 요이소二, 화연간花煙間, 야계野鷄 등은 그 명칭

매춘부의 '출근' 모습

인데 이 중에서 장삼, 요이는 말하자면 약간 고급 매춘부이며 화연간이나 야계 등은 비교적 하급에 속하는 존재이다. 특히 야계는 반^半 스트리트 걸street girl(거리의 여자)과 같은 존재로 그 숫자가 가장 많으며 상하이의 밤은 바로 그녀들에 의하여 장식되고 있었던 것이다.

아무튼 이들 매춘부 내지는 그녀들이 들어가 있는 유곽의 번영은 곧 조계의 '근대적' 공창제도에 의하여 비로소 가능하게 된 것이다. 그러한 의미에서 그녀들의 존재를 중심으로 하는 공창제도의 이상한 '발달' 중에도 이미 언급한 2개의 상하이의 '교차'와 '융합'을 볼 수가 있다. 그리고 그것은 또한 그녀들이 2개의 상하이 중간지대인 프랑스 조계에 가장 집중해서 존재하고 있는 이유라고도 할 수 있다.

사교장으로서의 아편굴

3개의 공간 중에서 마지막은 아편관이다. 아편관이란 아편을 피우는 장소로 속칭 아편굴이다. 1840년의 제1차 아편전쟁 이후 중국에서 아편은 반 묵인된 형태로 매년 그 수입액이 증가 일로를 걸었는데 기본적으로는 중외상인^{中外商人}에 의한 밀수였다. 그러나 1860년 제2차 아편전쟁 이후, 아편 무역이 합법무역으로서 승인되고 아편을 '양약^{洋藥}'으로 칭하여 수입세만 지불하면 누구나 무조건 판매할 수 있게 되었다. 이러한 아편의 합법화로 인하여 본래 결코 많지 않았던 아편관이 급속히 늘

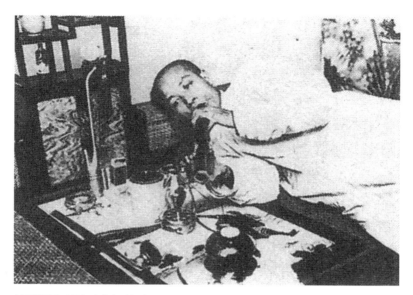

아편중독자. 보통 자면서 피운다

아편관은 쌀집보다 많았다

어나 1870년대에 들어서자, 상하이에는 이미 1,700여 개의 크고 작은 아편관이 들어섰다.

더욱이 20세기 초 상하이에서는 아편 판매점이 쌀 가게보다, 또 아편을 즐기는 장소로서 아편관은 식당보다도 많았다고 전해지고 있다. 아편을 피우는 사람이 가장 많을 때는 10만 명에 이르고, 아편중독자는 길거리에 넘쳐났다.

다만 아편굴이라고 하면 일반적으로는 아무래도 어두운 단면을 연상하는데 실제로는 꼭 그렇지 않으며, 앞서 나온 거위안쉬의 『호유잡기』에 의하면,

> 상하이의 아편관, 정말로 멋있다. 시설이 우아하고 청결하며 찻잔, 전등이 매우 정교하다. 면운각(眠雲閣)이 그 대표적인 예이다. (…중략…) 관내의 테이블은 자단(紫檀)을 사용해 석면에 끼워져 있다. 어느 정도의 돈을 내면 우리들을 성대히 환영해 주고 즐겁게 지낼 수 있다.

라며, 찻집과 마찬가지로 반 사교장으로서 이용되고 있었던 것을 알 수 있다.

새로운 명소名所의 탄생

이와 같이 대략 1870년대부터 상하이에서 소위 '3관館'의 문화가 각각 조계라는 '근대적'인 공간 안에서 개화한 것인데, 다만 이 3자 사이에는 상당히 '상호침범'이 이루어진 것도 사실이다. 예를 들면 찻집이 아편관을 겸하기도 하고 또 아편관이 유곽을 겸하기도 하는 현상이 빈번하게

일어났으며, 그 '교차'도 3자의
번영을 한층 더 북돋웠다고 할
수 있다.

그리고 이 '3관' 문화의 발달로
인하여 19세기 말 상하이의 도시
경관이 크게 바뀐 증거가 있다.
예를 들면 이 시대의 상하이 명
소가 갑자기 새롭게 만들어진 것

기생의 초상화

을 들 수 있다. 즉 소위 기존의 '호성팔경滬城八景'이란 '해천욱일海天旭日',
'황포추도黃浦秋濤', '용화만종龍華晚鐘', '오송연우吳淞煙雨', '석량야월石梁夜
月', '야도창망夜渡蒼茫', '봉루원조鳳樓遠眺', '강얼월제江臬月霽'와 같은 전통
적인 경관을 가리킨다. 그러나 이 시기에 새롭게 등장하는 '호북십경滬
北十景'이란 '계원관극桂園觀劇', '신루선찬新樓選饌', '운각상연雲閣嘗煙', '취락
음주醉樂飮酒', '송풍품다松風品茶', '계형방미桂馨訪美', '층대청서層臺聽書', '비
차옹려飛車擁麗', '야시연등夜市燃燈', '포탄보월浦灘步月'과 같은 조계의 근대
적 경관을 말하게 된다. '상하이'는 바로 이 시점에서 새롭게 태어난 것
이다.

이 '호북십경滬北十景' 중에서 '운각상연雲閣嘗煙'은 아편관, '송풍품다松
風品茶'는 찻집, '계형방미桂馨訪美'는 유곽의 '명소'를 가리키며, 또 '비차옹
려飛車擁麗'는 인력거, '야시연등夜市燃燈'은 가로등, '포탄보월浦灘步月'은 번
드의 경치를 칭송하는 것이다.

2. 흔들리는 아이덴티티 – 메이지 일본인의 상하이 체험

'메이지' 이탈자의 대륙웅비

이번 장의 서두에서 필자는 먼저 막부 말기에 일본에게 다양한 '근대'의 정보를 전해온 상하이가 대략 메이지 국가가 성립된 시점에서 그 존재 의미를 완전히 반전시켰다고 기술했다. 이것을 보다 구체적으로 말하면 메이지유신의 성공으로 일본에서 이미 '근대 국가'가 시작된 이상, 상하이의 '근대'적 경험은 이미 그 의미를 거의 잃어버렸다는 것이다.

이러한 것보다 어디까지나 천황을 정점으로 하는 구심적인 '국민국가'를 지향하는 일본에게 여전히 '식민지'적 혼돈 상태가 계속되고 있는 상하이는 오히려 '위험'한 존재이며 또 '유해'한 것이었다고까지 생각할 수 있다. 그리고 이 '균일적'인 문화공간을 요구하는 일본과, 여전히 2개의 다른 문화공간이 팽팽히 대립되어 있는 상하이와의 '격차'가 예전의 양자관계를 반전시키고 또 그러한 '균일적'인 공간에서 이탈한 많은 일본인들이 상하이로 넘어가는 것을 가능하게 한 것이다.

일부의 군인이나 그 외의 정부기관, 상사商社 등의 파견에 의한 사람들을 제외하고 그들 대부분은 본인이 의식했는지는 차치하더라도, 소위 '대륙웅비大陸雄飛'를 지향하는 메이지 일본의 이탈자 내지는 탈락자였다고 생각한다. 그리고 그들 중에는 일단 이 상하이 땅을 밟자마자 바로 또 '일본인'으로서의 아이덴티티를 '회복'한 사람도 적지 않았다. 실제로 '균일적'인 메이지 일본을 이탈하면서도 결국은 그 메이지 일본의 최대 추진자의 하나인 군부에 협력해 버린 예가 무수히 많다.

하지만 이러한 사실은 결코 그들의 정신활동에 '상하이'가 관여하지 않았다는 것을 의미하지 않으며, 오히려 그렇게 둘로 갈라진 체험이 그들의 상하이 체험을 보다 더 의미 있게 만들었다고 생각한다.

그런데 위와 같은 정신적 갈등의 유무에도 불구하고 상하이를 방문한 사람들은 아마 모두 동일하게 어떤 '선택'을 강요당한다. 그것은 즉 서로 길항하는 '조계'와 '현성'의 어느 쪽 공간에 '가담'할 것인가라는 것이다. 이것은 대부분의 경우 결코 양립되지 않는 것도 아니지만 그 마음의 어느 쪽인가의 미묘한 경사傾斜가 결정적으로 그 '상하이'에 대

기시다 긴코

한 어프로치 각도를 정해 버리고, 경우에 따라서는 그 상하이체험의 의미조차 바꿀 가능성도 있었다.

앞으로 우리들은 몇 개의 예를 들어 조금 더 구체적으로 메이지 일본인의 상하이체험을 보겠다.

대륙에 '꿈'을 맡겨온 기시다 긴코岸田吟香

외교관이나 상사 주재원을 제외하고 만약 메이지 일본인 중에서 가장 빈번하게 상하이를 방문한 사람 한 명을 예로 들어 보면, 아마도 기시다 긴코일 것이다. 그는 제2차 세계대전 이후 8회에 걸쳐 방문해 상하이를 중심으로 다양한 사업을 전개하였다.

그러한 의미에서 기시다는 말하자면 바로 '대륙웅비'의 선구자인 셈이다. 여기서 그 발자취를 보다 명확하게 하기 위하여 8회의 방문을 시

대순으로 나열해 본다.

① 1866년 9월~67년 5월 미화서관(美華書館)에서 헵번의 『화영어림집성(和英語林集成)』[6]을 인쇄하기 위하여

② 1868년 2월~3월 기선 구입을 위하여

③ 1880년 1월~7월 약국 '낙선당(樂善堂)' 지점 개설을 위하여

④ 1882년 3월~? 과거시험용 축소본 판매를 위하여

⑤ 1883년 11월~1884년 12월 쑤저우(蘇州)에 약국 지점 개설을 위하여

⑥ 1885년 6월~박쥐우산을 중국에 수출할 기획을 위하여

⑦ 1886년 2월~'상하이 박람회' 개최를 기획하기 위하여

⑧ 1888년 봄~1889년 ?월 '옥란음사(玉蘭吟社)' 설립을 위하여

오늘날 기시다 긴코라고 해도 그 사람이 도대체 어떤 인물인가를 아는 사람은 아마 많지 않을 것이다. 혹은 서양화가 기시다 류세이岸田劉生의 아버지라고 덧붙이는 편이 오히려 많은 독자들에게 알기 쉬울 수가 있다. 하지만 그는 막부 말기에 매우 큰 발자취를 남긴 사람이다. 1864년에 미국에서 귀국한 표류민인 아메리카 히코조彦蔵[7]와 함께 일본 최초의 신문인 『신문지新聞紙』를 창간한 것도 이 사람이며, 또 요코하마·도쿄 사이에 처음으로 정기항로를 개설한 것도 이 사람이다. 이뿐만 아니라 기시다는 또 메이지의 대중관계對中關係에도 많은 '업적'을 남겼는데, 예를 들면 중일지식인의 교류계획을 다양하게 기획했을 뿐만 아니

---

6 헵번에 의하여 편찬된 일본 최초의 영어로 쓰인 영어사전(화영사전)이다.
7 하마다 히코조(浜田彦藏)의 통칭으로 막부 말기에 활약한 통역, 무역상.

라 당시 일본의 대중공작對中工作의 2대 거점인 '일청무역연구소'와 '동아동문회東亞同文會'의 활약에도 크게 관여했다.

전술한 기시다의 방문 일람을 보면 알 수 있듯이 여기에도 메이지유신을 경계로 한 '일본'과 '상하이'의 지위地位 반전을 잘 확인할 수 있다. 즉 첫 번째와 두 번째의 방문은 각각 『화영어림집성』의 인쇄와 기선 구입이 목적으로 이것은 말할 것도 없이 바로 '상하이'라는 보다 선진화된 장소에서 '근대'를 도입하려고 한 것으로 그의 개인적인 행위이면서도 배후에 있는 '일본'의 현실도 살짝 엿볼 수 있다.

하지만 3번째 이후의 방문 목적은 완전히 반대로 오히려 일본의 보다 우수한 '제품'을 상하이 혹은 중국에 수출하는 것이 대부분이다. 특히 7번째인 '상하이박람회'의 기획은 야심찬 것으로 예전에 상하이에서 들어온 한문 잡지가 런던 만국박람회나 파리 만국박람회의 모습을 일본에 전달하고 있었던 것을 생각하면 상하이의 역할 전환이 얼마나 짧은 기간 이루어졌는지를 잘 알 수 있다.

흔들리는 아이덴티티

또 조금 전 '조계'와 '현성' 중 어느 쪽에 '가담'해서 상하이에 접근했을까라는 시점에서 기시다의 행동을 보면, 그는 아시아와의 연대를 주창하면서도 분명히 '조계', 즉 근대 자본주의의 논리로 상하이와 상대하고 있으며 거기에 그의 '근대인'으로서의 모습이 여실히 살아 움직이고 있다. 그리고 그 모습은 제5회 방문 시에 『조야신문朝野新聞』(메이지 17년 10월 25일)에 상하이발 통신으로 보낸 다음과 같은 소감에도 잘 나타나 있다.

상하이에서 일본인이라고 하면, 일종의 별종(別種)이며 전(全) 세계 사람들로부터 손가락질을 받고 웃음거리가 되어도 무리는 아니다. 영사관의 관원과 한, 두명의 회사원을 제외하고는 모두 양복을 입지 않고, 무명의 짧은 홑옷에 허리띠를 매고 빡빡머리에 오모리(大森)⁸제품의 밀짚모자를 쓰고 맨발에 나막신을 신고, 강동거리며 홍커우 일대를 돌아다니는 모습은 우리 일본인이 호의적인 눈으로 보아도 우리 동포라는 것이 정말로 부끄럽고, 그것보다 포르투갈인과 인도인이 의복도 잘 입고 있고 체격도 멋져 보인다.

일본을 '이탈'하면서도 일본적인 '겉모습'을 포기하지 않는 일본인을 비판한 문장인데 이것을 기술한 기시다의 아이덴티티도 매우 흔들리고 있다. 즉 한편으로 그는 그러한 '가짜 이탈자'를 비난하면서도 다른 한편으로 또 '동포'로서 부끄럽게 느끼는 것에서 바로 그 자신이 '이탈'하면서도 결코 아직 완전히 '이탈'하지 못하는 갈라진 입장을 떠올릴 수 있다.

물론 그의 이러한 '동요'를 지적하는 것은 다소 과할지 모르겠으나 '상하이'라는 '크리올'적인 장소에서 처음으로 이러한 체험을 할 수 있다는 것을 생각해 본다면 그것 역시 얘기할 의미는 있을 것이다.

아시아와의 연대라는 '대사업'

기시다 긴코가 '꿈'을 쫓아 중국에서 자신의 사업을 서서히 확대하고 있었던 메이지 10년대, 그와는 방향이 약간 다르나 그 외에도 2명의 일

---

8   홋카이도에 있는 지명.

본인이 상하이를 거점으로 각각 자신들의 '로망'을 추구하고 있었다. 한 명은 해군대위 소네 도시도라曾根俊虎이며, 또 한 명은 한학자漢學者인 오카 지다데岡千仞(로쿠몬鹿門)이다.

소네는 구舊 요네자와번米沢藩9 출신으로 막부 말기 에도에서 영어 관련 학문을 수학한 후 메이지 4년 해군에 들어간 인물이다. 그는 메이지 7년 군수품조달을 위하여 1년 이상이나 상하이 출장을 명받았는데 이것을 시작으로 이후 첩보와 군수품조달을 위하여 6회나 중국으로 출장을 갔으며, 출장이 길 때는 2년 가까이 상하이에 체류했다.

소네가 한 사람의 군인으로서 상하이에서 어떤 '꿈'을 꾸고 있었는가는 유감스럽게도 현재 그가 남긴 2권의 중국여행기『북지나기행北支那紀行』(발행자 미상, 메이지 8년), 『청국만유지淸國漫遊誌』(적문사績文舍, 메이지 16년(1883))에서는 그동안의 일이 아무것도 기술되어 있지 않아서 거의 확인할 수가 없다.

다만 이 시기를 전후로 그는 흥아興亞의 지사양성志士養成을 목적으로 하는 '진아사振亞社'(메이지 10년), 아시아와의 연대를 목적으로 하는 '흥아회興亞會'(메이지 13년) 창립에 분주한 것은 사실이었고, 이런 행동으로부터 대략 그 '꿈'의 내용을 추측할 수 있다.

더욱이 그는 메이지 19년(1886) 당시의 총리대신인 이토 히로부미伊藤博文에게 '진정서'를 제출하는데 그 안에서 그는 열강에 의한 '약육강식'의 현실을 지적하고 그것에 대항하기 위하여 중국을 비롯한 아시아와의 연대에 관한 '대사업'에 스스로 한평생을 모두 바치려는 결심을 밝

---

9 에도 시대, 데와노구니(出羽國. 현재의 야마가타현(山形縣)) 요네자와(米澤) 지방을 영유한 번.

히고 있다. 이것은 그가 상하이 등에서 본 '조계'가 '현성'에 대하여 가하는 압박으로부터 촉발된 것으로도 생각되는데 물론 그것은 어디까지나 추측에 불과하다. 다만 '대륙공작'의 선봉이면서 늘 대륙과의 '연대'를 추구하는 그의 정신구조에 오랜 세월의 상하이체험이 전혀 의미를 갖지 못했다는 것은 도저히 있을 수 없는 일이다.

아편중독과 과거-오카岡의 중국 비판

소네와는 입장이 약간 다르지만 중국 특히, 상하이 체험을 통해 '흥아'의 결의를 다진 것은 오카도 마찬가지이다. 오카는 센다이번仙臺藩 출신으로 젊을 때는 에도 쇼헤이코昌平黌[10]에서 공부했으며, 메이지유신 이후에는 한때 수사관修史館[11]에서도 근무했는데 주로 사설 학원을 주재主宰했다.

그는 왕년에 왕타오王韜의 방일 중에 친하게 되어 메이지 17년(1884) 중반에 왕타오를 만날 목적으로 상하이로 넘어갔다. 그러나 여기서 그는 갑자기 상하이의 일그러진 '번영'에 당황해 했다. 이러한 현실에 너무 놀란 그는 이후 아편중독과 또 하나의 중국 지식인의 중독 — 과거시험을 함께 비판하고, 이 2가지를 중국의 병폐로 간주했다.

게다가 본인이 저술한 여행기 『관광기유觀光紀遊』에 의하면, 이후 오카는 주로 상하이를 거점으로 북은 베이징, 남은 광저우까지 발을 넓혀 리홍장을 비롯한 많은 사람들에게 '아편중독과 6경 중독六經毒'에 대한

---

10 에도 막부의 학교.
11 메이지 10년, 태정관(太政官 : 일본의 율령제에서 사법·행정·입법을 맡는 최고국가기관)에 설치된 국사편찬소.

비판과 '천하의 원기를 불러내게 하는 흥아'의 방책에 관하여 열변을 토했다고 한다. 일본에서는 재야의 비판자로서 자인하고 있었던 그를 여기까지 분발하게 만든 것은 역시 중국, 특히 상하이의 '혼돈'에 기인한다고 보는 것은 과연 잘못된 견해일까?

한 번밖에 중국을 방문한 적이 없었던 그는 역시 여기서 일종의 '자기실현'을 꿈꾸었음에 틀림없다.

동경과 경멸의 교차

그런데 오카가 상하이를 방문한 메이지 17년, 사실은 또 한 명의 재야 활동가도 상하이에 건너가 있었다. 나중에 도쿄시장까지 역임한 오자키 유키오尾崎行雄이다. 당시 오자키는 우편보지신문郵便報知新聞의 논설기자로 마침 그 해 발발한 청불전쟁을 취재하기 위하여 신문사에서 특파원으로 파견되어 온 것이다. 그는 상하이에 도착하자마자 그 사명을 수행하기 위하여 일련의 '상하이특보', '특별통신'을 『우편보지』에 연재하기 시작했는데, 전쟁상황이 진전되지 않은 탓인지 이후 그에게는 조금의 취재 여유가 생긴 것 같아서 위의 '특별통신'과 병행해 상하이를 관찰하는 일록日錄「유청기략遊淸記略」(후에 '유청기遊淸記'로 제목변경)을 같은 지면에 게재하기 시작했다.

이 기록은 기시다 긴코 이후의 기록으로서, 비교적 상세한 관찰에 기초해 기록하고 있으며 앞에서 말한 소네나 오카가 그다지 자세한 상하이 기록을 남겨주지 않았던 것에 반해 이 시기의 상하이 모습을 전하는 자료로서 매우 귀중한 것이라고 할 수 있다. 게다가 긴코의 「우쑹일기吳淞日記」가 마지막까지 한권의 단행본으로 출판되지 않아서 이 신문에 게재된 「유청기략」은 바로 메이지 전반기에 일본인에 의해 정리된 유일한 상하이 안내이며, 이것은 메이지 11년에 출판된 『상하이 번창기』(거위안쉬, 『호유잡기』의 번역판)와 더불어 아마 이 시기 일본인의 상하이 인식에 큰 영향을 끼쳤다고 생각한다.

오자키가 '유청기략에서 전한 상하이는 바로 지금까지 우리들이 확인해 온 2개의 상하이의 각각의 '얼굴'이다. 여기서 그는 무비판적으로 '조계'의 번화함을 칭송하는 한편, '현성'에 대해서는 거의 일고의 가치도 없는 듯이 그 '조악粗惡'함을 비판한다. 시험 삼아 그 양쪽을 나열해 인용해 보겠다.

지류인 황푸(黃浦)로 흘러 들어가는 곳에 나무다리가 있는데 이것을 대교(大橋)라고 한다. 대교의 서쪽 끝 황푸를 따라 공원이 있는데 이것을 원명원(圓明園)이라고 한다. (…중략…) 이 대교에서 포인트 호텔에 이르는 정확히 4마일 되는 거리 양쪽에 버드나무를 심은 평탄한 큰길은 우리(일본의) 도카이도 나카센도(東海道 中仙道)의 울퉁불퉁하여 잘 정리되지 않은 길과는 비교할 수 없다. 그리고 다른 대도시에 이르는 관도가 아니며 그 길이는 겨우 4마일에 불과하다. 외국인의 산책용으로도 사용하기 위해 특별히 도대(道臺)에게 부탁하여 축조한 것이다. (…중략…) 공원에는 매일 밤, 마닐라의 악대를 초대해 연주하게 하고 교외에는 산책용 큰 길을 만든다. 청(淸)이 유럽 상인으로부터 얻는 것은 많다고 생각한다.

성문을 지나자 길이 좁고 복잡해 가로 6~7척(尺)에 불과하며, 크고 작은 돌로 길이 덮여 있다고 하나 오물과 쓰레기가 도로 위에 어지럽혀져 있어 조금 방심하면 금방 옷이 더러워질 가능성이 있으며, 게다가 양편의 상점은 모두 여러 개의 간판을 매달아 우리의 약방과 같이 그 크기는 아주 어지럽고 다양해 원래 좁은 길이 더욱 좁게 느껴졌다. 또 악취가 심한 것이 소문과는 달리 동행한 사람들은 모두 코를 막는다. 조금 가니까 작은 개울에 다리가 놓여 있는데, 그 개울이 더럽고, 다리가 좁은 것이 우리 도시 사람은 평생 볼 수 없는 곳이다.[8]

이 정도로 분명한 대비도 다시 없을 것이다. 여기에 있는 것은 바로 '청결'과 '넓이'를 기준으로 한 '조계'와 '현성'과의 상하관계이며, 또 이 상황을 만들어낸 '유럽상인'과 '도대道臺'의 권력관계이다. 그리고 이 때 관찰자로서의 오자키는 마치 전자를 '동경하는' 입장과 후자를 '경멸'하는 입장을 스스로 '교차'시키고 있다. 여기에 저절로 '조계'의 '신 주민新住民'으로서 일본인의 입장이 떠올랐다고 할 수 있다. 물론 이것은 나중에 오자키 자신이 청일전쟁 때 취한 중국에 대한 강경한 입장과, '헌정憲政의 신'으로서 제1차 헌정옹호운동 때 취한 자유로운 입장과도 서로 통하는 것으로 생각할 수 있다.

제5장

마도에 빠진 다이쇼^{大正}[1] 작가들

1. 다니자키^{谷崎}와 아쿠타가와^{芥川}

—투어리즘과 다이쇼 작가

'취미'의 발생

제4장에서 19세기 후반 상하이의 경이로운 '번성'과 그 '번성'이 초래한 '혼돈'에 다양한 '꿈'을 맡긴 일본인의 존재를 고찰해 왔다. 그들은 일본국내에서의 신분이나 직업은 물론 상하이 도항의 목적도 각자 많이 달랐지만, 이 '혼돈'에 편승해 내지^{內地}에서는 완수할 수 없는 일종의 '자기실현'을 지향하기 위하여 이 땅에서 활발한 행동을 전개한 점에서는 거의 차이가 없다고 할 수 있다.

그리고 이미 기시다 긴코에 관하여 지적한 것처럼, 그들은 '현성'과

---

1   일본 연호의 하나로 다이쇼천황(大正天皇)의 재위기간인 1912년 7월 30일부터 1926년 12월 25일까지의 기간.

'조계' 사이에서 분명히 '조계' 측의 입장에 서서 그 논리로 '현성'으로 대표되는 다양한 폐해를 비난했다. 이 입장은 예를 들면 중국과의 연대를 주창하고, 만나는 사람에게는 반드시 '흥아興亞'의 의의를 열변하는 그 오카 지다테岡千仞도 예외가 아니었다. 즉 이 시점에서 최연소인 오자키 유키오尾崎行雄를 포함해서 거의 완벽하게 한문 소양을 몸에 지니고 있었던 그들은 그 한문을 성립시키는 '현성' 그 배후에 있는 강남江南의 '수변 마을水鄕'에 대하여 거의 흥미를 보이지 않았을 뿐만 아니라 오히려 부정적이기조차 했다.

이것은 물론 '현성'의 현실 그 자체가 초래한 결과임에는 틀림없지만 급속하게 '근대인'이 된 그들의 정신구조도 어느 정도 영향을 끼치고 있었던 것이다.

하지만 메이지 후반에 들어서자 이러한 '현성'이나 그 배후의 '수변 마을'에 대한 견해에 조금씩 변화가 생겨났다. 물론 이전과 같이 이 땅을 '자기실현'의 장소로서 거기서 또 하나의 '근대'를 추구하려는 사람들도 끊이지 않았지만, 그것뿐만 아니라 지금까지 '무시'당해 온 '현성', 특히 그 배후에 전개되고 있는 전통적인 '수변 마을'에도 관심을 보이고 더욱이 거기에 일종의 '향수'를 느끼는 사람들이 소수지만 나타나기 시작한 것이다.

이러한 현상이 나타난 배경의 하나로는 이미 '근대 국가'의 길을 30년 이상이나 걸어 왔으며, 스스로도 '열강'의 일원이 된 메이지 일본인의 '근대인'으로서의 '여유'를 들 수 있다. 또 하나의 배경으로는 대략 1888년 이후의 도쿄시구東京市區 개정사업 중에서 도쿄의 전통적인 도시경관이 급속히 붕괴된 것도 있을 수 있다. 특히 스미다가와隅田川 동쪽의 고토

지구江東地區 일대에 인쇄와 금속가공, 잡화품 등의 제조공장에 이어 대규모 방적공장이 등장함에 따라 기존의 스미다가와 강변의 '에도 정서'는 거의 사라져 버렸다. 상하이에 온 일부 사람들은 여전히 전통적인 경관을 유지하고 있는 교외의 '수변 마을'에서 예전의 스미다가와의 '환영幻影'을 찾으려 했다고 생각할 수 있다.

그리고 양쪽과 관계 있는 인물로서 예를 들면 나가이 가후永井荷風의 아버지인 규이치로久一郎(호는 가겐禾原)를 들 수 있다.

'수변 마을'을 즐기는 규이치로

규이치로는 오와리번尾張藩 출신으로 메이지 원년 미국에 유학한 후, 메이지정부의 관료가 되어 한때는 문부성 회계과장까지 역임한 사람이다. 1897년(메이지 30) 20여 년간의 관료생활을 그만둔 규이치로는 이토 히로부미 등의 주선으로 일본우편선 상하이 지점장으로 가게 되었다. 그가 이 자리를 차지할 수 있었던 것은 물론 다양한 요인을 생각할 수 있지만, 그 요인 중 하나로 그가 막부 말기의 저명한 한학자 와시즈 기도鷲津毅堂의 제자이며 어엿한 한시인漢詩人인 것이 크게 도움이 되었다고 생각한다.

이미 알고 있듯이 당시 상하이에서는 한시를 적는 것은 소위 중국 관료나 지식인과의 교류를 위한 수단으로 사업전개상 그것이 아무래도 필요했기 때문이다. 이것은 외교관의 경우는 더욱 그렇고, 예를 들면 거의 같은 시기에 상하이영사를 맡은 오다기리 마스노스케小田切万寿之助도 자주 한시를 만들어 『은대유고銀臺遺稿』(1935)라는 한시집漢詩集을 남겼다. 실제로 상하이 재임 중에 규이치로는 많은 중일시인과 교류하며 자신의 교우권交友圈을 넓혔다.

규이치로는 햇수로 4년이나 상하이에 체류했음에도 불구하고 유감스럽게도 그의 활동을 기록한 자세한 사료史料가 남아 있지 않다. 다만 그가 죽은 후, 가후荷風에 의해 본인의 한시집 『내청각집來靑閣集』 10권(1913)이 편찬되어 여기서 그의 상하이 체험을 얼마간 엿볼 수가 있다.

조금 전에도 언급했듯이 규이치로는 상하이에서 늘 2개의 얼굴을 보였다. 하나는 일본우편선 지점장이라는 메이지 일본 자본주의의 해외 진출 첨병으로서의 얼굴과, 또 하나는 기녀와 노닥거리면서 전통적인 강남 수변 마을을 즐기는 한시인으로서의 얼굴이다. 전자의 일면은 다음과 같은 '한시'에 의해 엿볼 수 있다.

> 상하이 아파트 벽에 제목을 적는다.
> (…중략…)
> 다리 그림자는 홍커우강 높이 걸쳐 있다.
> 피리 소리가 그윽히 들려오며 푸둥의 연기가 아득히 멀리 보인다.
> 술잔을 들어(연회의 모습) 한 번 웃으면 천지(세상)는 작아진다.
> (관)문에는 러시아, 영국, 미국의 배들이 묵고 있다.

이것은 마침 번드를 마주보고 있는 일본우편선 건물에서 그 눈앞에서 전개되고 있는 풍경을 읊은 것으로 여기에는 한 치의 망설임도 없이 러시아와 영국, 미국과 어깨를 나란히 하기 시작한 일본의 '국력', 또 그것에 의해 유지되어 온 규이치로의 '근대인'으로서의 여유를 읽을 수가 있다. 그리고 바로 이러한 '여유'를 갖고 있기 때문에 그는 또 다음과 같은 행동을 취할 수가 있었을 것이다.

절경에 보금자리 마련했으니 이리저리 마실 다녀 보아야지,

서로 약속하여 목란으로 만든 배에 올라 두둥실 떠나 보니

그대에게 감사하노라 정(情)이 물보다 깊음을.

오(吳) 지역 아가씨를 태우고 호구(虎丘 : 쑤저우에 있는 지명)로 나아가리.

화방畵舫이란 중국에서 옛날부터 내려온 지붕이 있는 유람선으로 다양한 장식이 되어 있으며, 특히 기녀를 불러 연회를 열 때 사용하는 것이다. 이 시에서도 알 수 있듯이 규이치로는 소위 전통적인 '문인'을 흉내내어 화방에 오吳(쑤저우)의 '딸'을 태워 친구와 함께 상하이의 '뒷 정원'이라고도 할 수 있는 쑤저우의 호구虎邱로 향하고 있다.

그가 이른바 근대적인 '도로'가 아니라 굳이 전통적인 '수로'를 선택한 것은 어쩌면 이 시기에 일본인의 '상하이'에 대한 어프로치 방법이 이미 변화를 보이고, 거기에는 기존의 '꿈'에 더하여 하나의 새로운 '즐길' 장소로서도 성립되기 시작한 것을 의미하고 있다.

게다가 이 메이지 30년 9월 약관 17세의 나가이 가후는 오자키 유키오들과 달리 거의 아무런 저항도 없이 '현성'에 들어가 그 '복잡함'(『상하이기행』, 1898)을 즐기고 있다. 또 가후 부자父子보다 21년 늦은 1918년(다이쇼 7)에 새롭게 성립한 투어리즘에 편승해 도래한 다니자키 준이치로谷崎潤一郎도 마찬가지로 '화방'을 타고 전통적인 '수로'를 통해 상하이를 포함한 강남 일대의 여행을 꾀하였다.

여기서 바로 이 다니자키의 '강남 체험'을 소개하고자 하는데, 그 전에 역시 그의 이번 외유를 가능하게 한 중일의 근대 투어리즘 성립을 조금 되돌아볼 필요가 있을 것이다. 왜냐하면 이 투어리즘이야말로 상하

이 내지는 중국 그 외의 도시에서 일본인의 체험 변화와 깊이 관련되어 있기 때문이다.

일본의 투어리즘 성립과 중국

기존 일본의 투어리즘 성립을 말할 때, 귀빈회貴賓會, Welcome Society (1893)나 그 후속기구라고도 할 수 있는 Japan Tourist Bureau(JTB), 혹은 일본국유철도(국철JR)의 역할이 자주 거론된다.

그러나 사실은 또 하나 잊혀진 '주역'이 있다. 러일전쟁의 '전리품'으로서 러시아로부터 권익을 이어받은 남만주철도주식회사(만철滿鐵)이다. 이것은 1908년(메이지 41) 5월, 처음으로 일본과 외국(러시아) 사이 여객화물의 연락운수 교섭에 적극적으로 나선 사람은 다름 아닌 만철 초대총재인 고토 신페이後藤新平였다. 또 1910년 7월, 브뤼셀Brussels에서 열린 시베리아경유 국제연락운수 제5회 회의에 참가해 국철과 함께 유럽으로의 연락운수를 희망한 것도 만철이었다. 그리고 그 다음 해 11월, 2년에 걸친 중조국경中朝國境의 압록강 가교공사가 마침내 준공되어, 기존의 조선반도 종단철도인 조선철도와 만철이 직접 연결됨으로써 소위 조선·만주 루트의 일본과 유럽 사이의 국제연락운수가 처음으로 실현되었다.

또한 마침 이러한 조선·만주경유의 국제연락운수가 가능하게 된 5개월 뒤인 1912년 3월, 철도원鐵道院을 중심으로 한 일본우편선, 동양기선, 만철 등의 공동출자로 앞서 설명한 JTB가 설립되었다. 또 그로부터 1년 후에 이미 제6회 국제연락운수회의(런던, 1911년)에서 설치가 결정된 만철경유 세계일주 주유권周遊券[2]과 동반구東半球주유권인 '신바시新橋

에서 런던행' 표도 이 JTB에서 발매된 것이다(하라다 가쓰마사^{原田勝正}, 『만철^{滿鐵}』, 암파^{岩波}서점, 1981).

"조선으로! / 만주로! / 지나(중국)로!"

이와 같이 설립 당시의 JTB는 마침 19세기 후반부터 유럽에서 계속되고 있었던 세계일주 여행 붐을 타고서 일본에 온 외국인관광객을 알선하고 있었다. 그리고 이들 관광객의 요구에 부응하기 위해서인지 처음부터 해외, 특히 '만한^{滿韓}'이나 중국과의 연락을 중요하게 생각했다.

만철이나 JTB로 대표되는 일본 투어리즘 초창기의 이와 같은 방침은 그 후 다이쇼 중반 들어 일본인 관광객이 늘어나고 더욱이 1924년(다이쇼 13), 일본의 여행문화 향상을 사업 목적으로 하는 문화운동단체 — 일본여행문화협회가 설립된 후에도 거의 그대로 이어졌다.

예를 들면 일본여행문화협회 설립과 동시에 창간된 그 기관지^{機關誌}라고도 할 수 있는 여행전문잡지 『여행^旅』의 창간호에서 그 협회설립 취지를 설명하는데 '내지^{內地}'(본국)와 더불어 '조선, 만주와 내몽고, 지나(중국) 등에서의 인정, 풍습 소개'도 그 활동목적의 하나로 꼽고 있다. 또 같은 창간호에 게재되어 있는 만철의 광고에는 "여행시즌이 다가온다 /조선으로! / 만주로! / 지나(중국)로!"라는 매우 직설적인 선전문구가 인쇄되어 있다.

이러한 것들은 즉 한결같이 '만한'이나 중국이 일본 투어리즘 성립과정에서 시종 '내지'에 뒤떨어지지 않는 형태로 포함되어 있었던 사실을

---

2   JR이 발행한 할인승차권의 하나로, 일정구간의 왕복에 더해 정해진 기간 내의 일정 구역이면 자유롭게 승하차가 가능하다. 주유할인승차권이라고도 한다.

나타내고 있다.

게다가 시대는 약간 바뀌었지만 이 책의 첫머리에서 언급한 다니 조지谷讓次는 1928년(쇼와昭和3 3), '만주' 특히 하얼빈을 방문해 거기서 '관광'을 끝낸 후 시베리아철도로 유럽을 향하였다. 또 2년 후 신진 여류작가 하야시 후미코林芙美子도 만철의 배려로 다롄大連에서 하얼빈, 그리고 상하이까지 '산책'(『삼등여행기三等旅行記』, 1933)하고, 또 그 다음해 한 번 더 사변혼란의 한복판에 서 있는 '만주'를 지나 똑같이 시베리아철도로 유럽으로 향했다.

그러나 다니 조지나 하야시 후미코의 이러한 개인여행자의 알선은 어디까지나 '만주'나 중국에서 일본 투어리즘 사업내용의 일부에 지나지 않았다.

이것과 마찬가지로 아니 경우에 따라서는 이것을 훨씬 상회하는 비중으로 일본의 중고생 단체여행, 즉 수학여행도 많이 다루었다. 일본 중고생의 '만한지滿韓支4로의 수학여행이 본격적으로 시행되기 시작한 것은 대략 1906년(메이지 39)경부터인 것 같다. 이 해에 우선 문부성과 육군성의 공동주체로 전국에서 선발된 중학생을 5개 반으로 나누어, 러일전쟁의 흔적을 둘러보는 '중학교합동만주여행'이 실시되었고, 이후 이것을 모방한 형태로 말하자면 '전장여행戰場旅行'이 급속히 전국으로 확대되었다고 한다(구보 나오유키久保尚之, 『만주의 탄생』, 마루젠丸善 라이브러리, 1996).

---

3 일본 연호의 하나로 쇼와천황(昭和天皇)의 재위기간인 1926년 12월 25일부터 1989년 1월 7일까지.
4 만주와 한국(조선)과 중국.

이와 같이 점점 확대되어 가는 '만한지 수학여행' 붐은 쇼와 원년에 피크를 맞이하였다고 하는데, 사실은 이 시기 전후가 되면서 마치 이러한 '수학여행'에 얽인 형태로 일반사회인도 '만한지'로의 단체여행에 나서기 시작한다. 예를 들면 JTB보다도 빨리 창업되고 당시 민간업자로서는 최대 규모를 자랑하고 있었던 '일본여행회'(나중에 주식회사 일본여행)는 1927년(쇼와 2)에 처음으로 조선만주투어 단체여행을 주최하고 이후 대략 연 1회의 페이스로 전시 중戰時中일 때까지 이것을 실시했다.

그런데 이러한 '만한지'로의 작가의 개인여행이나 중고생의 수학여행, 혹은 일반인의 단체여행이 활발하게 이루어진 배경으로 물론 JTB와 같은 여행사의 활약이 우선 지적되지만, 또 하나 잊어서는 안 될 것은 역시 이 시기의 한중일 3국의 '교통'의 발달이다. 이에 관해서는 자세히 언급할 여유가 없어서 여기서는 간략하게 당시 상하이로 가는 연락선을 소개한다.

일본우편선에 의한 상하이항로는 메이지 시대부터 이미 요코하마-상하이, 고베-상하이 간의 정기항로가 있었다. 1923년(다이쇼 12), 또 3번째인 나가사키-상하이의 정기항로가 신설되었는데, 이 두 지역을 연결하는 최대 속력 21노트의 쾌속 연락 여객선, 상하이마루上海丸와 나가사키마루長崎丸의 등장으로 중일 간이 불과 26시간 만에 연결되고, 그것이 일본인의 대륙체험에 많은 영향을 주었다고 생각한다. 물론 이제부터 우리들이 거론하게 될 많은 작가들도 대개 이 자매선을 타고 상하이로 도항해 각각 길든 짧든 이 땅을 '관광'했던 것이다.

그림 20세기 초의 상하이역. 여기서부터 중국 내륙부로 향한다.

중국 투어리즘의 성립

그런데 일본의 투어리즘보다 조금 뒤처지지만 이 시기가 되자 중국 측의 여행자 수용태세도 서서히 정비되어 갔다. 예를 들면 중국 남북의 대동맥인 징한京漢(베이징-우한武漢)철도가 이미 1906년에 개통되어 있고, 또 상하이와 난징을 잇는 후닝철도滬寧鐵道도 1908년에 완성되었다. 그 후 동북부와 베이징을 연결하는 징펑철도京奉鐵道(베이징·선양瀋陽 사이), 톈진天津·난징 사이의 진푸철도津浦鐵道가 같은 1911년에 개통되었다.

숙박시설 면에서는 구미歐美계 호텔은 물론, 소위 중국식, 일본식 여관도 전국 각지에서 셀 수 없이 개업했다. 상하이를 예로 들면 일본인에게 자주 이용되는 애스터 하우스Astor House나 팔래스 호텔(중국명 회중반점匯中飯店), 일품향一品香 여관 등은 이용객의 급증에 부응하여 1910년 전후로 연이어 개축, 혹은 신축된 것이다.

그리고 여행사에 대하여 말하면 20세기 초, 조계에서 이미 세계 3대 여행사, 즉 토머스 쿡(통제융通濟隆), 만국침대차萬國寢臺車(철도와차공사鐵道臥車公司), 익스프레스(운통運通)가 각각 지점을 개설하고 영업을 시작하였다. JTB는 일본을 포함한 해외고객의 수요에 맞게 다롄大連이나 칭다오靑島, 상하이 등과 같은 도시에 지점과 영업소를 설치하는 한편 각지에서 관광명소 개발에도 힘을 쏟고 있었다.

그리고 이들 외국여행사로부터 자극을 받아 1923년, 소위 민족자본에 의한 중국자체의 여행사도 마침내 탄생했다. 이 회사는 미국의 통운사通運社를 모방해 당초 상하이상업저축은행(상하이은행) 안에 설치되어 먼저 은행소속의 여행부로 출발했는데, 24년에 항저우杭州로 단체여행, 25년에 일본으로 '벚꽃구경觀櫻' 투어를 조직하여 내외의 여행객으로부터 상당히 높은 평가를 받음으로써 1927년 드디어 상하이은행에서 독립해 '중국여행사'라는 사명社名으로 재출발했다.

이 새로운 회사설립에 즈음해서 상하이은행 총재, 중국여행사 탄생의 기원이기도 한 천광푸陳光甫는 회사 경영방침으로 "국위를 선양할 것, 여행객에게 봉사할 것, 명승지를 선전할 것, 숙박환경을 개선할 것, 화물운송에 진력할 것, 문화를 추진할 것" 등의 6개 조항을 제정했다. 이중에서 '국위선양'이나 '명승지 선전' 같은 것은 어딘가에서 일본의 귀빈회貴賓會나 JTB의 당초 설립취지와도 공통되는 점이 있으며, 여기에 묘하게도 중일양국의 관광 '후진국'으로서의 공통된 입장이 동일한 형태로 드러났다고 할 수 있겠다.

덧붙여 중국여행사가 새로운 한 걸음을 떼었을 때, 최초의 여행전문지『여행잡지』를 발행하기 시작했는데, 이 잡지에서 전개된 것은 바로 쇼와 초기의 일본에서 행하여진 새로운 '경관景觀'선정과 동일한 취지의 '디스커버 재팬DISCOVER JAPAN'이 아닌 '디스커버 차이나DISCOVER CHINA' 운동이었다.

예를 들면 항저우(제3권 제7호)나 상하이(제4권 제1호) 등과 같은 대도시 특집을 편성하기도 하고, 황산黃山(제3권 제1호), 공자능孔子陵(제3권 제3호), 동정호洞庭湖(제3권 제6호), 자금성紫禁城(제3권 제2·4호) 등 예전에 쉽게 갈 수 없었던 장소의 소개 기사를 실어 '국위선양', '명승지 선전'을 하고 있다.

물론 중국여행사의 이러한 일련의 '디스커버 차이나' 운동의 전개는 중국인의 국민의식 각성, 혹은 상실된 자존심 회복에 큰 역할을 하였으며, 그것 자체는 크게 평가해야 할 것이다.

다만 이 작업은 분명히 투어리즘이라는 '제도'하에서 이루어지고 있고 여기서의 '경관'의 발견, 혹은 재발견에는 당연히 어떤 종류의 내셔널리즘이 붙게 되며 또 일련의 '고전古典'의 새로운 경관화景觀化, 혹은 그 반대인 '실물'의 새로운 논설화論說化에 의해 우리들의 상상력이 본의 아니게 이 '제도'에 의해 크게 속박된 것도 사실이다.

그렇다면 이 중일의 '제도화'된 투어리즘하에서 중국으로 건너간 일본 작가들이 과연 이러한 사태에 어떻게 대응했는가는 매우 흥미로운 문제라고 할 수 있다. 아래 그들의 '체험'에 따라 각각의 '대응'을 검증해 보기로 하겠다.

'집 한 채를 장만해도 좋아' −다니자키의 상하이

  그런데 수학여행 등에서도 알 수 있듯이 '제도'로서의 투어리즘 성립을 가장 확실하게 나타내는 것으로서 무엇보다 각각의 '여행'의 규정코스를 들 수 있다. 이것은 일본인이 중국, 조선반도로 여행을 갈 경우도 예외가 아니며 대략 다이쇼 중반부터 이른바 대륙여행의 일상적인 코스가 마침내 정착되기 시작한 것이다.

  예를 들면 1919년(다이쇼 8) 9월, 철도원이 기존의 『영문 동아안내서 英文 東亞案內書』(전5권)를 기초로 '만주'와 '조선' 그리고 중국 부분을 재편집하여 일본어판 『조선만주 · 지나안내』[1]를 간행했는데, 정부가 발행한 가장 '권위' 있는 이 안내서에 따르면 당시 철도원으로부터 소위 '일지주유권 日支周遊券'이라는 것이 발매되어 있는데 이 주유권에는 이미 정해진 '2개의 경로'가 지정되어 있다.

  '2개의 경로'란 하나는 관부 關釜(시모노세키 下関 · 부산) 연락항로로 부산을 통해 조선반도로 들어가 이후 서울, 펑톈 奉天, 베이징 · 톈진, 정저우 鄭州, 한커우 漢口(우한 武漢), 상하이 · 항저우, 나가사키 · 고베의 순서이며, 또 하나는 도중 톈진에서 지난 濟南, 난징을 통과해 상하이로 내려오는 코스를 취하고 있다. 코스뿐만 아니다. 이 안내서에는 또 약 2개월의 '주유계획 周遊計劃' 일정까지 제시하며 사전에 구경할 '명승지'를 전부 정해 놓고 있다. 게다가 이 철도원의 안내서에 이어, 후에 민간 레벨에서도 많은 대륙여행 안내서가 간행되는데 대부분은 위에서 언급한 일상적인 코스의 변형에 불과하다.

  그리고 새로이 움직이기 시작한 이 대륙여행체제에 편승해 재빨리 중국으로 건너온 사람이 다름 아닌 앞서 말한 다니자키 준이치로 谷崎潤

다니자키 준이치로

一郎이다. 1918년(다이쇼 7) 10월, 다니자키는 같은 철도원 발행의 '가이드북'을 손에 들고 홀로 조선 반도를 경유해 약 2개월에 걸쳐 중국 각지를 여행했다.

그가 다녀간 여행코스는 마침 철도원 안내서의 '2개의 경로' 중 전자로서 일정도 대략 '주유계획'대로였다. 그러한 의미에서 다니자키는 정말로 '제도'로서의 투어리즘에 맞는 형태로 도항한 것이 되는데 후술하듯이 그는 교묘하게도 그것을 돌파해 스스로의 대륙경관을 '발견'한 것이다.

이 중국여행에서 다니자키가 가장 감명을 받은 것은 아마 난징, 쑤저우, 혹은 상하이와 같은 남쪽 도시인 것 같다. 귀국 후 그는 재빨리 난징과 쑤저우, 항저우에 대한 기행문을 써서 그 감동을 전하고 있는데 유감스럽게도 여기서 문제시 삼고 있는 상하이에 관해서는 끝끝내 정리된 문장을 남기지 않았다.

하지만 후술하듯이 이들 기행문은 그의 상하이에 대한 생각과 꽤 공통되는 점이 있으며, 여기서 그것을 거론해가며 고찰하는 것은 결코 메인 테마에서 이탈하는 것은 아니다. 게다가 그의 두 번째 상하이 방문시(1926)에 기술한 『상하이견문록』2)에 의하면, 이 때 "상하이에서 집 한 채를 장만해도 좋겠다"라고 할 정도로 상하이가 마음에 들었던 것이다.

첫 번째 방중訪中 후에 만들어진 중국관련 소설과 기행문, 또 희곡 등

다니자키가 숙박했던 일품향

은 전부 14편이 있는데 직접 그 여행을 소재로 한 것은 5편이며, 그것들 중에 그의 일전의 다양한 행동이나 '발견'이 상세하게 기록되어 있다.

이미 언급했듯이 다니자키는 기존의 투어리즘에 편승하면서도 도중에 전통적인 수로水路를 이용해 '수변 마을'로서의 중국강남에 계속 접근하고 있었다. 예를 들면 그는 우한에서 양쯔강으로 내려와 제일 먼저 주장九江에 도착하는데 여기서 재빨리 친구와 함께 성 밖의 간탕호甘棠湖로 가서 경관을 즐기며 거기에 자연과 인간의 조화된 "고상하고 우아한" (「노산일기盧山日記」, 『중앙공론中央公論』, 다이쇼 10년 9월) 풍경을 발견한다.

'수로'에 대한 집착은 그 다음 난징에서도 나타나 있다. '친후이秦淮5

---

5   중국 장쑤성(江蘇省) 난징에 있는 지명.

의 밤'(『중외中外』, 다이쇼 8년 2월)에 의하면, 그는 낮에 화방畫舫으로 시내를 한 바퀴 돈 후, 밤에는 인력거를 고용해 친후이 강변에 있는 유곽으로 '탐색'을 시작했다. 그 때 그는 밤에도 화방을 탈 수 있는 계절이 아닌 것을 한탄하며 "모처럼 기대하고 있었던 남국南國의 정취도 마음 속 깊이 맛볼 수가 없는" 것을 매우 유감스러워 하고 있었다. 그리고 마치 '손실'을 회복하려는 것처럼, 그는 계속해서 유곽을 찾아가 어떻게든 옛날 중국문인中國文人의 '정취'를 체험하려고 했던 것이다.

난징에 이어 나중에 쑤저우에서도 예를 들면 "나는 천평산天平山의 단풍 따위는 어떻게 되든 상관이 없다. 오히려 도중道中의 운하경치가 목적"(「쑤저우기행」, 『중앙공론』, 다이쇼 8년 2월)이라고 고백하듯이 이 화방에 의한 '수변 마을'로의 어프로치가 여전히 계속되고 있었지만 그 '발양發揚'은 역시 항저우에서의 '체험'이다. 항저우에 대해서 다니자키는 기행문이 아니라 2편의 소설을 남겼는데, 이 2편의 소설 내용은 정말로 '신기한 내용'이라고 부를 수밖에 없으며, 거기에는 이 땅에 대한 작가 특유의 '발견'이 매우 환상적이며 신비적으로 마무리되어 있다.

예를 들면 「서호西湖의 달月」(『개조改造』, 다이쇼 8년 6월)이라는 단편에서 상하이발 항저우행 열차 안에서 어떤 매우 아름다운 중국인 여성을 발견하고 그 후 집요하게 그녀의 '섬세한' 손과 발을 관찰하면서 스스로의 '꿈'을 키워가는 주인공인 '자기 자신'이 묘사되어 있다.

물론 이 정도의 것이라면 기존의 작품에도 있을 것이다. 하지만 문제는 그 후의 일이다. 항저우에 도착한 후 생각지도 않게 그녀와 같은 호텔에 머물게 된 주인공은 그 다음날 밤 화방을 빌려 타고 한밤중에 서호로 나가는데 그 '공기의 세계'와 '물의 세계'가 구별되지 않는 환상적인 수면에서 '내'가 발견한 것은 예상 외로 그 여성의 익사체溺死體였다. 이 것은 그녀가 결핵으로 고생을 해서 스스로 선택한 죽음인 것을 나중에 알았는데, 그때 그녀의 사체는 결코 그러한 배경을 엿보게 하는 일 없이 오히려 '희게 빛나는', '생생하게 빛나고 있는' 신성한 것으로서 일종의 이색적인 아름다움마저 품어내고 있다.

그리고 이 물 속 여체女體의 아름다움이 또 하나의 작품인 '비로드 veludo(벨벳)의 꿈'(『오사카 아사히신문大阪朝日新聞』, 다이쇼 8년 11월)에서 또 다시 기법을 바꾸어 철저하게 추구되고 있다. 이 소설은 내용적으로는 중국 부호인 원슈칭溫秀卿의 환락적이며 퇴폐적인 생활을 주된 내용으 로 전개하고 있는데, 그러나 한번 읽으면 금방 알 수 있듯이 그 진정한 모티브는 오히려 작자의 '물'과 '여체' 혹은 그 둘의 '관계'에 대한 구애에 있는 것으로 생각된다.

게다가 여기서는 소녀의 '여체'가 매일같이 원슈칭 저택 정원의 연못 에서 헤엄치게 될 뿐만 아니라, 그것을 주시하는 '눈빛'으로서 우선 유 리를 끼운 연못 바닥에 준비되어 그 '여체'가 독살에 의해 '사체死體'가 된 후, 이번에는 연못 근처의 '탑塔'도 준비되어 있다. 더욱이 그 '빛나는 사 체'가 이윽고 연못으로 흘러나와 '서호의 물 위로 유유히 떠올라'가게 되는데, 그것이 도달하는 곳은 바로 달의 여신 ― 항아嫦娥가 사는 세계 와 같이 묘사되어 있는 것이다.

이와 같이 다니자키는 근대 도시로서의 상하이야 말로 직접 거론은 하지 않았지만 '화방'이라는 독자적인 어프로치 수단에 의해 그는 그 배 후에 펼쳐져 있는 광대한 강남 공간을 '발견'하고 또 작가 특유의 방법 으로 '수변 마을'로서의 본질을 표현할 수가 있었다고 생각한다. 이 '수변 마을'로서 환상적인 강남 공간의 '발견'은 그 뒤에 그의 문학적 '상상력'을 풍부하게 했을 뿐만 아니라, '상하이'가 원래 그 '수변 마을'의 일부에 지나지 않았다는 의미에서 우리들의 '상하이'에 관한 상상력도 크게 자극했다고 할 수 있을 것이다. 다니자키를 제외하고서는 일본인의 '상하이체험'을 말할 수 없는 이유이다.

'천한 서양' –상하이를 거부한 아쿠타가와 류노스케芥川竜之介

그런데 똑같은 기존의 투어리즘에 편승하면서도 다니자키와 완전히 정반대의 코스를 걸은 사람이 아쿠타가와 류노스케이다. 아쿠타가와는 1921년 3월에 오사카마이니치신문사의 해외 시찰원으로서 상하이에 파견되어 여기를 출발점으로 약 4개월에 걸쳐 중국 각지를 여행했다.

귀국 후 그는 방문한 도시 순으로 몇 개의 여행기를 집필하고 1925년에 그것들을 『지나유기支那遊記』로 정리해 가이조샤改造社에서 출판했다.

아쿠타가와는 상하이에 약 한 달 반이나 체류했다. 그러나 전반 3주는 흉막염으로 입원해 결국 아무 데도 갈 수 없었다. 그 대신 퇴원 후에 열정적으로 움직여 여러 사람을, 또 여러 장소를 찾아 돌아다녔다. 그러는 동안에 그는 특유의 이지적理知的인 관찰로 상하이의 여러 측면을 파악했다. 시험 삼아 2개의 예를 들어보자.

이 카페는 파리지엥 호텔보다 아주 좋지 못한 것 같다. 분홍색으로 칠한 벽 쪽에는 가르마를 탄 중국소년이 커다란 피아노를 치고 있다. 그리고 카페 한복판에는 영국해군 3, 4명이 얼굴에 짙은 화장을 한 여자를 상대로 구접스러운 춤을 계속 추고 있다. 마지막으로 입구 유리문 쪽에는 장미꽃을 파는 중국 할머니가 나에게 필요 없는 것을 사게 한 후, 멍하니 춤추는 것을 보고 있다. 나는 뭔가 그림이 들어가 있는 신문의 삽화라도 보는 듯한 기분이 들었다. 그림의 제목은 물론 '상하이'이다.[3]

중국 옷을 입은 아쿠타가와 류노스케

또 원래의 장소로 되돌아오자 한 사람의 중국인이 유유히 연못에 소변을 보고 있었다. 천수판(陳樹藩)[6]이 반기를 들든, 백화시(白話詩)[7]의 유행이 사그라지든, 영일동맹(英日續盟)이 맺어지든, 그러한 것은 이 남자에게는 전혀 문제가 되지 않았다. 적어도 이 남자의 태도나 얼굴에는 그렇다고밖에 생각이 되지 않는 한가로움이 있었다. 흐린 하늘에 우뚝 솟은 중국풍의 정자와 병들어 보이는 녹색을 펼쳐놓은 연못과 그 연못으로 비스듬히 들어가는 힘찬 한 줄기 소변과 — 이것은 우울을 사랑해야 할 풍경화뿐만 아니다. 동시에 또 우리 늙은 대국의 신랄함을 두려워해야 할 상징이다.[4]

정말로 아쿠타가와다운 스케치이다. 여기서는 반식민지로서의 상하이의 모든 성격과 그 배후에 있는 중국의 구원할 수 없는 허무주의가 역력히 드러나 있다. 하지만 유감스럽게도 아쿠타가와는 더 이상 이러한 관찰을 계속하며 그 속까지 파고드는 일은 없었다.

그는 반식민지인 상하이의 '혼돈'에 매우 당혹해 하고, 스스로 꿈을

---

6 청말 민국(淸末民國)의 군인. 베이징정부, 안휘파(安徽派)에 소속.
7 백화란 중국어로 꾸밈이 없는 말의 의미로, 꾸밈이 있는 말이었던 문어에 대한 구어를 나타낸다.

꾼 '시문詩文에 있을 것 같은 중국'으로 '외설적이며 잔혹하며 걸신이 들린 소설에 있을 것 같은 중국'을 엄격하게 재단裁斷했다.

그 결과 그는 상하이를 '어울리지 않는' 서양, '천한 서양'으로 간주하였고 그 '근대성'에 심한 혐오감을 나타냈다. 그리고 이러한 상하이에 대한 거부반응은 결국 예를 들면 장빙린章炳麟이나 정샤오쉬鄭孝胥 일행과 같은 중국정치가와의 진정한 대화를 집어치우고, 모처럼 몸에 익힌 감각을 살리지도 않고 나중에 정말 좋아하게 된 베이징으로 여행을 떠나버렸다.

상하이를 출발한 아쿠타가와는 북쪽으로 가면서 가는 곳마다 화방을 타는 등 의도적으로 '수로'를 이용해 수변 마을로서 강남을 즐겼다. 그러나 쑤저우와 양저우揚州 등 몇 군데의 예외를 제외하면 아쿠타가와는 의외로 이들 '수변 마을'을 완전히 부정했다. 예를 들면 날짜는 다소 앞뒤가 바뀌지만 그는 다니자키의 다양한 환상을 불러일으킨 항저우의 시후西湖를 단순히 '진흙탕 연못'으로 간주하고, 난징에서는 친후이강을 '평범한 개천'으로 평가절하하고 또 전술한 둥팅호洞庭湖에 관해서도 "여름 이외에는 단지 밭 안에 하천이 한줄기 있을 따름"이라고 혹평을 했다.

즉 그는 이러한 강남의 '물'에서 결코 다니자키와 같이 '환상'을 찾아내거나 또 후술하는 가네코金子처럼 거기서 퇴폐적인 '미'를 이끌어내지 않고 정말로 '소설가'답게 그 수변 마을의 '현실'을 직시하고 있다. 그리고 이 '소설가'적인 일면이 그로 하여금 같은 '수변 마을'에 있었으면서도 다니자키와 완전히 다른 형태의 여성을 '발견'하게 한 것이다.

예를 들면 그가 만년에 발표한 「후난湖南의 부채扇」(『중앙공론』, 1926.1)라는 단편소설 속에서 혁명가의 출생지인 후난을 무대로 단죄斷罪된 비적

匪賊의 두목을 사랑하는 두 명의 '기생'을 묘사하고 있는데, 한 명은 남자의 죽음에 대하여 몸을 부들부들 떨면서도 가만히 꾹 참고 있는 데 반하여, 또 한 명은 자신의 사랑을 확인하는 듯이 태연히 남자 목의 피가 스며든 비스킷을 먹은 것으로 되어 있다. 그리고 이 '작은 사건'이야말로 "정열에 불탄 후난 사람들의 진면목을 나타낸" 것이라고 모두冒頭에서 일부러 언급해 두었는데, 이 여자 주인공으로 대표되는 후난의 '지기 싫어하는 성질이 강한' 지역색이 어딘가 상하이 등에서 보았던 그 반식민지적인 '칠칠치 못한' 혼돈과는 너무 비교되는 것 같은 생각이 든다.

즉 '서양'이든 '중국'이든 아쿠타가와는 어디까지나 그 '독자'성을 추구하고 있으며 거기에 어떤 '융합'은 결국 일종의 '상황에 맞지 않는'것으로밖에 간주되지 않는다. 그러한 의미에서 그가 후난과 베이징을 칭찬한 것은 바로 그 '토착성土着性'에서 유래되었고, 반대로 상하이를 비판한 것은 요컨대 그 비'균일적'인 근대 공간에 대한 거부인 것이다. 마지막까지 '근대인'으로 지내온 그다운 선택이라고 할 수 있다.

2. 문화의 월경자越境者들
— 이노우에 고바이井上紅梅에서 무라마쓰 쇼후村松梢風까지

'5대도락道樂' — 이노우에 고바이가 본 상하이

상하이의 풍속에 일찍부터 눈을 떠 그것을 오랜 세월에 걸쳐 일본에 소개하던 소위 '중국통 작가'에는 이노우에 고바이(본명, 스스무進)라는 사람이 있었다. 지금으로서는 그의 정확한 출생과 사망연도도 알 수 없

상하이의 풍속을 묘사한 이노우에 고바이

으나 1920∼1930년대는 한때 저널리즘의 총아이기도 했다. 일설에 따르면 그는 대략 다이쇼 초기에 스스로의 방탕함과 요리점 경영 실패로 신세를 망치고 상하이로 건너왔다고 한다.[5]

상하이에서 처음에 어떤 직업을 갖고 생계를 유지하고 있었는가는 명확하지 않으나 1918년 중일 각계의 명사名士, 예를 들면 사하라 도쿠스케佐原篤介(『상하이주보週報』 사장), 위구민余穀民(『상하이신주일보神州日報』 사장), 오우요우요 세이欧陽豫倩(극작가), 장춘판張春帆(소설가), 이시이 하쿠테石井柏亭(서양화가), 기노시타 모쿠타로木下杢太郞(시인) 등 40명에 이르는 후원자를 확보하였으며, 정기 간행하는 개인 잡지 『지나풍속支那風俗』을 출간했다.

이 잡지를 무대로 이후 3년간에 걸쳐 고바이는 주로 소위 '중국의 5대 도락─요리, 술, 여자, 도박, 연극'에 관하여 정력적으로 소개하고 있었는데, 이 단계에서부터 이미 저널리스트로서의 일면을 보여주기 시작했다. 여기에 『지나풍속』에서 상하이의 새로운 풍속에 관한 문장을 하나 예를 들어 본다. 제목은 '여학생 사냥'이다.[6]

교교여학생嬌嬌女學生(매우 아름다운 여학생), 금사변안경金絲邊眼鏡(금테 안경) ─ 이것은 여학생 사냥의 노래이다. 이것은 매우 참신한 장사이다. 그들은 대개 타락한 남학생으로 이른바 유객꾼(손님을 끌어들이는 사람), 탐염단(探艷團)의 별동대이다. 그리고 이런 저런 수법을 바꾸어 가면서 여학생에게 접근한다. 예를 들면 운동회라든가 전람회라든가 일이 있을 때마다 반

드시 여학생들의 가족이 되어 출석한다. 이렇게 해서 평일 오후 3, 4시경 하교 시간을 가늠해 여학교의 교문 앞에서 배회하고 그리고 눈독을 들인 여학생의 뒤를 미행한다. 그들이 나지막하게 부르는 것은 소위 〈여학생의 노래〉이다. 그 악보는 운동회의 노래 〈어린 풀들은 파란색, 운동장은 평평하다[浅草色児青, 操場地児平]〉에서 갖고 온 것이며, 그 운동회 악보는 일본의 'あなうれし, よろこばし(아―기쁘다, 즐겁다)'에서 갖고 온 것이다.

말하자면 '5대 도락' 중에서 고바이는 특히 '여자' 즉 성 풍속에 관하여 많은 관심을 가지고 있었다. 그는 당시 가장 유행하고 있었던 화류소설 『구미구九尾龜』(장춘판)를 번역하고, 잡지『지나풍속』을 단행본『지나풍속』(상중하 3권, 상하이일본당上海日本堂, 1921)에 다시 정리할 때 그것을 '표계지남嫖界指南'이라고 제목을 붙여 수록하는 것을 잊지 않았다. 또 뒤에 중국문학사에서 유명한 '음서淫書'인『금병매金瓶梅』도 번역했는데, 이것은 일본 국내에서 발매금지를 당했다고 한다. 원래 방탕한 것을 좋아했던 면도 부정할 수 없으나 당시 상하이 화류계의 번성도 영향을 미쳤을 것이다.

루쉰魯迅의 불쾌감

그런데 1921년 이후 고바이는 어느 틈엔가 상하이를 떠나 난징, 그리고 쑤저우로 주거지를 바꾸었다. 난징에서 그는 "지나풍속 연구에 얼마간의 도움이 될 수도 있다"고 하며, 자녀를 동반한 쑤저우출신의 미망인 비비메이畢碧梅라는 중국인 여성과 한때 동거생활에 들어갔는데 아편상용자인 그녀에게 이끌려 자신도 중독되기 시작해서 어쩔 수 없이 이 여성과 헤어졌다.

난징과 쑤저우에서 고바이의 행동을 전한 것으로는 예를 들면『지나支那에 빠진 사람』(상하이일본당, 1924)이나『술, 아편, 마작』(만리각, 1930) 등이 있는데, 이것들을 보면 여기서도 그는 열정적으로 풍속탐구에 전념하고 있었던 것을 알 수 있다.

하지만 30년대에 들어가자 고바이는 갑자기 크게 바뀐 모습으로 우리들 앞에 나타난다. 활동거점을 다시 상하이로 옮긴 그는 중국신문학의 아버지라고도 일컬어지는 루쉰의 전집을 번역하고 또 장제스蔣介石의 독재정치를 폭로하는 '상하이남의사上海藍衣社8의 테러사건'7)의 르포를 발표했다.

『루쉰 전집魯迅全集』의 번역에 대해서는 저자 본인 역시도 크게 놀랐다. "이노우에 고바이 씨가 저의 작품을 번역한다는 것은 저에게도 의외의 느낌이 듭니다. 이노우에 씨와 나는 길이 다릅니다. 그러나 번역한다고 하니까 뭐 그건 어쩔 수 없습니다"8)라며 루쉰은 확실하게 불쾌감을 나타냈다. 루쉰의 이러한 '개탄'의 배후에는 물론 '풍속저널리스트'로서의 고바이에 대한 편견이 조금 엿보인다.

그러나 만약 루쉰이 이끄는 좌익문학을 30년대의 하나의 '사상풍속'으로 볼 수가 있다면 딱히 고바이가 비난받을 것도 없었을 것이다. 고바이의 입장에서 보면 좌익문학도 백색테러도 똑같이 새로운 시대의 '풍속'이었을지도 모른다. 즉 고바이가 아니라 그를 둘러싼 상하이의 '시대 풍속'이 크게 변모되었던 것이다.

---

8 남이사(藍衣社)는 장제스 직속의 국민정부의 정보·공작기관. 정식명칭은 삼민주의역행사(三民主義力行社), 또는 중화민족부흥사(中華民族復興社)이다.

'말로 표현하기 어려운 감격' – 무라마쓰 쇼후村松梢風

상하이를 '야만도시'라고 매도한 아
쿠타가와의 『지나유기』를 읽고 오히려
그것에 흥미를 갖고 일부러 바다를 건
너온 사람이 있었다. 무라마쓰 쇼후이
다. 『담화매매업자談話売買業者』 등으로
문단에서 인정받고 있었던 그는 1923
년 3월 직접 '변화된 세계'를 한눈에 보
려고 큰 기대를 안고 이 '이상한 도시'
에 왔다.

모던도시 상하이를 즐긴 무라마쓰 쇼후

첫 번째 방문에서 쇼후는 약 2개월 반
정도 체류했다. 그동안에 그는 실로 '다양한 것을 경험'하고 스스로 '마
도魔都'라고 명명한 '모던' 도시를 마음껏 즐겼다. 그때의 다양한 체험을
기술한 기록은 『마도』(고니시서점小西書店, 1924)라는 소위 '상하이다운
것' 중에서도 가장 유명한 책이지만, 거기에는 상하이라는 마도의 어두
운 부분과 저자의 '방탕한 모습'이 꽤 상세히 또 여실히 묘사되어 있다.

예를 들면 상하이 최대 환락가인 스마로四馬路에 있는 찻집 청연각青蓮
閣을 방문했을 때의 모습은 다음과 같다.

어느 날 저녁 친구와 둘이 찻집에 들어가 봤다. 과거와 마찬가지로 사람
들이 서로 밀면서 오르락내리락 하고 있다. 계단을 올라가 얼마 되지 않아
곧 우리 둘은 갑자기 닭(매춘부)에게 붙잡혔다. 여기저기 기둥이 서 있는
넓고 넓은 2층에는 몇천 명인지도 모를 손님이 들어가 있었다. 테이블에 앉

아 차를 마시고 있는 사람, 난간을 붙잡고 오가는 사람을 내려다보는 사람, 매춘부에게 농담을 걸면서 걷고 있는 사람. 그 안을 무수한 닭들(매춘부들)이 우왕좌왕하고 있다. 손님에게 찰싹 붙어 있는 사람, 서로 농을 주고받고 있는 사람, 함께 테이블에 앉아서 차를 마시면서 이야기하고 있는 사람. 담배연기는 자욱이 소용돌이쳐서 전등 빛을 흐리게 하고 있다. 그 혼잡함, 소란스러움에 나는 어안이 벙벙했는데 이윽고 정신을 차려 자신들을 붙잡고 있는 닭(매춘부)의 얼굴을 보니 친구 쪽의 매춘부는 조금 나이가 들어있고 둥근 얼굴에 눈이 부리부리한 여자인데, 내 쪽은 14~15살 정도로 보이는 연약한 셀룰로이드 인형을 보는 듯한 느낌이 드는 작은 아이였다. 양쪽 다 그다지 미인은 아니다. 친구는 상하이 말로 매춘부들을 물리치려고 했으나 좀처럼 떨어지지 않는다.

이 단계에서의 쇼후는 아직 상하이 특유의 '혼잡함'이나 '소란스러움'에 망연자실해 있다. 그러나 시간이 지남에 따라 그는 서서히 '그 무질서 통일되지 않은 것', '혼미한 상태의 정체를 알 수 없는 곳'으로 빠져 들어간다. 그의 흥분된 모습을 보자.

다만 그 안에 서서 나는 환희와 같은 비명소리를 지르고 있다. 화려함과 아름다움에 눈이 어두워지고 음탕함에 빠지고 방종(放縱)에 혼을 잃어버린 모든 악마와 같은 생활 속으로 나는 완전히 빠져버렸다. 환희라고도 놀라움이라고도, 슬픔이라고도 뭐라 말하기도 어려운 일종의 감격을 받았던 것이다. 그것은 왜일까? 현재의 나로서는 잘 모르겠다. 다만 나의 마음을 끄는 것은 인간의 자유로운 생활이다. 거기에는 전통이 없는 대신에 일절 약속이나 규제 같은 것은 없었다. 인간은 무엇을 하든 제 마음대로다. 제멋대로의 감정만이 생생하게 노골적으로 우글거리고 있다.

그리고 마치 이러한 신념을 실행이라도 하듯이 쇼후는 곧 아카기 요시코赤木芳子라는 사교댄스를 가르치고 있는 일본인 여성과 동거생활에 들어간다.

『마도』에서 Y코子로 등장하는 이 여성은 원래 일본에서 초등학교의 대체교원代用教員9을 한 적도 있었으나 상하이에 대하여 일종의 막연한 동경을 가지고 이 마도에 왔다고 한다.9) 쇼후와 알게 되었을 때는 브로커인 스폰서도 붙어 있었다. 이 시기에 일본의 소위 생계가 어려운 모던 걸Modern Girl10이 많이 상하이로 넘어왔는데, 그녀는 어쩌면 넘어온 수많은 모던 걸 중의 한 명이었을지도 모른다.

게다가 이 후 그녀는 쇼후와 함께 한 번 일본에 귀국했으나 곧 다른 남자에게 가버리고 또 어느 틈엔가 다시 중국 칭다오青島로 흘러 들어간 것이었다.

'마도 탐닉자耽溺者'

상하이에서 쇼후의 여러 행동 중에서 특히 기술해야 할 것이 하나 있는데, 바로 중국신문학의 젊은 문학자들과의 교류이다. 그는 사토 하루오佐藤春夫가 톈한田漢11 앞으로 보내는 소개장을 갖고 있어서 그 톈한을

9　제2차 세계대전 이전 초등학교 등에 있었던 정식 교원자격을 갖고 있지 않은 교원.
10　1923년(다이쇼 12) 이후, 도쿄에서 신흥풍속으로 주목받은 양장(洋裝)・단발(斷髮)의 여성을 의미하는 말로서 다이쇼 말기에서 쇼와 초기에 걸친 유행어의 하나. 가끔 '모가(モガ)'로 약칭된다.

찾아갔는데, 거기서 말하자면 '창조사創造社' 멤버들과 알게 되었다. 그 멤버 중에는 텐한 이외에 일본에서 막 귀국한 궈모뤄郭沫若나 위다푸郁達夫 그리고 청팡우成倣吾 등이 있었다.

이 중국문학자와의 교류는 사실은 몇 년 전에 다니자키와 아쿠타가와 등이 상하이에 왔을 때 원했지만 이루어지지 못했던 것으로, 그러한 의미에서 문학사적으로 매우 의의가 깊다. 그리고 이 중일문인의 멋진 교우관계는 그 후에 재차 방문한 다니자키나 사토 하루오 또 가네코 미쓰하루金子光晴 등에 의하여 계속되어 갔다.

1925년에 들어서 쇼후는 또 상하이에 왔다. 그것은 그가 경극京劇[12] 배우 루무단祿牡丹의 제국극장 공연의 간사 역할을 맡았기 때문에 그 사무적인 일을 처리하기 위해서였다. 하지만 나중에 중국 측의 간사인 주치수이朱啓綏라는 남자가 그 출연료의 선금을 횡령하는 사건이 발생하였고, 주치수이는 찾았지만 횡령금은 결국 회수하지 못했다. 하지만 그는 그 돈을 회수하기 위하여 가끔씩 중국과 일본을 왕복해야만 했다. 그 덕분에 상하이라는 도시와 좀 더 깊은 관계를 맺을 수가 있었다.

그 두 사람의 관계를 기술한 것으로, 예를 들면 『상하이』(소진사騷人社, 1927), 『지나만담支那漫談』(소진사, 1928), 『신지나방문기新支那訪問記』(소진사, 1929) 등이 있는데, 이것들은 마도탐닉자로서의 그를 증명하는 바로 그 기록이다.

---

11 중국 후난성(湖南省) 창사(長沙) 출신의 극작가이며 시인. 중화인민공화국 국가의 의용군행진곡의 작사가로서 알려져 있다.
12 중국의 전통적인 고전연극인 희곡(戲曲, 노래극(歌劇)의 일종)의 하나. 청대에 안후이성(安徽省)에서 생겨 베이징을 중심으로 발전했기 때문에 경(京)의 이름이 붙고, 주로 베이징과 상하이의 2개의 파(派)가 있다.

퇴폐적인 상하이의 고백자—가네코 미쓰하루金子光晴

오늘날도 상하이는 회반죽과 벽돌, 붉은 기와지붕으로 되어 있는 크기가 옆으로만 퍼져 있는, 어떤 면에서는 재미도 없는 도시이지만 잡다한 풍속의 혼합과 세계의 쓰레기, 유실물이 떨어져 모이는 곳으로서의 너저분한 매력으로 많은 사람의 이목을 끌고 말라서 붉어진 딱지처럼 계속되고 있다. 딱지 아래의 통증이나 피, 고름으로 정리가 잘 되어 있지 않는 시내의 포석(舗石)은 석탄재(Fly ash)나 붉은 녹으로 덮여 있고 분변과 가래로 더러워진 뒤 석양에 그슬리고 오랫동안 오는 비를 맞아 살아 있는 것의 비참함과 괴로움을 더욱 몸으로 뼈저리게 느끼고 마음에 사무치게 한다.

이 땅에 관하여 가끔씩 방문한 시인 가네코 미쓰하루가 제2차 세계대전 이후에 『촉루잔』[13] 속에서 기술한 문장이다.[10] 여기에는 '모던'도시 상하이의 어떤 것도 보이지 않는다. 시인의 시선은 문자 그대로 상하이의 '땅'을 주시하고 있다. 더욱이 전부 피부 감각으로 그것을 파악하고 있다. 마도 상하이를 우리들에게 리얼하게 소개해 주는 사람은 몇 사람 있었으나 이렇게까지 감각적으로 강하게 묘사해 주는 것은 드물다. 그리고 여기서 묘사되고 있는 현실은 또 분명히 '모던'이라는 큰 '딱지' 아래서 우글거리고 있는 이 마도의 한 단면이다.

방랑시인으로 알려진 가네코 미쓰하루는 1920년대 후반에 모두 세 번 상하이를 방문한다. 첫 번째는 1926년 3월인데 그것은 어디까지나

---

13 해골(骸骨)로 만든 잔.

상하이의 퇴폐를 냄새 맡은 가네코 미쓰하루

놀이 목적으로 아내 미치요美千代와 함께 대략 2개월 정도 체류했다. 두 번째는 2년 후인 1928년 3월로 부친인 돗포独歩의 거액의 엔본円本[14] 인세로 돈의 사용에 곤란을 겪고 있던 구니키다 도라오国木田虎雄에게 부탁받고 젊은 도라오 부부를 안내하는 것이 방문의 목적이었다. 그 때는 약 3개월의 체류였다. 이때 가끔 요코미쓰 리이치横光利一도 상하이에 와 있어서 두 사람은 여기저기를 함께 돌아다니며 옛날부터 해 왔던 교제를 다시 시작한 것까지는 좋았는데 귀국해 보니 아내 미치요가 무정부주의자인 히지가타 데이치土方定一와 사랑에 빠진 것을 알고 가네코는 크게 당황했다고 한다.

그리고 세 번째는 정말로 위기에 직면한 부부관계를 회복하기 위하여 미치요를 유럽까지 데려 가려고 긴 여행을 가는 도중에 먼저 여기 상하이에 도착했던 것이다. 1928년 12월의 일이었다. 이번 체류는 약 5개월 가까이 되는데, 그동안에 생활비와 유럽행 여비를 벌기 위하여 그는 악전고투하며 『염본은좌작艶本銀座雀』이라는 등사판의 성인용 성관련 서적을 만들어 팔러 돌아다니기도 하고, '히로시게広重[15]풍의 상하이명소백경上海名所百景'을 그려 개인전을 열기도 했다.

---

14 1926년(다이쇼 15) 말부터 가이조샤(改造社)가 간행을 시작한 『현대일본문학전집』을 발단으로 각 출판사에서 연이어 출판된 한 권에 1엔 가격의 전집류 혹은 총서류.

15 우타가와 히로시게(歌川廣重)는 에도 시대의 풍속화(浮世繪) 선생.

독특한 악취^{惡臭}

가네코가 상하이에서 발견하고 또 냄새를 맡고 찾아낸 것은 이 도시의 독특하고 퇴폐적인 측면이었다. 퇴폐주의에 관해서 그는 20대 중반 무렵 이미 첫 번째 구미여행으로 어느 정도 관념적으로 체득하고 있었다. 그리고 전기前期의 시도 그러한 퇴폐적인 감각을 표현하면서 불러왔다. 하지만 그가 상하이에서 발견한 퇴폐주의는 기존의 그러한 감각과는 조금 달랐다. 그것은 관념적인 것이라기보다 훨씬 육감적인 레벨의 것이었다.

머리 위의 저녁 파도에 찢어진 범선의 검은 환영(幻影)이 계속된다.

오오, 유해한 먼지를 내보내는 상하이는 파도치는 바닥 저 멀리에 가라앉는다!

부랑자들은 이 큰 전염병전문병원의 많은 침대다리, 화원교(花園橋)에서 쿨리(苦力)[16]들의 족쇄로 왕왕 큰소리를 내는 그 잔교(棧橋)에서… 참외 껍질이나 가래의 더러운 물이 모이는 것을 내려다본다.

노란색 깔깔한 피부를 한 매춘부들은 빵조각에 달려든다.

길모퉁이의 돌 위에서 인력거를 끄는 쿨리의 동화(銅貨)가 내기로 굴러다닌다.

…만조(滿潮)다! 슬픈 열정으로 춤추는 정크선(Junk船)의 무리

아편파이프의 금제 접시 눋는 냄새가 스마로(四馬路)에서 난다.

귀 정도 크기의 작은 음부가 전부 벌레 먹은 것이다!

---

16 쿨리(苦力)란, 19세기에서 20세기 초에 걸친 중국인·인도인을 중심으로 하는 아시아계 이민 혹은 하급노동자의 통칭.

둥둥거리며 울리는 징이나 쉰 목소리가 상하이에 있는 프랑스인 조계에서 들려 온다. 대추로 만든 앙금 새알죽(棗泥湯糰)에서 나는 김으로 중국 전체가 뿌옇게 보인다.

아아, 하지만 무거운 외발자전거를 타는 쿨리가 영차 영차 구호를 외친다.

거리의 그 외침은 언제 조용해질 것인가?

한 평생의 모든 외침이 거기에 있다.

그리고 전부 그것은 대 양쯔강으로 돌아간다.

···11)

가네코에게 상하이 퇴폐주의를 발견하게 할 수 있었던 것은 시인으로서 특별히 발달된 그의 후각이었다. 그리고 바로 이 예리한 후각으로 맡은 상하이의 독특한 '악취'야말로 그를 기쁘게 하고 붙잡고 놓아주지 않았다.

시내의 체취體臭도 강해졌다. 그 악취는 성性과 생사의 불안을 마음속에 뒤섞은, 쓸데없이 모두 써버린 욕망이 끊임없이 사라져가면서 배여 오며 고뇌하는 듯한 신맛이 나는 인간체취였다. 어느 틈엔가 내 몸에서 하얀 뿌리가 생기고 이 땅의 정신적 불모지에 돌을 깐 도로 틈새를 헤집고 들어가 점점 몸을 꼼짝도 할 수 없게 하는 것을 나는 가만히 느끼고 있었다.12)

상하이방문으로부터 40년 이상이나 지난 후에 쓰인 이 문장에는 거의 '상하이 깡패'가 되기 시작한 시인에게 '이 정도로 살기 좋고 마음 편한 곳은 둘도 없다'(『촉루잔』)는 퇴폐적인 상하이가, 다름 아닌 그 '체취'와 함께 되살아난 것처럼 생각된다.

그리고 전술한 『상어가 가라앉다』라는 제목의 시집의 인용에서도 알 수 있듯이 이 당시 시인의 후각을 가장 강렬하게 자극한 것은 아무래도 상하이 여기저기를 흐르는 '오수(더러운 물)'인 것 같다.

이것은 이전부터도 다양한 '물'의 이미지를 관념적으로 표현해 온 가네코가 대략 상하이의 '오수'를 만난 것을 계기로 이후 완전히 그 관념성을 버리고 오로지 감각적으로만 추구하기 시작했다. 또 「거품」(『문학평론』, 1935.6), 「상어」(『문예』, 1935.9), 「세면기」(『인민문고』, 1937.10) 등에 나타나 있듯이, 그것은 거의 상하이 내지는 중국, 아시아를 파악하는 유일한 특권적인 이미지로서 실로 오랫동안 이 시인에게 애용되어 왔던 것이다.

그러한 의미에서 가네코는 전술한 다니자키와는 완전히 다른데, 바로 그 환상적인 '수변 마을'이 파괴된 뒤 '오수'로밖에 채우고 있지 않은 '수로'를 통하여 '상하이'를 발견하고, 또 그 '사무친 허무로 인한 아름다운 음조音調'(「고도난징古都南京(1)」, 『단가잡지(短歌雜誌)』, 1926.10)를 연주한 것이다. '퇴폐주의' 시인과 '퇴폐적인' 상하이의 더없는 만남이라고 할 수 있다.

제6장

'모던도시'와 쇼와^{昭和}

1. 마천루와 모던 걸

'모던'과 '대중'의 시대

근대 투어리즘의 성립은 일본작가의 상하이 방문을 초래했다. 그러나 이것은 하나의 계기에 불과하고 그 후 그들을 계속해서 상하이로 끌어당긴 것은 말할 것도 없이 어디까지나 상하이 자체의 매력이었다.

제1차 세계대전 이후 상하이는 유럽을 중심으로 하는 세계적인 경제 불황을 신경 쓰지 않고 경공업과 무역을 중심으로 급격히 발전하여 유럽이나 런던, 파리 등과 이름을 나란히 하는 세계적인 대도시가 되었다. 여기에는 물론 19세기 후반 이후, 상하이 자체의 반식민지 도시로서 축적이 그 토대를 이루고 있는데 전시 중의 미국이나 일본자본의 대량유입, 또 민족자본의 융성도 크게 기여했다. 이들 내외 신자본의 급증이 바로 지금까지 추진해 왔던 도시의 근대화를 한순간에 가속화시키고 또 눈 깜짝할 사이에 도시의 모습도 완전히 바꾸어 놓았다. 그리고 이것은 바꾸어 말하면 상하이 '모던'과 '대중' 시대의 도래를 알리는 것이다.

모던도시의 원점 번드Bund

청일전쟁 이후부터 제1차 세계대전 이후까지 20여 년 동안 여러 차례의 투자 붐으로 대표되는 내외자본의 대량 유입은 그때까지 상하이의 도시 기능이나 도시 공간에 큰 변화를 초래했다. 기능적인 면에서 보면, 우선 외국은행의 진출러시와 국내은행의 탄생으로 인하여 어디까지나 '전장錢莊'[1]을 중심으로 하고 있었던 기존의 금융계가 현저한 발전을 이루어 급속한 업무확대, 기업투자나 지폐발행 등과 같은 새로운 사업 활동은 눈 깜짝할 사이에 상하이를 중국 최대의 금융도시로 변모시켰다. 그중에서도 많은 외국은행이 청일전쟁이나 의화단사건義和團事件의 막대한 배상금(6억 8,000만 냥)을 안고 있으면서도 전혀 지불능력이 없는 청조정부에 대하여 해관海關(세관)의 관세를 담보로 거액의 차관을 강요함으로써 거의 직접적으로 중국재정을 관리하는 하나의 큰 '권력'으로 나타난 것이다.

다음으로 내외자본에 의한 수많은 기업투자는 또 단기간에 시가지 주변에 양수푸楊樹浦, 자베이閘北, 후시滬西, 후난滬南 등과 같은 공업지구를 조성시켜 그 때까지 선박수리공장 이외에 기업다운 기업을 거의 가지지 못했던 상하이를 거의 모든 분야에 걸쳐 중국유일의 공업도시로 변신시켰다.

---

1 옛날 중국의 금융기관. 사은행(私銀行), 환전소.

그리고 이 공업화가 진행됨에 따라 주변지역으로부터 유입 인구가 몇 배나 증가한 것을 계기로 그 유입 인구를 고객층으로 보고 이루어진 대량의 상업투자에 의해 상하이는 더욱더 기존의 규모를 훨씬 웃도는 하나의 큰 상업, 소비도시로 성장했다.

도시 기능의 변화와 연동해 도시 공간 내부의 각각의 성격과 역할도 크게 바뀌었다. 그리고 그 어느 구역도 대체로 자본논리나 자본운동에 편승한 형태로 스스로의 '경관景觀'을 형성하고 노골적으로 그 '욕망'을 드러내고 있었다. 예를 들면 상하이의 현관이라 하는 번드 일대인데, 여기는 아편전쟁 이후 오랫동안 소위 양행洋行이라는 주로 무역업을 하는 구미 상사가 소유하여 아편을 비롯한 다양한 내외물품의 독점적인 수출입을 통하여 막대한 이익을 올려왔다. 그 결과 19세기 후반의 번드에서는 20여 개의 공관이나 양행이 일렬로 들어서서 엄연한 하나의 큰 식민지적 무역상업공간을 형성했다.

그러나 양행을 중심으로 한 이와 같은 번드의 공간도 청일전쟁 이후 특히 20세기 초에 들어서자 이미 언급한 내외금융자본의 대량진출 등으로 인하여 급속하게 변모했다.

여기서는 시험적으로 1930년대 번드의 여러 건축물을 나열하고 새롭게 형성된 경관의 특징을 검증해 보겠다.

우선 최남단의 프랑스영사관(1896)을 기점으로 보면 거기서 순차적으로 프랑스 우편선회사빌딩(1937), 아세아등유공사(1916), 상하이클럽(1909), 유리有利은행(1916), 청일기선淸日汽船(1925), 중국통상은행(1897), 대북전보공사大北電報公司(1908), 초상총국招商總局(1901), 회풍은행匯豊銀行(1923), 강해관江海關(1927), 교통은행(원래는 덕화은행德華銀行,

빅4

사손대하(색슨하우스)

회풍은행

1890), 화아도승은행華俄道勝銀行(1901), 타이완은행(1926), 자림서보字林西報[2](1923), 맥가리은행麥加利銀行(1923), 회중匯中호텔(1908), 사손대하沙遜大廈(사순Victor Sassoon빌딩)(1929), 중국은행(1937), 요코하마정금正金은행[3](1924), 양쯔보험공사揚子保險公司(1916), 이화양행怡和洋行(1922), 이태우편선怡泰郵船[4](그랜라인기선, 1922), 동방회리은행東方匯利銀行(인도시나은행,[5] 1914) 등이 착착 들어서고 최북단의 영국영사관(1873)이 이어진다.

일련의 건물을 보면 알 수 있듯이 이 시대의 번드에는 몇 개의 운수회사와 석유회사, 보험회사 등과 같은 신흥사업 관련시설도 보이지만, 예전에 그 중심적인 존재였던 양행이 전부 내외의 은행으로 교체되어 마치 여기에 월가가 갑자기 나타난 것 같은 인상조차 준다. 이 일대는 예전의 상업적인 여러 요소에 더하여 중국 경제를 좌지우지하는 금융자본의 최대 거점으로서 기존보다 훨씬 상회하는 권력을 획득한 것이다.

모던을 지탱한 난징로와 푸저우로

번드에서 기능과 공간의 이러한 급격한 변화는 그 인접하는 2개의 거리인 난징로와 푸저우로에도 큰 영향을 미쳤다. 이것은 앞에서도 언급했듯이 여기서 투입된 거액의 투자가 시가지 주변부에 몇 개의 공업구역을 만들어냈기 때문에 노동자를 비롯한 도시 인구가 급증하고, 각 계층에 의한 다양한 소비활동이 원래 상업과 오락시설이 집중된 이 두 곳의 공간적 성격을 한층 더 강화시켰기 때문이다.

---

2 영자신문 *North China Daily News*.
3 1880년 국립은행조례(1872)에 근거해 설립된 무역금융전문은행.
4 해운회사 빌딩.
5 프랑스 식민지은행. 1875년 대통령 데쿠래에 의해 극동식민지의 전역을 영업권으로 했다.

예를 들면 난징로의 경우인데, 여기는 19세기 중반부터 이미 국내외의 약국이나 견직물점, 양화점(서양잡화점), 귀금속점 등이 모이기 시작했고 그 후에도 복리공사福利公司, 태흥공사泰興公司, 회사공사匯司公司, 혜라공사惠羅公司 등과 같은 외국 자본계 백화점이 잇달아 진출해 나름대로의 번영을 이루었다. 그러나 고객은 일정한 계층으로 한정되어 있으며 어디까지나 번드의 '부속상점가'로서의 존재는 당연하다면 당연하겠지만, 20세기 초에 접어들자 전술한 도시 인구의 급증에 따른 소비수요의 확대에 점점 대응할 수 없게 되어버렸다. 그러한 이유로 마치 번드의 급격한 변화에 맞춘 것처럼 소위 민족자본의 투자에 의해 나중에 빅4라고 불리는 대형백화점인 선시공사先施公司(1917), 영안공사永安公司(1918), 신신공사新新公司(1926), 대신공사大新公司(1936)와 주로 수입상품을 판매하는 중형백화점인 려화공사麗華公司(1926), 중화백화공사中華百貨公司(1927), 또 오로지 국산품만을 취급하는 대형 '국화상장國貨商場'[6]인 상하이중국국화공사上海中國國貨公司(1933) 등이 잇달아 완공되어 명실공히 난징로를 중국 최대의 번화가로 등장시켰다.

그리고 난징로의 이와 같은 변천 프로세스는 또 하나의 메인 스트리트인 푸저우로에도 거의 그대로 적용된다. 푸저우로 일대는 예전에 그리스도교 전도조직 런던회의 관련시설인 묵해서관과 인제의관, 천안당天安堂 등이 가까이 모여 있어서 포교로布道路 혹은 교회로敎會路라고도 불리며, 약 19세기 중반부터 이미 국내외의 신문사나 서점, 문방구점 등이 빽빽이 들어서며 '문화가'로서 발전해 왔다. 한편 거의 같은 시기부

---

6 국가 돈으로 운영되는 쇼핑센터.

터 전통적인 극장(극원劇園)이나 연예장을 겸한 찻집, 게다가 '기가妓家'나 '당자堂子'로 불린 유곽 등의 오락시설도 이 근처에 많이 진출하여 서점 등과는 또 다른 번화함을 보여주고 있었다.

그러나 이러한 푸저우로도 20세기 초에 들어가자 역시 전술한 난징로와 마찬가지로 큰 변화를 보이기 시작했다. 예를 들어 문화시설로는 출판사만 해도 상무인서관商務印書館(1897), 광지서국廣智書局(1898), 문명서국文明書局(1902), 회문당서국會文堂書局(1903), 유정서국有正書局(1904), 광익서국廣益書局(1904), 중화서국中華書局(1912), 백신서점百新書店(1912), 태동도서국泰東圖書局(1914), 대동서국大東書局(1916), 세계서국世界書局(1917), 민지서국民智書局(1918), 전신서국傳薪書局(1923), 광화서국光華書局(1926), 개명서점開明書店(1926), 광명서국光明書局(1927), 현대서국現代書局(1927), 생활서점生活書店(1932), 대중서국大衆書局(1932), 계명서국啓明書局(1936) 등 크고 작은 수십 개의 출판사가 나란히 붙어 있어 색다른 모습을 보여준다.

또 오락시설로서 극장은 단계제일대丹桂第一臺(1911), 신신무대新新舞臺(1912, 나중에 천섬무대天蟾舞臺로 개명), 중화대극원中華大劇院(1912), 대신무대大新舞臺(1926), 찻집으로는 중화제일루中華第一樓(1910년대), 사해승평루四海昇平樓(1910년대), 청연각靑蓮閣(1900년대), 장악다루長樂茶樓(1910년대), 회방루薈芳樓(1910년대), 유곽으로는 신회락리新會樂里(1920년대), 복상리福祥里(1920년대), 군옥방群玉坊(1920년대), 삼원방三元坊(1920년대) 등이 불과 1킬로 평방미터에도 미치지 못한 좁은 일대에 밀집해 있어 정말로 하나의 큰 '소비' 장치로서 크게 기능하고 있었다.

이러한 오락시설을 조금 더 소개하면, 예를 들어 다양하고 선정적·

괴기적·넌센스적인 상영물로 유명한 '대세계大世界'와 '신세계新世界' 또 그레이하운드 레이스(독 레이스Dog race)나 하이 아리이[7] 등 동양에서는 보기 어려웠던 도박경기장을 가진 일원구장逸園球場(카니드롬CANIDROME, 현재의 문화광장)이나 중앙운동장(오디토리엄auditorium, 현재의 노만체육관盧灣體育館) 등도 대략 1920년대 후반부터 1930년대에 걸쳐 잇달아 완공되었다. 또한 백락문무청百樂門舞廳을 비롯해 밤의 오락공간을 대표하는 크고 작은 댄스홀도 거의 같은 시기에 연달아 출현해 한때는 300여 곳을 헤아릴 정도로 번성했다.

욕망을 실현하는 장소

이와 같이 나중에 상하이의 '현관', '낮의 얼굴', '밤의 얼굴'로 각각 불린 번드, 난징로, 푸저우로 등의 공간은 20세기 전반에 자본이라는 근대의 '괴물'에 의해 과거를 훨씬 상회하는 규모와 속도로 격변하며 바로 그 욕망을 실현하는 '장場'으로 나타났다. 반면에 그들은 또 내외자본이 만들어낸 '소비'라는 또 하나의 욕망을 채우고 그 장치로서 기능함으로써 소위 이중으로 각각의 욕망적인 공간성을 완성시켰다. 그리고 따지고 보면 우리들이 가끔 문제시해 온 소위 '상하이의 모던'은 어디까지나 이러한 '욕망 공간'이 장식된 표면적인 의미에 불과하며, 그것을 둘러싼 이미지도 요컨대 그 '욕망'을 재생산하는 하나의 장치로서밖에 기능해 오지 않았다고 할 수 있다.

그러한 의미에서 이제부터 소개할 월분패月份牌라는 이 시대의 독특

---

7 스페인의 바스크 지방에 전해지는 민족 스포츠 '바스크 페로타(Basque pelota)'라는 구기(球技)의 통칭. 바스크 말로 '즐거운 축제'의 의미.

한 상업광고 그림은 흔히 있는 '모던' 이미지 중에서도 가장 전형적으로 그 장치적 작용을 이루어낸 존재이며, 또 이것으로 인해 나타난 수많은 지면상의 '모던적 공간'은 상업적인 제작배경도 도우면서, 실제로 반半 식민지적 욕망도시의 성격을 단적으로 나타내게 되었다.

모던 공간을 꾸미는 월분패

월분패란 간단하게 말하면 19세기 말에 상하이에서 발의된 일종의 연화年畵(새해를 축하하기 위하여 꾸미는 전통적인 목판화)적인 요소를 가진 상업광고로서, 거기에는 대략 수채화 등과 같은 수법을 도입하여 독자적인 기법으로 그려진 인물상人物像과 어떤 특정상품의 광고, 거기에 달력의 3요소가 모두 포함되어 있다. 이것은 연화를 꾸미는 중국의 민간 풍습을 교묘하게 이용한 광고술의 하나로, 곧 상품을 선전하는 김에 설날용 연화와 일상생활에 필수인 달력을 덤으로 붙인 것인데 대부분의 경우 상사商社나 대리점 등에서 무료로 배포하는 경우가 많았다. 이미 언급한 대로 내외자본이 투자 붐을 불러일으킨 19세기 말 중국에서 많은 외국기업이나 상사가 쉽게 각지에서 잇달아 공장을 세웠을 뿐만 아니라, 증가하는 소비인구를 예견하여 다양한 외국상품 수입에도 힘을 쏟기 시작했다. 그리고 이들 상품판매를 촉진하기 위하여 각 상사가 자국의 관례에 따라 많은 선전 포스터를 작성해 일종의 경품으로 널리 배포했다.

하지만 외국 풍경, 유명인, 미녀 등을 소재로 하는 이들 포스터는 한때는 신기해했지만 그 내용이 너무 현실생활에서 동떨어져 있고 장식성, 실용성 모두 '가치'가 작았기 때문에 결국 중국인 소비자에게 먹혀

1910년대 후반부터 20년대 전반의 것

민국 초기의 '월분패'

1930년대 슬릿이 들어간 차이나 드레스

파마를 한 '치파오(旗袍)[8] 미녀'의 전형

들지 않았다. 그 후, 이러한 문화적인 차이를 알아차린 수입상들은 갑자기 방향전환을 하여 일부의 중국 고대 명화를 포스터에 인쇄하여 각 상품 선전에 적용시켜 보았지만, 이것도 그림의 제목이 너무 고상해서 마찬가지로 일반 대중소비자에게 인정받지는 못했다.

그리고 일련의 시행착오를 거친 후, 각 상사가 최종적으로 고안해 낸 것이 전술한 전통적 연화를 기본으로 한 서민적 소재의 인물상, 상품광고, 달력에 의한 '삼위일체'로 된 월분패인데, 이 새로운 상업선전의 탄생으로 중국의 근대 광고업이 여러 외국과 비교해 약간 다른 길을 걷게 되었을 뿐만 아니라, 동시에 그 독자적인 이미지 내용에 의해 소위 상하이의 '모던 공간'도 눈에 띄게 특색이 있게 되었다.

월분패의 화가들

초기 월분패 광고화를 그린 화가 중에 저우무차오周慕橋(1868~1923)라는 사람이 있다. 그는 당초 쑤저우의 도화오桃花塢에서 전통적인 연화 제작에 종사하고 있었는데, 이후 상하이로 옮겨 『점석재화보点石齋畫報』[9]를 주재主宰하는 저명화가 우여우루吳友如 밑에서 시사풍속화 등의 창작에 참여했다. 그러한 그가 대략 20세기 초부터 상사 등의 의뢰를 받은 형태로 일반소비자가 선호하는 월분패를 만들기 시작했는데, 연화화가 출신인 그는 원근법이나 광선 등의 요소를 받아들여 기존의 화법 일부를 수정하기는 했으나 마지막까지 전통회화의 한계를 넘을 수가 없

---

8 원피스 형태의 중국 전통의상. 청대(淸代)에 형성되었으며 웃깃이 높고 치마는 옆트임이 있어 몸에 딱 맞는다.
9 중국어 신문 『신보(申報)』로 유명한 영국인 아네스트 메이져가 상하이에서 경영한 신보관(申報館)에서 1884년에 창간한 그림이 들어간 신문.

어서 그림의 주제, 기법 모두 그러한 신선함을 지속시킬 수가 없었다.

제1세대 저우무차오 일행 이후, 월분패 광고그림 세계에서 하나의 혁명을 일으킨 사람은 정만퉈鄭曼陀(1888~1961)였다. 그는 젊은 시절 항저우의 사진관에서 '목탄사진기법'(목탄화에 의한 임모臨模[10]로 사진을 확대하는 기법)을 사용해서 초상화 등을 그리는 동안 그 위에 수채화 화법을 가미한 '목탄수채화법'이라는 독자적인 기법을 고안했다. 1914년, 스스로 보다 나은 활약을 하기 위한 장소를 찾아, 정만퉈는 항저우에서 상하이로 이주해서 '목탄수채화법'에 의한 월분패 창작을 시작했다. 그리고 그 참신한 기법과 전통적인 미녀모습을 대신하여 여학생을 비롯한 신시대 미녀 그림 제목이 중법대약방中法大藥房[11] 등의 의뢰자뿐만 아니라, 가오젠푸高劍夫와 같은 저명한 중국화 화가에게도 높은 평가를 받아, 그는 업계 내에서 일약 시대의 총아가 되었고 그 독특한 기법도 순식간에 월분패 창작의 주류가 되었다.

이 정만퉈가 확산시킨 기법과 그림 소재를 더욱 심화시키고, 월분패를 하나의 큰 상업미술 장르로서 번창하도록 이끈 사람은 항츠잉杭穉英(1901~1947)이라는 천재화가였다. 그는 대략 15세 때 상업미술학교의 성격을 가진 상무인서관도화부商務印書館圖畵部에 들어가 거기서 3년간 중국의 전통회화, 서양화, 상업설계 등의 기초를 익힌 후, 18세 때 상업화가로서 데뷔해 바로 재능을 널리 인정받게 되었다. 1922년, 21살의 항츠잉은 상무인서관을 떠나 자신의 사무소인 '츠잉 화실穉英畵室'을 열고, 전문적으로 월분패와 그 외의 광고설계업무를 맡기 시작했다. 이후

---

10 서화에서 글씨본을 보고 쓰는 것과 베끼는 것.
11 중국과 프랑스의 합자회사(合資會社) 약국.

그는 진쉐천金雪塵과 리무바이李慕白 등 상무인서관도화부의 우수한 졸업생을 계속해서 화실에 받아들여 일종의 집단체제로 대량의 작품을 세상에 내놓았다. 1920~1930년대의 상하이에서 월분패가 '모던 상하이'를 이미지하고 또 그것 자체가 '모던 공간'을 만들어내는 장치로서 크게 기능할 수 있었던 것은 이 '츠엉 화실'의 존재가 아주 컸다고 해야 할 것이다.

중국 근대 여성의 신체적 해방

이와 같이 월분패는 20세기 초 상하이의 상업적 '욕망'의 팽창과 함께 태어나고 발전해 온 발자취를 대략 살펴봤는데, 이 월분패가 도대체 어떻게 '모던 상하이'를 이미지하며 또 그것이 하나의 '장치'로서 어떤 '욕망'을 생산하고 있었는가에 관하여 검증해 보겠다.

이미 언급한 대로 월분패의 기법은 물론 그 그림의 소재는 정말로 훌륭하게 근대 중국에서의 서양문화의 침투와 그 수용과정에서의 중국사회의 다양한 추이를 나타내고 있다. 예를 들어 같은 '미녀도'라도 청말민초靑末民初의 초기 월분패에서 '미녀'는 아직 전통적으로 틀어 올린 머리, 재래 의상, 게다가 전족纏足[12]이라는 '고장미녀古裝美女'[13]가 다수를 차지하고 있지만, 대략 1910년대 후반부터 1920년대 전반에 걸친 다음 시기가 되면 이것을 대신해 마침 그 시대를 반영한 단발斷髮, 상하가 분리된 신식의상에 천족天足(전족纏足에서 해방된 자연스러운 발)이라는 '그 시대

---

12 유아기부터 발에 천을 강하게 감게 하여, 발이 크게 되지 않도록 한다는 예전의 중국에서 여성들에게 행하여진 풍습을 말한다. 구체적으로는 엄지발가락 이외의 발가락을 발 뒤쪽으로 접어 구부려 천으로 단단하게 묶어서 발의 변형을 만드는 것을 가리킨다.
13 옛날 의상을 입은 미녀.

'상하이'의 시평(詩評)을 만화로 묘사한 잡지표지. 매회 상당히 대담한 디자인이었다.

복장을 한 시장미녀時裝美女'[14]가 대거 등장하기 시작하였다. 그리고 그 후 30년대 전후가 되면 이번에는 일제히 단발 상태의 파머, 슬릿(트임)이 들어간 차이나드레스, 게다가 하이힐을 신은 '치파오 미녀旗袍美女'가 거의 주인공으로 되어 있다.

이러한 변화는 분명히 중국 근대 여성의 신체적 '해방', 또 '도시화'의 프로세스를 그대로 혹은 약간 리드한 형태로 표현하고 있으며, 때마다 극히 큰 '모던'으로서의 규범기능을 다하고 있었다. 하지만 한편으로 서서히 노출되어 가는 신체는 다양한 '상품'과 나란히 묘사되어 각 가정에 장식됨으로써 그 자체도 하나의 '소비' 대상이 되었던 것이다. 물론 여성신체에서 이런 '해방'='소비'라는 상업적 조작은 근대 자본주의적 '욕망' 논리의 하나로서 다른 이미지 세계에서도 적지 않게 확인할 수 있으며, 결코 월분패의 독자적인 현상은 아니다. 다만 이 둘을 여기까지 노골적으로 연결시키고 항상 그것을 무수히 많은 '소비자'에게 계속 제공한 것은 월분패의 존재를 제외하고는 없었다고 하지 않을 수 없다.

예를 들면 '음단사림陰丹士林'(덕부양행德孚洋行)이라는 염색천의 원단을 광고하는 월분패 시리즈가 있는데, 그 도안에는 항상 미녀가 파마와 슬릿이 깊은 차이나 드레스, 게다가 하이힐 모습으로 다양한 포즈를 취하면서 '소비자'에게 미소 짓는 것으로 되어 있다. 또 담배를 선전하는 남양형제연초공사南洋兄弟煙草公司, 대동남연초공사大東南煙草公司와, 의약품을 소개하는 상하이중법대약방上海中法大藥房, 오주대약방五洲大藥房 등의 월분패에서는 해변에 서 있는 수영복 차림의 젊은 주부나 산간계곡에

---

14 뉴 패션 미녀.

1930년대의 '월분패'. 더욱 에로틱하고 화려하다.

서 미역 감는 아가씨, 반나체로 서양침대에 길게 누워있는 소녀, 상반신 한쪽을 노출하면서 작은 배 위에서 먼 곳을 바라보는 여성 등, 소위 '여체女體'가 완전히 '욕망'의 눈으로 비쳐져 절호의 '소비' 대상이 되었다. 그 '개방'='해방' 방식은 바로 20년대 후반까지 끊임없이 '인체작품人體作品'문제로 계속 동요하고 있었던 정통 화단畵壇과는 매우 대조적이며 이 시대 '모던'의 레벨을 많이 높였다고 할 수 있다.

모던=욕망도시 상하이

그런데 월분패가 출현한 세계에서 위와 같은 현대 '미녀'외에 사실은 또 하나의 욕망장치로서의 요소가 있는데, 그것은 이 미녀들을 둘러싼 현대적인 생활환경이다. 예를 들어 공간적으로 말하면 넓은 서양식 거실, 더블베드의 침실, 샤워기가 부착된 욕실, 댄스홀, 풀장, 해수욕장 등이며, 생활'용품'으로 말하면 소파, 서양식 의자, 전화, 전기스토브, 피아노, 바이올린, 양서洋書, 테니스 라켓, 골프클럽, 자전거, 엽총, 비행기, 서양개 등이다. 이것들은 이른바 크고 작은 무대장치가 되어 그 '모던공간'에 많이 들어가 그렇지 않아도 이미 충분한 유혹적인 화면에 또 하나의 부르주아적 중산계급으로의 '욕망'을 더한 것이다.

이와 같이 월분패는 마치 20세기 초 상업자본 팽창 시대에 태어나려고 해서 태어난 새로운 이미지매체로 전통적인 연화시스템에 교묘히 편승하면서 예전에 상상조차 할 수 없었던 여성의 신체나 현대적인 서양식 생활을 유포시킴으로써 의심할 여지도 없이 하나의 '욕망'을 산출하는 장치가 되어 갔다. 그리고 그것은 전술한 것처럼 번드나 난징로, 푸저우로 등의 역할과 많은 면에서 유사한 한편, 문학을 비롯한 그 외의

모던걸

잡지 『상하이 만화』에 게재된 모던걸

다양한 이미지와 표현과도 긴밀히 연결되어 소위 강력한 '공범자'로서 이 모던＝욕망도시 상하이의 출현에 크게 공헌했다.

차이나 드레스의 유행

그런데 위와 같은 모던 상하이를 실제의 시민생활 레벨에서 보았을 경우, 특히 젊은 여성들의 일상을 관찰했을 때 과연 그 동향은 어떤 것일까? 그것은 전술한 월분패의 '모델'에 뒤떨어지지 않을 만큼 대대적으로 양장洋裝이 유행하였으며 그 양장보다도 현대적이면서 대담한 차이나드레스가 유행하였고 또 단발이 유행하였다.

단발은 한때 당국으로부터 선량한 풍속을 어지럽힌다는 것으로 금지령까지 내려졌는데 국민정부가 들어서고 나서는 여성의 자기주장의 상징으로서 더욱 유행하게 되었다. 이러한 유행을 리드한 것은 주로 이 무렵 증가하던 여학생이었는데, 야계野鷄라고 불리는 밤의 상하이를 장식하는 매춘부들도 결코 뒤지지 않았다. 대거의 모던 걸 출현은 말하자면 이러한 둘의 경합 속에 성립되었다.

그런데 오늘날 우리들이 자주 보는 저 요염한 차이나 드레스에는 실제로 '상하이'의 성격이 매우 짙게 반영되어 있다. 현재의 차이나 드레스는 원래 만주족 여성의 복장을 기본으로 해서 1920년대 초, 상하이에서 처음으로 고안된 것이다. 옷깃을 높게 하고 또 절대로 앞가슴 부분을 노골적으로 드러내지 않는 것이 중국여성의 전통적인 존엄을 나타내는 것이며, 반대로 슬릿(트임)을 높게 하여 허벅지까지 노출하는 것은 서양적인 세련됨Smart을 추구하고 여성 '해방'을 어필하는 것이라고 일컫고 있다. 즉 차이나 드레스의 이러한 상반신과 하반신의 불균형적인

'연출'은 그대로 '화양華洋'[15] 2개의 상하이의 표현이며 또한 상하이의 독특한 '융합'이기도 했다고 할 수 있다.

빈발하는 스트라이크

한편 1920년대부터 1930년대에 걸쳐 상하이는 또 '대중'이 급격히 대두되는 시대이기도 했다. 제1차 세계대전 때부터 이미 주변 농촌으로부터 많은 노동인구가 유입되었는데 제2차 세계대전 이후가 되자 더욱 박차를 가했다. 그것도 그럴 것이 어떤 통계에 의하면 1914년부터 1928년까지 15년 동안 상하이에 새로 설립된 공장 수는 1,229개에 달하고, 급격한 산업화로 인해 대량의 노동력을 필요로 했다. 그 결과 1920년대 10년 동안 상하이의 인구가 약 100만 명 가까이나 증가하였고 1930년에는 314만 5,000명으로 기록되어 있었다.

이 300여만 명 중에서 소위 공장노동자와 교통노동자는 약 3분의 1을 차지하고 있으며, 그들은 이 팽창되어 가는 근대 도시를 사회저변으로부터 지탱하는 도시의 최대 '세력'으로까지 급속하게 성장했다.

그리고 이 사회의 각 방면에서 늘 가혹할 정도로 학대당한 그들이 참고 참았던 끝에 절규하기 시작한 자기주장이 바로 노동운동이며, 그 극단적인 수단이 스트라이크였다. 1920년대에 매년 빈발하는 이러한 스트라이크는 말할 것도 없이 반식민지로서 상하이의 도시 공간에 새로운 내용의 '모던'이 흘러 들어가게 되었다. 특히 그것이 이데올로기나 내셔널리즘 등과 결부되었을 때, 그 '근대성'이 과격함을 띠면서 점점 증대되어 가는

---

15 중국과 서양.

것은 5·30사건(1925) 등의 예를 통해서도 확실하게 증명되었다.

이와 같이 제1차 세계대전 후인 1919년부터 제1차 상하이사변이 일어나는 1932년까지 대략 13년 동안, 상하이는 여러 가지 '어두운 면Dark side'을 안고 있으면서도 하나의 근대 도시로서 가장 번영하고 빛나는 한 시기를 보냈다. 이러한 동안에 나타난 다양한 '모던' 현상은 또 같은 시기에 세계의 어느 근대 도시와도 공통적으로 비슷했다. 뉴욕, 런던, 파리, 도쿄와 이름이 나란히 불렸던 것도 말하자면 이 '모던'에서의 동시대성同時代性이 존재했기 때문이었다.

다만 상하이가 그들 도시와 현격하게 차이가 났던 것은 반식민지적인 성격으로 인하여 가령 같은 '모던'이라도 항상 어떤 과격함, 현란함, 어두운 면을 갖고 있다는 점이었다. 예를 들면 같은 동양의 근대 도시로서 다소 비슷한 성질을 가진 도쿄와 비교해도 그 특징은 단연 돋보였다. 1920년대에 들어서 일본작가들이 속속 상하이로 건너온 것은 대부분의 경우, 바로 이 일종의 어두운 면을 가진 과격한 '모던'을 찾으려고 했기 때문이었다.

2. 사라진 모더니즘

도시가 주인공—요코미쓰 리이치橫光利一

요코미쓰 리이치가 상하이를 방문한 것은 1928년 4월의 일이었다. 이번 상하이 방문의 동기에 관하여 나중에 그는 「정안사靜安寺의 비문」[1]이라는 문장 속에서 다음과 같이 회고하고 있다.

나에게 상하이를 보고 오라고 말한 사람은 아쿠타가와 류노스케 씨이다. 아쿠타가와 씨가 돌아가신 해, "너는 상하이를 보지 않으면 안돼"라고 말씀하셨기 때문에 그 다음 해 상하이로 건너가 보았다.

상하이를 무척 혐오한 아쿠타가와가 왜 그에게 상하이행을 권유했을까 약간 이해할 수 없는 점도 있다. 하지만 생각해 보면 상하이의 특질을 그렇게까지 예리하게 파악한 아쿠타가와이기 때문에 자신의 호불호는 제쳐두더라도 근대 도시로서의 상하이의 '매력'에 관해서는 충분히 알고 있었을 것이다. 아니 충분히 알고 있었기 때문에 반대로 심하게 매도했을 것이다. 그러한 그가 상하이의 표현자로서 신감각파의 기수인 요코미쓰에게 눈을 돌려 상하이행을 권유한 것은 어쩌면 지극히 당연했을 지도 모른다.

요코미쓰는 상하이에 정확히 한 달 체류했다. 그동안에 그는 프롤로그에서도 말했듯이 일본인이 많이 모여 살고 있었던 홍커우지구虹口地區를 중심으로 여기저기를 돌아다니기도 하고 또 옛날친구인 이마다카 게이타로今鷹瓊太郎(동아흥업주식회사 사원)에게 자료를 청구하기도 하며 상하이에 관해서 성실하게 '취재'를 계속했다. 그리고 귀국 후, 그는 약 반년간의 준비를 거쳐 1928년 11월에 『상하이』라는 장편소설을 잡지 『개조改造』에 연재하기 시작했다.

『상하이』는 주인공인 산키參木를 중심으로 다양한 인물이 등장한다. 그리고 그들은 마치 이 도시의 다양한 측면을 각각 분담하고 대표하고 있는 것처럼 소설이 설정되어 있다. 예를 들면 고야甲谷는 식민지자본주의의 대리인, 오스기お杉는 도시풍속의 어두운 부분, 미야코宮子는 도

시 상층부의 풍속, 다카시게高重는 일본자본 내지 일본세력, 팡츄란芳秋蘭은 중국의 노동운동, 혁명세력, 야마구치山口는 동양적 퇴폐주의 혹은 아시아주의자, 러시아 매춘부인 올가는 망명자, 창부적娼婦的 코스모폴리탄과 같은 모양새이다.

그중에서 산키는 소위 그들을 연결하는 존재로 그가 나머지 사람과의 관계를 개별적으로 강화함으로써 각자가 대표하는 도시의 일면을 부각시킨다는 구조로 되어 있다. 그러한 의미에서 산키가 등장인물 사이를 돌아다닌다는 형태로 구성되어 있는 이 소설은 개별적인 인물보다도 오히려 상하이라는 도시 전체가 주인공으로 되어 있는 것이다.

돌출하는 군중의 움직임

요코미쓰가 자신이 방문한 시점이 아니라 일부러 3년 전인 5·30사건을 소설『상하이』의 시대배경으로 선택한 이유로 여러 가지를 생각할 수 있다. 5·30사건을 소재로 하면 상하이 '군중'의 동향을 보다 효과적으로 그려낼 수 있다는 생각이 있었음에 틀림없다. 우리들이 그렇게 생각하지 않을 수 없을 만큼『상하이』에서의 군중 묘사는 많은 특징을 가지고 있다. 그리고 거기서는 단순히 군중의 움직임만이 돌출되어 있는 것이 아니라 항상 자본의 움직임 또한 강물의 흐름 등과 상징적인 레벨로 호응하면서 묘사되고 있다.

만조가 되면 강은 물이 불어나 역류했다. 불을 끄고 운집하는 모터보트 앞쪽의 물결, 배 키의 나열, 내팽개쳐진 양륙(揚陸) 화물 더미, 쇠사슬로 묶여진 잔교(棧橋)의 검은 다리, 기상대의 신호가 평화로운 풍속을 나타내며

탑 위로 올라갔다. 해관(海關)의 첨탑이 밤안개 속에서 연기를 내보냈다. 방파제에 쌓아올려진 원통 위에서 쿨리(苦力)들이 축축이 젖어 왔다. 느리고 묵직한 파도가 치는 대로 찢어진 검은 돛이 기울어져 삐걱삐걱 소리가 나기 시작했다.[2]

항구에서 동화(銅貨)가 지방으로 흘러들어 갔다. 항구에 은화(銀貨)가 나돌기 시작했다. 브로커인 마차군단(馬車群團)은 영국과 일본의 은행 사이를 뛰어다닌다. 금 시세가 동과 은 위로 뛰어올랐다. 그러자 산키(參木)의 펜은 파운드 환산에 지치기 시작했다. ─ 그는 다카시게(高重)의 소개로 이 동양면사회사(東洋綿絲會社)의 거래부서에 취직할 수가 있었다. 그 옆에서는 포르투갈인 타이피스트가 맨체스터시장(市場)으로부터 온 보고서를 치고 있다. 게시판에는 강풍 때문에 미국산 면화(綿花) 시장이 폭등했다. 리버풀의 면화시장이 뭄바이 시장에 의해 지탱되었다. 그리고 콘베이어 벨트 간리와 이른 시장(새벽시장)의 소매시장이 셔트시장을 지탱하고 있다. ─ 산키의 거래부서에서는 이 인도의 2개의 면화소매시장의 강점과 약점을 주시하는 것이 최대의 임무였다.[3]

그 유리창에는 난동을 부리는 군중이 모두 거꾸로 비추어져 있었다. 그것은 하늘을 잃어버린 해저(海底)와 같았다. 무수한 머리가 어깨 아래로 향해 있고 어깨가 발아래에 있었다. 그들은 지금 당장이라도 추락할 것 같은 기괴한 현수형(懸垂形)[16]의 천개(天蓋)[17]를 그리면서 쭉 늘어서 있다가 다

---

16 아래로 똑바로 매달리는 형태.
17 불교나 그리스도교에서 불상이나 제단 등을 위에서 가리는 삿갓 또는 우산.

상하이 체류 중의 요코미쓰 리이치

시 원위치로 되돌아오고, 되돌아와서는 빙빙 도는 해초(海草)와 같이 흔들리고 있었다. 산키는 그들을 돌면서 축 처져 있던 군중 속에서 팡츄란의 얼굴을 계속 찾고 있었다. (…중략…) 그 앞을 사람들의 물결이 지나갔다. 강과 강 사이에서 물보라처럼 뛰어올랐던 군중들이 충돌했다. 깃발이 인파 위로 넘어질 것 같았다. 그 깃발의 천 조각이 쭉 늘어선 군중들의 발에 걸린 채 건물 속으로 빨려 들어가려 했다. (…중략…) 그는 넘어졌다. 달리기 시작한 츄란의 발이 ― 그는 덤벼든 육체를 발로 차버리고 힘차게 일어났다. 그는 총 개머리판에 부딪쳤다. 하지만 그는 새로이 몰려온 군중 속으로 뛰어들어 다시 그 인파와 함께 사라져 갔다.[4]

앞에서도 말했듯이 1920년대 상하이의 주역은 자본과 대중이었다. 그러한 것을 생각하면 이 근대 도시를 그려내는데 있어서 요코미쓰가 왜 금이나 면화 시세와 데모 행진중의 군중을 이렇게 열심히 묘사하지 않으면 안 되었던가를 이해할 수 있을 것이다.

말하자면 표현상의 '상징교환'에 머무르지 않고 양자의 진정한 관계 발견이야말로 어쩌면 그의 상하이 체험, 더 나아가서는 소설 『상하이』의 최대수확이었을 지도 모른다.

요시유키吉行 에이스케가 본 부르주아 도시

자본이라고 하면 상하이의 금융자본과 그것이 나타낸 사치에 주목한 일본인 작가가 또 한사람 있었다. 요시유키 에이스케이다. 그는 일전에 상하이에 대한 자신의 관심을 다음과 같이 말한 적이 있다.

즉 나의 중국에 대한 통찰은 세계 각국의 금융 자본에 의해 통제되고 있는 중국, 그 화원의 비료에 나타난 부르주아 국가의 향기로운 정치적 색채에 대한 감수성 이외에 아무것도 아니다.[5]

요시유키 에이스케

소위 에이스케답지 않은 발언이지만 30년대 초기에 잇달아 발표된 그의 일련의 상하이 리포트를 읽어보면 그가 여기서 무엇을 말하려고 했던가를 확실하게 알 수 있다. 그 문장들에서 에이스케는 정말로 풍부한 감수성과 화려한 표현으로 이 정치색이 강한 부르주아 도시의 사치스러운 현실을 부각시킨 것이다.

최근 여러 가지 일이 계기가 되어 에이스케가 재평가되고 있지만 20～30년대에 그의 화려한 활동 중에서 역시 해명되지 않은 점도 있다. 예를 들면 그는 틀림없이 1931년 4월에 한 번 상하이를 방문했는데 그 일정을 전후로 해서 달리 상하이를 방문한 사실이 있는지 여부는 확실하게 알 수가 없다. 연표 등으로 살펴보는 한 1930년 3월부터 다음해 4월까지 한두 번 온 것 같은데 정확한 것은 확실하지 않다.

하지만 이러한 경력상의 수수께끼는 결코 그의 상하이에 대한 '통찰'에 영향을 끼치지 않는다.

그만큼 그러한 것들의 '표현'이 화려하고 아름다운 색채를 띠고 있다. 이하 수많은 상하이 리포트가 모여 있는 『새로운 상하이의 프라이비트 private』에서 실제 사례를 2개 정도 들어보겠다.

백화점의 옥상화원

댄스홀

상하이가 극동에서 뉴욕이 되는 날은 먼 미래의 일이 아니다 ― 예를 들면 황푸탄(黃浦灘) 마천루의 입체선이 만들어내는 회색의 지층(地層)에 엄청난 수의 자동차가 넘쳐날 때, …

마천루의 알루미늄 창에서 내려다보면 화려한 자본주의 도시가 2개의 지층으로 분리되고 거기에는 압축된 포장도로와 끊임없이 움직이는 부르주아 과학의 세련됨, 이 2개의 경관을 나는 인정할 수가 있다.

이 도시에 땅거미가 내려오고 짙은 화장을 한 여자가 시내의 사거리에 나타나는 시각, 빌딩에 사는 거주자는 엘리베이터의 와이어 로프가 스치는 소리에 도시를 소굴로 만드는 거대한 여성의 생리를 느끼는 것이었다.

콘크리트와, 철과, ― 유리와 짧은 스커트의 매력.6)

그것과 함께 근대 풍속의 유입으로 생긴 새로운 매춘부들이 다마로(大馬路) 영안백화점(永安百貨店)의 옥상화원, 첨시(尖施), 신신백화점(新新百貨店)의 화원에 많이 나타나 서구화된 에로티시즘의 매혹으로 신기함을 좋아하는 남자들을 유혹한다.

이미 백화점은 문이 닫히고 호텔과 화원을 위한 출입구인 옆길에서 입장권과 엘리베이터의 티켓을 사면 옥상의 화원으로 가는 엘리베이터 안, 파마・웨이브를 넣은 여자머리카락이 헝클어지고 천운루(天韻樓)까지 연결되는 옥상화원에는 여러 곳에 무대와 ― 영화 스크린과 도박장과 찻집이 설치되고 시끄러운 중국음악과 도박 테이블이 회전할 때마다 나오는 은구슬 소리와 무대에서 부딪히는 격렬한 칼싸움 장면과 기녀(妓女)가 부르는 기누즈레(絹ずれ, 옷깃 스침)[18]와 같은 중국노래와 관중의 술렁거림…

그리고 엄청난 화장을 한 여자가 남자의 소매를 당기고 있다.7)

전장으로 바뀐 상하이

'타자'에서 '왕도낙토王道樂土'[19]로

그러나 에이스케에 의해 화려하게 그려진 이러한 상하이의 활기도 대략 그의 방문으로부터 1년 후에 일시적으로 파괴된다. 일본군이 소위 제1차 상하이사변(1932)을 일으켜 상하이의 일부, 그것도 일본인 마을인 홍커우를 포함한 자베이 일대 지역이 전쟁터가 되었기 때문이다.

이 전쟁에 관하여 에이스케도 조금은 그의 문장 안에서 언급하고 있다. 다만 그것을 정식으로 거론해 작품화한 것은 오히려 나오키 산주고直木三十五의 『일본의 전율 상하이편』[8]일 것이다. 다만 거기에는 이미 우리들이 언급해 온 '상하이'는 완전히 모습을 감추고, 남아 있는 것은 전장에서 흥분되어 가는 일본인의 심정과 내셔널리즘뿐이었다.

그리고 모습이 사라진 것은 단지 기존의 일본인 작가에 의한 '상하이'

---

18 Cocco가 작사, 작곡, 노래한 곡(曲).
19 1932년 만주국 건국 시의 이념으로서 동양의 덕에 의한 통치로 정치가 이루어지는 평화롭고 이상적인 땅.

의 다양한 표현만은 아니었다. 어떤 의미에서 이 전쟁으로 인하여 기존에 일본인이 갖고 있던 상하이의 의미도, 좀 더 극단적으로 말하면 '상하이' 그 자체의 의미도 함께 사라져버렸던 것이다.

이것은 이러한 전쟁 중에 조계의 동구와 북구, 즉 구舊 미국 조계가 일본군의 중국군 공격을 위한 '군사기지'로 사용된 것을 계기로 '조계'가 마침내 기존의 '중립'과 '자유'의 입장에서 벗어나 거의 '대일본제국'의 위력에 의해 압박받기 시작했기 때문이다.

예를 들면 예전에 기시다 긴코처럼 정도의 차이는 있지만 어떤 거주자에게도 약간은 존재했던 일본 '이탈자'와 재외 '일본인'사이의 아이덴티티의 동요는 이러한 전쟁 중에서 일부의 예외를 제외하면 거의 모두가 '일본'으로 기울었던 것도 그 발로이며, 전쟁 후 동구와 북구에서 기존의 조계경찰 업무가 거의 일본의 해군육전대海軍陸戰隊[20]로 바뀐 것도 그러한 것의 일면을 나타낸다고 할 수 있다.

그리고 이 사태는 1937년(쇼와 12) 이후 중일전면전 시대로 접어들자 더욱 악화되었다. 1937년 11월경부터 일본군의 압력에 의해 조계당국은 마침내 모든 반일·항일적인 출판물을 단속하기 시작하였고, 또 39년 이후에는 조계 안에 드디어 일본헌병의 지방기관이 설치되어 모든 항일활동이 금지되어 버렸다.

이어서 태평양전쟁 때가 되자 이번에는 공동 조계 전체가 완전히 일본군에게 '접수'됨으로써 아직 '독립'적인 모습을 유지하고 있었던 프랑스 조계를 포함해 상하이 전 지역에서 마침내 '호적등록'과 '인조제도隣

---

20 일본해군이 편성한 육상전투부대이다. 단순히 육전대(陸戰隊)라고 부르는 일이 있다.

組制度'[21]가 실시되기 시작했는데, 이 정도까지 쫓겨 온 것이라면 '상하이'는 이제 기존의 기능이 완전히 사라져 어디까지나 '왕도낙토'의 일부로 바뀌어 버렸다.

물론 예전에도 도시로서의 상하이는 여전히 일본이나 전란戰亂을 피해 온 중국 내지의 자본 투입에 의해 계속해서 '호경기好景氣'를 유지하고 있었다. 아니 통계에 의하면 태평양전쟁 직전까지는 오히려 공전의 '번영'을 맞이하고 있다. 그러나 그것은 일본 혹은 많은 일본인에게 경제적인 의미는 있어도 기존의 '타자'로서 기능해 온 정신적인 의미는 크게 손상되었다고 할 수 있다.

즉 메이지 이후 반세기 이상에 걸쳐 일본의 '본토'를 상대화할 장소로서의 역할을 계속해 온 상하이는 대체로 그 팽창하는 '내지內地'로 끌어들여진 시점부터 이미 지금까지와 같은 '로망'의 대상이 아니라, 같은 동경憧憬의 땅이라도 거의 일확천금의 기회가 있는 매우 현실적인 장소로 바뀌어 버렸다고 생각한다. 거기에는 근대 일본의 이탈자보다도 오히려 근대 일본의 추종자가 대다수를 차지하며 그들의 존재에 의하여 상하이는 마침내 단순히 수많은 '외지外地'의 하나가 되었다. 그러한 의미에서 전시 중에 가장 많을 때는 10만 명의 일본인이 상하이에 체류하고 있었다고 전해지는데 둘 사이에 어느 정도 기존과 같은 '관계'가 구축되어 있었는지는 의문이다.

일부의 예외를 제외하고 '상하이'는 일본인의 정신세계로부터 퇴색되어 버렸다고 할 수 있다.

---

21 대략 제2차 세계대전하의 일본에서 각 부락에 결성된 관(官) 주도의 통제조직 제도.

상하이에서 본 일본

'동경(憧憬)의 상하이'

이제부터 출항이다, 유쾌한 항해다

꿈에 본 그 상하이로

남중국해 담력으로 건넌다.

우지마라 차르멜라,[1] 밤안개 속에서

울면서 나는 것은 신천옹(信天翁)[2]

붉은 등불이 한들거리면서 손짓한다

상하이! 동경의 상하이!

행선지는 대륙, 장미빛의 새벽이다.

---

1   오보에와 마찬가지로 목관악기의 일종.
2   바닷새의 하나. Phoebastria albatrus.

젊은 생명의 흰색 돛이 올라간다

버드나무 푸르고 푸르고, 양쯔강에

다마로(太馬路), 스마로(四馬路)는 밤에 피는 꽃이다

귀여운 눈도 기다리고 술도 기다린다

붉은 등불이 한들거리면서 부른다

상하이! 동경의 상하이!

우리들은 마도로스, 거친 파도 헤치며 돈벌이 간다

달 뜬 중국해, 고우타(小唄)³로 넘는

바다의 날치, 철새

울부짖는 거친 파도, 마음도 뛴다

꿈의 항구는 이제 가깝다

붉은 등불이 한들거리면서 손짓한다

상하이! 동경의 상하이!

쇼와昭和 시대의 대표적인 시인이며 가요곡의 작사가로서도 널리 알려진 사이조 야소西条八十가 1938년(쇼와 13)에 만든 〈상하이항로〉¹⁾이다. 사이조의 이 노래에 그치지 않고 사실 쇼와 시대에 접어들면서 일본에서 상하이를 소재로 한 노래가 많이 작곡되었다.

예를 들면 〈상하이 고우타上海小唄〉(가도다 루이카門田涙花 작사, 사쓰키 쇼きつき生 작곡, 가지와라 가조梶原華嬢, 단체 상연 〈상하이 야화上海夜話〉 극중가,

---

3 에도 말기에 유행한 속곡(俗曲)의 총칭. 나게부시의 유의어.

1930년대의 '꿈의' 스마로

1927(쇼와 2))를 비롯해서 일활영화^{日活映畫}[4] 〈상하이〉의 주제가인 〈그러면 상하이〉(시구레 오토하^{時雨音羽} 작사, 고가 마사오^{古賀政男} 작곡, 1932(쇼와 7)), 같은 사이조의 작사인 〈상하이 선물〉(핫토리 료이치^{服部良一} 작곡, 1938), 〈지나의 밤〉(다케오카 노부유키^{竹岡信幸} 작곡, 1938), 또 사토 소노스케^{佐藤惣之助}가 작사한 〈상하이 소식〉(미카이 미노루^{三界稔} 작곡, 1938)이나 〈상하이의 길모퉁이에서〉(야마다 에이이치^{山田栄一} 작곡, 1938), 제2차 세계대전 이후에 한때 대히트한 〈상하이귀로의 릴〉(도조 주사부로^{東条寿三郎} 작사, 도구치 마사노부^{渡久地政信} 작곡, 1951(쇼와 26)) 등 그 수는 놀랍게도 20여 곡에 달한다.

그리고 일부 '전쟁물'을 제외하면 이들 노래에서 반복적으로 불린 것

---

4 일활은 일활주식회사(日活株式會社)로 일본의 영화제작, 배급회사이다. 회사명은 창립시의 명칭인 「일본활동사진주식회사」의 약칭에서 유래한다.

은 앞선 인용과 동일한 '상하이'였다. 즉 "라일락꽃이 지다",[2] "꿈의 스마로"[3]나 "달도 모르는 사람",[4] "즐거운 노래 거리"[5] 등 상하이에 대한 '동경'이 불리고 있었다.

우리들이 지금까지 보아온 상하이의 어두운 측면은 깨끗하게 불식되고 그저 남녀의 아름다운 애환의 이야기가 어디까지나 계속 반복되며 상하이는 정말로 '붉은 등불'처럼 흔들거리며 사람들을 '유혹하는' 것이었다. 물론 이것은 어디까지나 노래를 노래로서 성립시키기 위한 일종의 조작에 지나지 않지만, 이러한 조작은 어떤 면에서는 그대로 상하이에 대한 일본인의 진실한 '마음'을 표현하는 것이기도 했다.

'서양'의 2개의 얼굴

생각해 보면 대략 19세기 중반부터 20세기 중반까지 100년 동안, 일본인은 확실히 '상하이'를 동경해 왔다. 그리고 그 내용은 또 시대와 함께 변화하고 거기에 다양한 꿈이 맡겨져 있었다. 즉 메이지유신까지는 일본 내지 일본인은 주로 상하이의 '근대'적인 측면을 동경한데 비하여 메이지유신 이후는 오히려 '반근대反近代'적인 측면을 동경했다고 생각한다.

물론 이 분류법은 어디까지나 논의를 명확히 하기 위한 방편이며, 실제로는 쌍방에 대한 '동경'이 어떤 시대에나 있었고 오히려 둘의 교차에 의해 태어난 '혼돈'이야말로 많은 사람의 "감정을 고조시키는"[6] 것이었다.

이 책에서는 곧 이러한 시대와 함께 변화하면서도 늘 이 땅에 새로운 '꿈'을 찾으러 온 일본인과 상하이의 관계에 대하여 특히 메이지유신을 경계로 생긴 그 커다란 '반전反轉'을 축으로 논했다. 이하 그 프로세스를 보다 명확히 하기 위하여 한 번 더 지금까지의 논의를 재정리해 보겠다.

예를 들면 예전에 시바 료타로司馬遼太郎는 『료마龍馬가 간다』 속에서 사카모토 료마坂本龍馬가 처음으로 나가사키를 방문했을 때의 심정을 추측해 "남해南海의 도사土佐도 하늘이 아름답기는 하나 또한 수증기가 많다. 나가사키의 하늘은 그 정도는 아니다. 동중국해의 푸른 하늘이 그대로 나가사키까지 이어지고 있다는 느낌"이라고 묘사하고 있다. 이 경우에 동중국해는 말할 것도 없이 상하이를 포함하고 있으며, 사카모토 료마는 분명히 거기서 일본의 '미래'를 찾으려고 했다. 적어도 작가인 시바 료타로는 그렇게 인식하고 있었을 것이다. 어디까지가 진실인지 모르지만 시바가 그린 이 에피소드는 매우 상징적인 의미를 갖고 있다고 생각한다.

사카모토 료마가 이때 바다를 사이에 두고 바라보고 있었던 상하이는 불완전하지만 확실히 일본보다 훨씬 '근대'화가 실현되어 있었다. 구미열강의 20년 이상에 걸친 경영에 의해 소위 '조계'를 중심으로 반강제적이기는 하지만 자본주의가 이미 어느 정도 침투해 있었고, 거기에는 어떻든 근대적인 도시 공간이 성립되어 있었던 것이다.

실제로 제1장에서 언급했듯이, 이보다 2년 전부터 마찬가지로 '미래'를 매우 우려했던 다카스기 신사쿠高杉晋作나 그 외 많은 일본무사들이 이미 다양한 형태로 그 '근대'를 체험하고 또 '탐색'해 왔다. 그리고 그들은 한결같이 서양 문명에 의해 달성된 '번화한 광경에 놀랐을' 뿐만 아니라 동시에 조계 '상하이'가 현성 '상하이'를 압박한다는 구조에 관해서도 확실하게 인식하고 있었다.

아마도 이제 겨우 '외부'로 눈을 돌리기 시작한 일본무사들에게 있어서 가장 가까운 곳에 나타난 '서양'의 이와 같은 2개의 '얼굴'은 어느 쪽도 좌시할 수 없었을 것이다.

한편 무사들의 '상하이'에 대한 관심과 교차된 형태로 거의 '근대'가 실현된 상하이는 스스로의 자본주의적 성격에서 유래한 당연한 결과이며 마침내 촉수를 지리적으로 매우 가까운 일본에까지 계속 뻗어가려 했던 것도 사실이다.

그것을 구체적으로 말하면 대량의 서양 정보의 일본 전래를 의미하는데 그중에서도 선교사에 의한 다양한 한역양서漢譯洋書가 전한 지식은 일본인을 '서양 문명'에 눈을 뜨게 했을 뿐만 아니라 동시에 일본인에게 열강 제국을 모델로 한 어떤 종류의 국가관 혹은 국가상國家像도 제시한 것이다.

그러한 의미에서 이미 제2장, 제3장에서 언급했듯이 이때 상하이의 존재는 일본에게 일종의 '근대'의 기폭제이며 '국가'로서의 새로운 출발에 적지 않은 영향을 미쳤다고 할 수 있다.

일본 탈출이라는 꿈

그런데 일본에서 상하이의 역할은 메이지기에 접어들면서 급속히 변화하기 시작했다. 그것은 물론 일본이 스스로 '문명 개화文明開化'를 표방하고 직접 구미로부터 근대의 여러 제도 도입을 시작했기 때문에 기존의 '중계지'로서의 상하이가 거의 의미를 가지지 못하게 된 것에 따른다. 그러나 보다 근본적인 원인은 오히려 내셔널리즘을 기반으로 한 구심적인 '국민국가'를 추진하는 메이지 일본에게 있어 반식민지이며 전혀 국가적인 '아이덴티티'를 가지지 못하는 상하이의 '근대'는 일종의 '위협'이기는 하나 결코 종래와 같은 서양 문명의 '최전선'으로서 우러러 보아야 할 대상이 아니게 된 점에 있다고 생각한다.

이렇게 해서 막부 말기에 일본에게 다양한 '근대 국가'의 정보를 전해 준 상하이는 바로 메이지 국가가 성립된 그 시점부터 일본에서 그 존재 의미가 완전히 반전되어 버렸다. 상하이라는 존재는 소위 '근대 국가'의 내셔널리즘을 초월해 중국이나 일본은 물론, 구미 여러 국가와 같이 특정한 국가에 소속되지 않고 완전히 '자유'로운 신천지로서 새로운 역할을 맡게 되었다. 그것은 근대 국가의 통솔이 마침내 확고히 되어 가는 '폐쇄적'인 일본의 입장에서 보면 실로 '로망'을 맡겨야 할 대상이며 '모험'의 꿈을 실현시켜 줄 절호의 땅이었다.

1870년대 이후의 상하이는 '국가'로서의 일본에 그다지 영향을 미치지 않게 되지만, '일본 탈출'을 꿈꾸는 많은 일본인들에게는 이 혼돈스러운 '근대' 도시는 틀림없이 가장 가까운 '피난소'이며 또한 '낙원' 바로 그 자체인 셈이었다. 더욱이 메이지 이후 실로 엄청난 일본인이 상하이로 넘어왔는데 일부 공적인 파견에 의한 대륙 진출자는 제외하더라도 많은 사람들이 이 땅에서 추구하고 있었던 것은 역시 그 '내지'와는 다른 '근대'의 모습이며 '균일적'인 일본을 상대화하는 '장치'로서의 역할이었다고 할 수 있다.

모험에서 모던으로

이와 같이 메이지 이후의 일본인은 실로 일본적인 '근대'를 부정하고 거기서 이탈하려는 생각으로 상하이의 '반反 근대' 혹은 '반反 국민국가'적인 모습을 동경하였다고 할 수 있다. 하지만 그 내용을 크게 나누면 거기에는 시대마다 로망, 취미, 그리고 모던한 지역으로서의 차이를 확인할 수 있다.

물론 이 경우에도 삼자가 다양한 상황에서 서로 겹쳐서 그 사이에 반드시 확실한 선을 그을 수 있다고는 할 수 없지만 도시로서 상하이의 발전단계에 따라 일본인이 이 땅에 맡긴 '꿈'이 각각 미묘하게 변화되고 있었던 것은 사실이다.

　예를 들면 메이지 시기의 상하이는 일본인들에게 똑같이 '문명 개화'를 전개할 장소로서 양측 사이에 다양한 관계가 발생한 것도 있었지만, 주로 당시에 점점 활발해지는 '대륙 웅비'의 대상이었다고 할 수 있다.

　이미 제4장에서 언급하였듯이, 일본과 상하이는 이 시기에 거의 나란히 소위 말하는 '서양 근대'를 추진하고 있었다. 하지만 양자가 나아가는 방향이 한쪽은 확고한 '국민국가', 또 한쪽은 아이덴티티가 매우 애매한 '화양잡거華洋雜居' 도시라는 식으로 완전히 달랐다. 그러한 이유로 많은 메이지 일본의 '이탈자'가 '내지'에서는 결코 실현할 수 없었던 수많은 '꿈'을 안고 중국 대륙 특히 '국제도시'인 상하이에서 자신들의 '신천지'를 찾았던 것이다.

　또 일본의 상하이영사관 통계에 의하면 1906년(메이지 39) 2월 시점에 상하이에 거주하는 일본인은 4,973명으로 결코 많지 않았다. 하지만 그 직업을 보면 큰 은행의 은행원에서 찻집의 기녀妓女까지 실로 다양한 사람들이 이 도시에 체류했다. 그리고 그들 대부분은 앞에서도 언급한 기시다 긴코의 예를 들 것까지도 없이 대부분이 이 '자유'로운 신천지에서 '새로운 운명을 개척하겠다'고 건너온 사람이며, 그 성공담은 또 연이어 새로운 '모험자'로서의 도항을 계속 불러 모으고 있었던 것이다.

　그리고 다이쇼 시대에 접어들면서 이들 '모험자' 집단에 더해 '혼돈'스러운 상하이의 도시 생활을 즐기려고 새로운 도항자의 무리가 또 출현했다. 그 배경의 하나로는 19세기 후반에 성립한 근대 도시 상하이가 이 시기가 되면, 내외의 자본 투입이나 인구 증가 등에 의하여 더욱 '번성'하게 되고, 거기에 세계 굴지의 오락 공간이 출현한 것이다. 또 하나는 대략 메이지 후반부터 중일 쌍방에서 투어리즘이라는 새로운 '제도' 출현으로 인하여 비교적 단기간에 더욱 쾌적하게 왕래할 수 있게 되었던 것을 들 수 있다.

그중에서도 투어리즘의 성립은 기존과 같은 '생활'을 위한 것이 아니라 어디까지나 여행이라는 '취미'를 위한 도항이 가능하게 되었으며, 또 새로이 문학자나 기타 지식인을 대상으로 상하이로의 '접근'을 실현시켰다고 할 수 있다. 다이쇼 시대에 들어가면서 제5장에서 거론한 상하이 '탐닉자'의 면면들이 갑자기 나타난 이유이다.

이러한 '모험자'와 '탐닉자'들의 상하이로의 도항이 끊이지 않는 가운데, 쇼와기가 되자 이번에는 갑자기 출현한 '모던' 공간에 이끌려 거기서 전개된 다양한 새로운 '상상＝창조력'을 스스로의 영양분으로 삼으려는 사람들이 등장했다.

물론 '모던'한 공간에 관해서는 도쿄를 비롯해 일본에서도 거의 같은 시기에 화려하게 나타났다. 하지만 상하이의 경우에는 이미 몇 번이나 반복해 왔듯이 소위 스스로의 '복합'적인 성격과 급속히 성장한 '대중'의 빈번한 노동운동 등으로 인하여 그 '모던'에는 항상 일종의 과격함, 야단스러움, 어두운 면이 동반되어 있었다. 그리고 세계적으로도 드문 '모던'의 모습을 '발견'하고, 그것을 새로운 '영양榮養'으로서 일본에 갖고 돌아온 사람은 다름 아닌 제6장에 등장한 요코미쓰 리이치를 비롯한 일부의 작가들이었다.

상하이라는 '타자'

이와 같이 대략 1840년대부터 1930년대까지의 100년 동안, 상하이는 일본 또는 일본인에게 실로 많은 역할을 해 왔다. 그 역할에는 물론 다양한 내용이 포함되어 도저히 간단히는 정리할 수 없지만, 굳이 한마디로 총괄한다면 그것은 늘 일본이라는 '국가', 게다가 그 각각의 '개인'의 모습을 상대화相對化해 온 외부의 '장치'라는 거대한 '타자'로서의 역할이었다고 할 수 있다.

그리고 바로 이 거대한 '타자'가 바다를 사이에 두고 바로 옆에 있었기 때문에 일본의 '근대'도 보다 빨리 개막을 맞이하였고, 또 바다를 건넌 각각의 일본인도 보다 풍요로운 삶을 손에 넣을 수가 있었던 것이다.

두말할 것도 없이 100년 동안 일본에서 소위 '타자'로서의 공간은 그 외에도 다수 있었을 것이다. 그러나 그것은 관계한 시기의 길이와 도항자의 규모로 보아 그 어느 쪽도 상하이를 빠트릴 수는 없다. 그러한 의미에서 약간 아전인수격일지 모르나 상하이와 일본의 관계 해명이야말로 근대 일본을 이해하기 위한 중요한 열쇠의 하나이다.

또 각 개인의 상하이 체험을 쫓아가는 것도 근대 일본인의 정신적인 변천을 파악하는 데 결코 빠트릴 수 없는 작업의 하나이다. 상하이는 이미 오랫동안 많은 사람들에 의해 이야기되어 왔는데, 이상과 같은 이유로 또 당분간 계속 이야기될 것이다. 아니 오히려 지금보다 더 많이 이야기되어야만 할 것이다.

보충

상하이 빅뱅

마도 그 후

1. 사라지는 마성魔性

상하이모던을 지탱한 사람들

이 책에서 이미 몇 번이나 되풀이했던 상하이가 '마성의 도시'인 이유는, 시공간적으로 중국의 재래전통과 서양 근대, 주변의 내적 관습과 외래문화의 혼합에 의해 생겨난 하나의 혼돈 상태 바로 그 때문이다. 소위 상하이모던이라는 것도 그러한 혼돈 상태를 특징으로 하는 이 도시의 독자적이고 반식민지적인 성격에 유래한 일종의 과격한 모더니즘이라고 할 수 있다. 그리고 오랜 세월에 걸쳐 이러한 특질을 만들어내고 그것을 지속할 수 있게 한 것은 바로 끊임없는 내외자본의 투입과 주변으로부터의 인구 이동, 게다가 이 둘에 의해 만들어진 금융, 생산, 소비라는 상하이 도시 공간 내의 왕복운동이었다.

이 왕복운동이란 어떤 것인가 하면, 즉 19세기 말 청일전쟁 뒤에 맺어진 시모노세키조약에서 외국 자본의 중국 진출이 인정됨으로써 기존에 기본적으로 무역상사가 중심이었던 번드가 내외은행의 진출로 급속하게 거대한 금융투자센터로 변신했다. 이 번드에 투입된 자본이 상하이 외부에 방적을 비롯한 수많은 생산 공장을 만들고 근린 지역으로부터 여공 등과 같은 돈벌이 노동자를 대량으로 흡수했다. 그녀들은 물론 어디까지나 저임금으로 고용된 일반 여성들이지만 거의 대부분이 10대의 미혼자여서 모두 엄연한 하나의 큰 소비군이기도 했다. 따라서 그녀들이 평소에 가는 외출 장소는 번드와 공장지대의 중간에 있는 난징로를 중심으로 하는 상점가인데, 일단 불황 등으로 공장에서 쫓겨나면 그 행선지도 대부분 정해져 있어, 말하자면 창기娼妓 등으로 난징로의 두 갈래 앞길인 푸저우로(스마로四馬路)의 오락시설로 흘러들어 간다. 그리고 4등급, 5등급으로 등급이 분류된 그녀들을 '소비' 대상으로 해서 또한 번드와 주변으로부터 화이트칼라와 블루칼라 남성들이 주야를 불문하고 몰려든다.

이와 같이 근대 상하이의 150년 동안 처음 50년(1843년~1895년)은 차치하더라도 가장 화려한 황금기인 50년(1895년~1949년)은 많은 영고성쇠가 있었지만 대략 자본과 인간의 이동에 의해 성립된 도시 공간 구조하에서 오랫동안 그 희비극을 연출해 왔다.

마도를 지운 2개의 요소

그런데 부족한 것도 많이 있겠지만 우선 전반기 2개의 50년을 뒤돌아보고 그 파란만장한 마도로서의 역사를 더듬어간 지금, '그 후'의 50년, 즉 1949년의 신 중국성립 이후, 오늘날 특히 바로 지금 개최 중인 상하이만국박람회까지의 발자취도 역시 여기서 간단하게 소개할 필요가 있다. 그렇게 하지 않으면 이 책도 일종의 회고본回顧本으로 끝나서 당초에 계획하고 있었던 상하이를 개관할 목적도 없어질 뿐만 아니라, 오늘날의 깜짝 놀랄만한 '번영'된 모습을 설명하는 참고서도 되지 않는다.

그렇다면 도대체 '마도' 그 후는 어떻게 된 것인가? 결론부터 말하면 그 마성을 없애고 그 과격한 모더니즘을 없앤 것은 처음에는 일본의 점령, 다음에는 신중국의 성립, 즉 바로 이 의외의 두 가지 '합작'에 의해 상하이 그 후의 마도로서의 성격이 지워져버린 것이다.

프롤로그에서도 언급했듯이 상하이 특히 그 중심부인 조계는 성립 초기부터 일관되게 자치를 행하며 하나의 '독립왕국'으로서 운영되어 왔다. 그리고 오랫동안 이 조계의 번영을 유지하고 독자성을 지켜온 것은 바로 안팎으로부터의 대량이민이었다. 내부에서는 민족자본가, 과거시험에 실패한 지식인, 돈벌이 노동자, 외부로부터는 초기에는 무역 상인과 그리스도교 선교사들이었지만 그 뒤 추가로 백인계 러시아인, 유태인 망명자, 일본인 거류민이 급속하게 수를 늘려갔다. 이들 중국인이나 외국인에 대하여 '자치정부'의 공부국工部局은 세금은 징수하였지만 그 외의 것은 매우 느슨하게 관리했다. 이와 같이 조계를 중심으로 하는 상하이에 일본군이 주둔한 후 갑자기 호적등록, 출입제한 등과 같은 '제국帝國'적 관리가 이루어지고 또 이후에 신 중국이 성립하자마자 그것 이상으로 엄격한 사회주의적 '개조改造'가 더해졌다. 이것은 내외 인원, 문화 교착을 기본 형태로 하는 이 도시의 모습을 근본부터 바꾸어 버린 것이다.

일본군에 의한 호적 관리

1937년 7월 소위 노구교 사건盧溝橋事件을 계기로 중일양국이 전면적으로 전쟁상태에 들어간 뒤, 일본군은 그 다음 달에 재빨리 제2차 상하이사변을 일으켜 중국군과 3개월 이상에 걸친 치열한 공방전 끝에 마침내 조계를 제외한 상하이 전역을 함락시켰다. 이후 조계에 일정 부분 배려를 하면서도 약 4년간에 걸쳐 그것을 '외딴 섬'으로서 포위하고 각 분야에서 그 내부로의 침투를 기도했다. 그리고 1941년 12월 8일 미국과 일본이 전쟁을 시작하자마자 프랑스 조계 이외의 공동 조계 구역에 주둔하며 45년의 종전까지 지배를 계속해 왔다.

일본 점령기에 흥아원화중연락부興亞院華中連絡部, 총영사관, 육군사령부, 해군사령부, 특무기관의 5개 계통으로 구성된 통치기관에 의해 다양한 시책이 행해졌는데 그중에서도 상하이의 '마도' 특질에 가장 큰 타격을 준 것은 역시 안팎으로의 이민과 그들의 자산 관리였다고 할 수 있다.

주둔한 지 3주일 뒤에 생활물자공급 등의 이유로 헌병대는 먼저 시내로 이주를 제한하는 동시에 비생산인구의 귀향을 권고하기 시작해 그 다음해 1월 말까지 강제·반강제적으로 대략 60만 명을 각각의 고향으로 귀환시켰다. 이 인구 분산에 이어 진행된 것이 전 시민을 대상으로 하는 호적조사와 호적등록이었다. 300만 명 가까운 인구조사, 등록은 상하이 역사상 처음이며 이로 인하여 모든 주민이 일시에 통치당국의 관리·감독하에 놓이게 되었다.

호적등록뿐만 아니다. 5월에 접어들자 이번에는 '인조隣組'[1]라고도 할

---

1 제2차 세계대전 당시, 국민을 통제하기 위해서 만들어진 최말단의 지역 조직.

수 있는 '보갑保甲' 제도²가 실시되어 양 조계가 각각 4,854갑(400보)과 4,499갑(1038보)으로 편성되고 갑의 내부에 연좌제를 적용하는 한편, 각각의 주민에게는 '시민증'을 발행해 상시 휴대를 의무화했다.¹⁾

중국인은 호적등록, '보갑' 편입에 그쳤으나 구미의 거주민에게는 주거등록과 동시에 재산등록도 이루어졌다. 특히 재산등록은 허가 없는 이전이 제한되어 있었기 때문에 구미로부터의 거주민 자신의 자산, 자본이 동결되었을 뿐만 아니라 각 구미계 은행에 예금되어 있었던 중국인의 자산, 자본도 거의 희생되어 버렸다. 게다가 이 '적성국敵性國' 거주민에 대한 통제는 이후 더욱 강화되어 우선 1942년 10월에 신분을 나타내는 적색완장 착용이 의무화되었고, 또 4개월 후인 43년 2월에는 푸둥浦東에 만들어진 수용소에 여성, 아이를 제외한 성인남성 전원이 강제로 '수용'되었다.

이와 같이 일본군에 의한 '조계접수'로부터 불과 1년 정도 만에 상하이는 이제 완전히 과거의 번영을 유지해 온 인적, 물적 기반을 잃어버리고 프랑스 조계를 제외하고는 다른 점령지와 거의 똑같이 되어 버렸다. 그리고 이미 유명무실화된 조계는 그 후 미국과 영국에 대한 전쟁 개시 선언을 조건으로 왕징웨이汪精衛가 이끄는 난징괴뢰정부에 반환, 접수되고 1943년 7월 31일로 마침내 그 100년의 역사에 막이 내려졌다.

사회주의적 균일화로

종전 이후 국민정부가 위치한 충칭重慶이나 피난지 홍콩 등에서 한때 많은 원주민이 상하이로 되돌아 왔다. 또 접수를 도와준다는 명목으로

---

2 송대(宋代) 혹은 진대(秦代)에 기원을 찾을 수 있는 중국 행정기관의 가장 말단조직(末端組織)이다. 10호(戶)로 '갑(甲)'을, 10갑으로 '보(保)'를 편성했다.

미군이 주둔하고 또 그 후에 중미우호통상조약이 체결됨으로써 미국도 래의 문화나 상품이 시중에 넘쳐나 상하이는 마치 예전의 화려함을 회복한 것처럼 보였다. 그러나 그것은 허상에 불과하며 정부의 거듭된 실정으로 인하여 상하이의 경제, 산업 또 시민생활 그 자체가 반 파탄에 가까운 상황에 빠지게 되고, 조금의 회복도 없는 상태로 49년 5월에 마침내 인민해방군에게 점령·해방되었다.

　해방 후 상하이에는 강력한 새 정권하에서 모든 분야의 사회주의적 균일화 혹은 단일화가 추진되었다. 예를 들면 금융 면에서 외국 자본계外資系 은행으로서 홍콩상하이은행과 맥가리은행麥加利銀行(영국)의 2개 은행이 잔류하고 그 외 화기은행花旗銀行(미국), 신창은행愼昌銀行(미국) 등의 대형은행이 잇달아 상하이에서 철수했다. 또 중국계 은행으로는 중국통상은행, 중앙은행, 중국농민은행 등이 모두 인민정부에 흡수되어 인민은행을 중심으로 하는 새로운 금융체계에 편입되었다. 그리고 일반투자자로서는 해방되자마자 투기적인 거래를 단속한다는 명목으로 증권센터가 폐쇄되어 투자활동이 기본적으로 금지되었다.

　상업 면에서는 예의 빅4Big four를 비롯한 백화점업계로 보면, 1949년 시점에 12개의 점포가 이후 계속 폐업, 전업해 54년 시점에 영업을 계속하고 있었던 곳은 영안永安, 선시先施, 중국내의中國內衣의 불과 3곳, 더욱이 56년이 되면 영안 한 곳밖에 남지 않았다. 물론 이들을 대신해서 많은 국영점포가 생겼지만, 경영기능은 이전과는 많이 바뀌었다.

　해방 후 상하이의 격변상황을 드러내는 또 하나는 인구 구성, 직업 구성을 들 수 있다. 아는 바대로 상하이의 풍부한 국제적인 색깔은 무엇보다도 높은 비율의 외국인 인구에 의해 만들어졌다. 일본군이 공동 조계를 접수한 1942년 2월 시점에 상하이 전체가 약 400만, 양쪽 조계를 합쳐 약 240만의 인구를 갖고 있었는데 그중에서 외국인은 약 15만 명에 달했다. 일본인도 포함된 이들 외국인은 이후 먼저 일본의 패전으로 약 10만 명이 일본으로 귀환하고, 국공내전國共內戰[3] 때 한때 약 4,000명으로 늘어났던 미국인도 거의 해방 직전에 탈출하였고 또 해방 후가 되자 최고일 때 각각 2만 명[2]과 3만 명[3]에 달했던 러시아인과 유태인도 연이어 상하이를 떠났다. 확실한 통계는 없으나 60년대 말경에는 상하이 거주 외국인은 불과 수십 명이며 그것이 80년대 중반이 되어 겨우 1,200명 정도로 회복되었다고 전해지고 있다.[4]

직업 구성도 단기간에 '개조'가 진행되었다. 예를 들면 해방되자마자 우선 비밀사회조직의 해산명령이 내려지고, 2,000명의 아편 등의 밀매인이 일제히 구舊 경마장에서 공판公判에 붙여졌다. 또 12만 명에 달하는 유민遊民(야쿠자, 불량청소년)과 매춘부에 관해서는 폐업과 전직을 꾀하는 한편 '교양소'와 같은 시설을 만들고 순차적으로 그들을 수용하여 기존의 생활과 결별하게 했다. 이렇게 하여 예전에 이 땅의 오락분야를 유지해 온 3곳, 즉 찻집, 유곽, 아편굴의 존재가 완전히 근절되고 그 후 오랫동안 상하이에서는 '밤'이 사라져버렸다.

게다가 이전에 항일과 내전에 의한 혼란이 겨우 진정된 탓인지 상하이 인구는 급속하게 증가하여 해방 당시의 500만 명에서 불과 8년 사이에 단숨에 700만 명으로 늘어났다. 대응책에 고심하던 정부는 57년에 황급히 인구발전계획을 제정하고, 주변으로부터 신이민을 송환하는

---

3 당시 복수 존재했던 중화민국정부를 자칭(自稱)하는 조직 중, 장제스(蔣介石)가 이끄는 국민혁명군과 공산당이 이끄는 중국공농홍군(中國工農紅軍) 사이에서 벌어진 내전이다.

한편, 주민전원에 대하여 호적등록을 하고 외부로부터의 유입을 엄격하게 제한해 인구유동을 완전히 관리하게 되었다.

2. 상하이 빅뱅 – 각지에 수출된 모더니티

상하이에서 홍콩으로

이와 같이 제2차 상하이사변이 일어난 1937년부터 해방 이후 사회주의개조가 완성되는 1957년까지 약 20년 동안 정권을 잡은 당국자는 일본, 왕징웨이 정권, 국민당, 공산당으로 각각 달랐지만 상하이는 모든 면에서 나날이 '관리'되어 기존의 소위 '모던'도, 그 과격한 이미지로서의 '마성'도 조금씩 사라져 마침내 도시전체가 완전히 균질적이며 단순한 공간으로 되었다.

그러나 '상하이'는 결코 그대로 사라진 것은 아니었다. 100년 가까이 키워온 그 다양한 문화적 경험과 기억이 다름 아닌 사람의 이동에 의해 홍콩, 타이완을 비롯해 중국 전역, 더욱이 일본, 한국에도 빅뱅처럼 확산되어 갔다. 일본에 관해서는 추후 자세히 기술하기로 하고 여기서는 홍콩과 중국 각지에서 '모던 상하이'가 미친 영향을 간단히 소개해 보겠다.

시기는 뒤죽박죽이지만 상하이의 지식인, 문화인, 자산가의 홍콩이나 내지로의 이동은 이미 일본 점령 초기부터 시작되었다. 1937년 8월의 상하이공방전이 시작되자마자 유력출판사인 개명서점開明書店, 독서생활출판사, 최대의 그라비아[4]지誌 『양우화보良友畫報』를 간행한 양우도

서공사良友圖書公司, 상하이잡지공사, 생활서점, 상무인서관 등이 수개월 사이에 잇달아 홍콩이나 우한武漢, 충칭重慶으로 이전했다. 또 유력 신문인 『입보立報』, 『신보申報』, 『대공보大公報』도 홍콩으로 거점을 옮겨 재 간행을 시도했다. 이러한 문화기관의 이전과 맞물려 많은 문화인, 예를 들어 작가 마오둔茅盾, 극본가 샤옌夏衍, 시인 다이왕수戴望舒 등이 모두 상하이를 떠난 후 활동거점을 홍콩으로 선택했다. 작가뿐만 아니라 이 시기에 실로 많은 저명인사가 같은 길을 걸었다. 비밀조직의 우두머리인 두웨성杜月笙, 쑨원孫文 부인인 쑹칭링宋慶齡, 베이징대학 초대 총장이며 중앙연구원 원장인 차이위안페이蔡元培 등 소위 상하이 각계의 리더들이 거의 임시 피난의 형태로 홍콩으로 이주한 것이다.

일련의 이전과 이동에는 영화회사, 영화인도 많이 포함되어 있었다. 1930년대의 상하이에는 명성明星(1922년 창립), 천일天一(1925), 연화聯華(1929)의 3대 영화사를 비롯해 수십 개의 영화사가 있었으며, 연간 100편 이상의 영화를 제작했다.5) 그러나 중국과 일본이 전쟁을 시작한 후 대부분은 파산하였고 약간의 관계자가 상하이에 남았지만 대부분은 홍콩이나 우한 혹은 충칭으로 피난했다. 그중에서도 천일天一은 원래 남양지역南洋地域에 시장을 갖고 있었기 때문에 전 재산을 홍콩으로 옮기고, 후에 남양영편南洋影片으로 재출발했다. 한편 충칭으로 피난한 일부의 영화인, 예를 들면 위안렌화元聯華나 명성계열의 차이추성蔡楚生, 쓰투후이민司徒慧敏, 샤옌 등도 그 후 활동무대를 홍콩으로 옮기고 대지大地와 신생新生 등의 회사를 설립해 항일 테마를 중심으로 영화제작을 계속했다.

---

4 그라비아 인쇄는 체코의 칼 그릿치가 발명한 인쇄법으로 사진인쇄에 적합하다고 한다.

그리고 이 둘의 등장은 그 때까지 결코 수준이 높다고는 할 수 없었던 홍콩 영화계에 큰 자극을 주었으며, 그 후 홍콩영화 발전의 기초를 만들었다고 해도 좋을 것이다.

게다가 1950년대 이후의 홍콩에서는 주로 장성長城(1949년 창립), 봉황鳳凰(1952), 소씨 형제邵氏兄弟(1957), 전영무업電影懋業(1956)의 4대 회사가 중심이 되어 영화를 제작, 배급하고 있었는데, 앞선 2개 회사(장성, 봉황)의 창립에는 모두 전前 상하이신화영업上海新華影業 창시자인 장산쿤張善琨과 전前 상하이연화영편上海聯華影片감독인 주스린朱石麟이 각각 깊이 관여되어 있고, 소씨 형제에 이르러서는 전前 천일天一, 명칭을 바꾼 뒤에 남양영편南洋影片을 기반으로 하고 있었다.

상하이로의 귀환과 홍콩 · 타이완으로의 피난 · 탈출

홍콩에 모인 상하이의 지식인과 문화인은 일본이 패전을 맞이하자 대부분은 다시 상하이로 되돌아갔다. 그러나 그것도 잠시, 1946년 6월에 국공내전이 발발하자마자 먼저 국민당의 탄압을 피할 생각으로 좌익계 사람들이 잇달아 홍콩으로 피난하고, 이어 국민당이 패배하고 공산당이 정권을 장악하기 시작하자 이번에는 반대로 우익계 사람들이 또 연이어 홍콩으로 건너왔다. 전자에 속하는 사람으로는 궈모뤄, 마오둔, 펑나이차오馮乃超, 예성타오葉聖陶, 정전둬鄭振鐸, 샤옌 등을 들 수 있는데, 다만 그들은 여기에 일시 체류한 뒤 모두 신중국의 문화리더로서 다시 베이징이나 상하이로 영입되어 홍콩을 떠나갔다. 이에 비해 장아이링張愛玲, 쉬위徐訏를 비롯해 리후이잉李輝英, 황스청黃思騁, 위엔랑阮郎, 류이창劉以鬯 등의 '신진' 작가, 제커傑克, 난궁보南宮博, 가오리高旅 등의 대중

60년대 지방으로 파견되는 학생

난징로를 행진하는 일본병

50년대 미국으로 이주한 장아이링

『양우』의 표지를 장식한 점령기의 여자 스파이 정핀루

(통속) 소설가, 또 시인인 마랑馬朗, 비평가인 차오쥐런曹聚仁 등과 같이 후자에 속하는 문학자들은 처음부터 신중국에 거리를 두고 있었기 때문에 그 후에도 대부분 홍콩에 뿌리를 내리고 더 이상 상하이에서는 할 수 없게 된 각각의 문학적 창작을 계속했다. 그중에서도 40년대 상하이에서 활약이 두드러졌던 장아이링은 그 후 미국으로 이주했지만 시종 상하이를 의식해 "상하이 사람을 위하여 일련의 홍콩 '전설'을 썼다"[6]고 자신도 고백한 것처럼 그녀 스스로가 즉 '상하이'를 몸소 실현하는 존재가 되었던 것이다.

국내로의 인재이전人材移轉

상하이로부터 인재유출은 홍콩에만 그치지 않고 타이완에서도 일어났다. 하지만 가장 오랫동안 인재를 내보낸 곳은 역시 국내 각지이며 그 유출은 이후 30여년간 계속되었다. 내지지원內地支援, 3선지원三線支援, 변강지원邊疆支援, 상산하향上山下鄕으로 불리며 4번에 걸친 대규모의 인재, 인구, 또 기술, 자재資材의 이전이다.

먼저 내지지원인데 이것은 해방 후 바로 1953년에 시작된 제1차 5개년계획에서 중공업 중시 노선을 내세워 전국 각지의 중공업 관련 기업 건설을 위하여 상하이 각 공장에서 대략 17만의 기술노동자, 3만의 공정기술자가 파견되어 각지에 이주한 것을 가리킨다.

이어 3선지원의 3선이란, 60년대 중반에 소련과의 관계가 악화된 후 소련을 비롯한 외부 침공을 상정해 연안부에서 내륙부로 순차적으로 제1, 제2, 제3으로 설정한 국토방위선의 제3선을 말하는데, 이에 속하는 후난성湖南省, 쓰촨성四川省, 구이저우성貴州省 등을 지원하기 위하여 이 때에도 상하이에서 수백 개의 공장이 강제 이전되었다.

그리고 변강지원과 상산하향은 주로 중학·고교졸업생을 대상으로 하고 있으며, 60년대 전반에는 약 5만 명이 신장군간농장新疆軍墾農場으로 보내지고, 더욱이 60년대 후반부터 70년대 후반에 걸쳐 연 100만 명에 달하는 지식청년이 먼 헤이룽장黑龍江, 내몽골, 윈난雲南, 구이저우 등의 각 성으로 보내졌다.[7)]

이와 같이 신중국 성립 이후 상하이는 말하자면 스스로를 희생시키며 시종 내륙 각지로 인재, 자재를 계속 '수출'해 왔다. 이들 상하이인上海人이 이주한 거주구居住區, 또 거기서 형성된 상하이인 사회가 각지에서 부러워하는 마음을 담아 '작은 상하이小上海'로 불렸는데, 그것은 바로 상하이빅뱅을 구체적으로 체현할 대표적인 예로서, 이 빅뱅이야말로 같은 근대성 즉 모더니티의 빅뱅이었다는 것도 이미 그 후의 다양한 사실에 의하여 분명하게 증명되었다.

그런데 이렇게 해서 한번 가라앉기 시작한 상하이는 아는 바와 같이 1990년대에 들어서자마자 훌륭하게 부활극을 연출하기 시작했다. 이 것은 물론 1979년에 공포된 '중외합자경영기업법', 84년에 결정된 개방도시로의 승격, 또 90년에 국가프로젝트로서 승인된 푸둥浦東개발 등과 같은 국가나 시의 정책에 힘입은 바가 크다. 이러한 것으로 인해 상하이는 정말로 수십 년 만에 안팎에서 투자가 쇄도했다. 그중에서도 과거에 상하이와 인연이 깊었던 홍콩과 타이완, 일본 등으로부터는 마치 권토중래의 기세로 막대한 자금이 밀려 들어왔다. 그리고 이러한 자본 유입과 더불어 종전終戰 전의 비율에는 미치지 못하지만, '타이완 마을' 등으로 상징되듯이 소위 해외중국인이나 외국인 거주자가 급속히 증가했다.

한편 시기가 앞뒤 뒤바뀌지만 문화대혁명 중에 전국 각지로 보내진 상하이의 청년들도 1980년대 이후 서서히 상하이로 되돌아오기 시작했다. 여기에 내외 투자에 의해 하나의 큰 공사현장이 된 시내로 돈벌이하러 오는 '민공民工'[5]들이 더해져, 21세기에 들어서 상하이는 단숨에 해방 직후의 2배에 해당하는 1,300만 명 인구의 '대상하이大上海'를 실현했다.

그런 가운데 2010년 5월에 개막한 상하이만국박람회는 과거의 영고 성쇠를 극복하고 개항 200년 가까이를 지나 도착한 하나의 도달점인 동시에 그 미래에 대한 꿈을 실현할 하나의 큰 '축제'인 셈이다. 여기에는 '마도'라는 십자가를 짊어지면서도 새로이 자신들의 일생, 자신들의 도시를 구축해 가려는 시민 전체의 '염원'이 크게 배여 있다고 생각한다.

3. 일본에서 본 그 후의 상하이

상하이에 대한 향수

그런데 이상과 같은 길을 걸어온 상하이에 대하여 예전에 그 번영의 한 자락을 지탱하고 또 쇠퇴에도 크게 관여한 일본은 그 후 어떻게 이 도시에 관심을 보이고 또 어떻게 이 도시에 접근해 온 것일까?

아는 바와 같이 1945년 8월 종전을 맞이한 상하이에는 10만 명의 일본인이 거주하고 있었다. 그 대부분은 통칭 전前 '일본인 조계'의 훙커우

5　농민공(農民工)의 약자로, 농촌에서 도시로 나와 취업해서 일을 하는 농촌에 호적을 둔 노동자를 말한다.

지역虹區地域에 일시 이전하여 집결한 후, 12월부터 순차적으로 정부가 배려한 귀국선으로 일본으로 송환되었다. 상하이에서 귀국하는 사람 중에는 예를 들면 홋타 요시에堀田善衛, 다케다 다이준武田泰淳, 핫토리 료이치服部良一, 야마구치 요시코山口淑子(리샹란李香蘭), 가와기타 나가마사川喜多長政, 우치야마 간조內山完造, 하야시 교코林京子(종전 전에 귀국) 등도 포함되어 있었는데 그들이 귀환 뒤 과연 일본에 무엇을 가져다주었는가? 더 이상 불필요한 말을 할 필요는 없을 것이다. "상하이라는 도시없이는 음악가로서 나는 없었다"[8]고 뒤에 핫토리도 인정했듯이 상하이체험이 많은 '상하이화上海化'[9]된 일본인 중에서 이후 오랫동안 그리고 강하게 살아있다.

배를 바라보고 있었다
요코하마의 카바레에 있었다
풍문으로 들은 소문은 릴
상하이에서 돌아오는 릴 릴
달콤하고 애달픈 추억만을
가슴에 복받쳐 찾아 다닌다
릴 릴 어디에 있는가 릴
누군가 릴을 모르는가

검정색 드레스를 봤다
울고 있는 것을 봤다
돌아오너라 이 손에 릴

상하이에서 돌아오는 릴 릴

꿈의 스마로의 안개 내리는 가운데

아무 말도 하지 않고 헤어진 눈동자

릴 릴 혼자서 헤매는 릴

누군가 릴을 모르는가

바다를 건너왔다

홀로 넘어왔다

희망을 버리지 마 릴

상하이에서 돌아오는 릴 릴

어두운 운명은 둘이 나누고

함께 살자 옛날처럼

릴 릴 오늘도 만날 수 없는 릴

누군가 릴을 모르는가

　1951년에 이 〈상하이 귀로의 릴〉[10]이라는 노래가 일본 전국에서 크게 유행했다. 이것은 예전에 워너 브라더스의 영화 〈풋라이트 퍼레이드Footlight Parade〉(1934)의 주제가로서 딕 미네Dick Mine가 불렀던 〈상하이 릴〉(후에 영화 〈상하이 번드 킹(빚장이 왕)〉에도 등장한다)을 의식하고 만들었다고 하는데, 이것에 비해 여기서의 '릴'은 완전히 '향수鄕愁'의 표상이 되었다고 할 수 있다. "달콤하고 애달픈 추억"이 된 것은, 물론 이 '릴'이 대표하는 상하이 그 자체였던 것이다.

　그리고 이 노래가 상징하듯이 1940년대 후반, 또 1950년대를 통하여

일부 예외를 제외하고 대강 그러한 '향수'가 상하이를 말할 때 하나의 기조음基調音으로 되어 있었다. 예를 들면 무라마쓰 쇼후村松梢風의 『추억의 상하이』(1947), 『불타는 상하이』(1953), 우치야마 간조內山完造의 『같은 피가 흐르는 친구여』(1948), 『중국 40년』(1949), 『송혜そんへえ · 오혜おおへえ[6] — 상하이생활 35년』(1949), 『양변도兩邊倒』(1953), 『평균유전平均有錢 — 중국의 현재와 과거』(1955), 호시노 요시키星野芳樹의 『상하이 뒷거리의 사람들』(1947), 오다케 후미오小竹文夫의 『상하이 30년』(1948) 등이 모두 이러한 종류의 것이며, 그것이 1960년대를 건너뛰고 1970년대 이후 가네코 미쓰하루金子光晴의 『촉루잔』(1971)이나 마쓰모토 시게하루松本重治(『상하이 시대』, 1977)들에 의한 일련의 '회상回想'으로 이어져 간다. 물론 일전에 다케다 다이준武田泰淳이나 홋타 요시에堀田善衛가 각각의 상하이체험, 특히 종전 당시의 체험을 바탕으로 몇 가지 작품을 발표하고 특이한 상황하에서 인간생태를 깊이 추구하였는데, 어디까지나 소수파이고 게다가 무대설정은 역시 과거의 상하이였다.

문화대혁명에서 국교회복으로

그러한 가운데 단 한 사람, 1960년대 후반 즉 중국 전역을 석권한 듯한 문화대혁명이 한창 진행 중에 상하이를 방문해 그 열기에 휩싸여 '실제 사정實情'을 일본에 전한 사람이 있었다. 과학사상사가이며 전 교토대학京都大學 교수 야마다 게이지山田慶兒이다. 귀국 후에 쓴 보고서 「공동체국

---

6 '송혜(そんへえ)'는 우치야마 간조가 들은 상하이 말인 '상하이(上海)'의 발음. 그리고 '오혜(おおへえ)'는 '자하이(下海)'의 의미. 우치야마가 살았던 시대의 상하이는 상하이(上海)라고 불리는 지역과 자하이(下海)로 불린 지역으로 되어 있었다.

가의 성립」(『세계』, 1967.9), 「홍위병·권력·신앙」(『세계』, 1967.10) 등에 의하면 야마다 씨는 1967년 5월 하순부터 정확히 한 달에 걸쳐 상하이, 베이징, 시안西安 등을 돌며 조반파造反派 간부를 비롯해 노동자, 농민, 기술자, 군인 등 다양한 사람들과 접촉하면서 격변하는 중국의 실정을 관찰하고 이해하려고 했다. 상하이에서는 주로 혁명위원회 상무위원으로부터 조반파에 의한 상하이공동체, 상하이혁명위원회 수립에 관한 상세한 내용을 듣고 또 많은 '차별'이 사라진 인민공사를 방문해 그 실태를 견학했다. 그리고 양쪽을 종합하여 야마다는 "중국은 하나의 거대한 공동체로 변질되어 가고 있다. 중국은 분명히 '국가 사멸死滅'의 첫걸음을 내디딘 것이다"[11]라며 감상을 이야기했다. 본인의 의도와는 완전히 다른 의미로 철저하게 '균일화'된 당시 상하이의 모습을 엿볼 수 있는 귀중한 기록이라고 할 수 있다.

1972년 9월, 종전으로부터 27년 만에 중국과 일본은 겨우 국교를 회복하고, 6년 후인 1978년 8월에 양국은 마침내 평화우호조약을 체결했다. 이것으로 예전에 하야시 교코林京子에게 "그렇게 멀지 않았다"[12]고 말하게 한 상하이는 갑자기 그렇게 멀지 않게 되었다. 80년대에 들어 중국으로 간단하게 도항할 수 있게 되자 그녀처럼 자신의 마음 속에서 한번 끝나 있었지만 '무언가'를 찾아다니던 많은 상하이 체험자, 또 그 상하이체험을 어릴 때부터 듣고 자란 2세들이 계속해서 상하이를 방문해 과거 추억에 의한 향수와 현실을 서로 마주하는 감상感傷을 뒤섞으면서 다시 이 도시를 말하기 시작했다. 하야시의 일련의 작품 외에 오시로 다쓰히로大城立裕의 『아침, 상하이에 계속 서있다－소설동아동문서원』(강담사講談社, 1983), 무라마쓰 도모미村松友視의 『상하이 자장가』(문예춘추文藝春秋, 1984), 이쿠시마 지로生島治郎의『상하이 노숙자』(중앙공론사, 1995) 등도 그러한 저술로 이해할 수 있을 것이다.

모던 상하이 부활

한편 새로운 '모험자'도 나타났다. 도모노 로伴野朗의『상하이 스크램블(긴급발진)』(중앙공론사, 1984),『상하이 소식』(아사히신문사, 1988),『상하이 아득히 멀리』(유락有楽출판사, 1992),『상하이 전설』(집영사集英社, 1995), 모리타 야스로森田靖郎의『상하이는 빨강색 자전거를 타고』(초풍관草風館, 1987),『상하이 동시대上海同時代─젊은이·서민·엘리트』(원서방原書房, 1989),『상하이 세피아모던Sepia Modern─대도시의 원 그림原畵』(아사히신문사, 1990),『상하이모던전설』(JICC출판국, 1990) 등은 모두 저자가 동경하는 상하이에 들어가 과거의 '전설'을 전하면서 '동시대同時代' 상하이의 현재 상황을 소개하는 작품 혹은 리포트이다.

멀지 않게 된 상하이는 체험자나 '모험자'뿐만 아니라 다른 많은 사람들의 '기억'도 되살아나게 했다. 그리고 그것은 흔히 상하이를 그래픽으로 재현하는 형태로 반복되었다. 고보리 린타로小堀倫太郎의『사진집─그리운 상하이』(국서간행회國書刊行會, 1984), 잡지『야상夜想12 특집·상하이』(페요톨공방工房, 1984.7), 운노 히로시海野弘의『상하이모던』(동수사冬樹社, 1985), 우에다 겐이치上田賢一의『상하이 파노라마 워크』(신조문고新潮文庫, 1987), 나카가와 미치오中川道夫의『상하이기문紀聞』(미술출판사, 1988),『상하이쾌락독본』(『별책보도別冊宝島』,[7] 1993.11) 등이 대표적인

---

7 일본의 출판사인 다카라지마(宝島)사가 발행하고 있는 출판시리즈이다.

것이다.

물론 기존에 약간 불충분했던 것에 대한 연구자에 의한 과거 검증도 시작되었다. 가토 유조加藤裕三의 '상하이'(『도시이야기』, 요미우리신문사, 1982)를 비롯하여 마루야마 노보루丸山昇의 『상하이 이야기ー격동과 혼돈의 도시』(집영사集英社, 1987), 오자키 호쓰키尾崎秀樹의 『상하이 1930년』(암파신서岩波新書, 1989), 무라마쓰 신村松伸의 『상하이・도시와 건축ー1842~1949년』(PARCO출판국, 1991), 다카하시 고스케高橋孝助・후루마야 다다오古厩忠夫의 『상하이사史ー거대도시의 형성과 사람들의 생업』(동방서점東方書店, 1995) 등은 여러 각도에서 파란만장한 상하이사史를 정리하여 독자에게 제시했다.

새로운 상하이로

이와 같이 80년대부터 90년대에 걸쳐 붐이라고 할 정도로 상하이는 많은 사람들에 의해 반복적으로 이야기되어 왔다. 그리고 그 수많은 전설이 다분히 과거에 대한 향수와 감상感傷을 동반하면서 사람들의 관심과 동경을 북돋우어 왔다. 상하이라고 하면 설령 그 과거에 수많은 불행이 가로막고 있어도 웬일인지 똑같이 그 현대적이고 화려한 일면만 생각하게 하고, 반半 공범적으로 이 도시를 둘러싼 고유의 이미지를 반복 또 증폭시켜 왔다.

하지만 이러한 '향수'를 바탕으로 한 사고가 전술한 90년대 이후 상하이 자체의 급속한 변모, 특히 개발이 진행되는 푸둥浦東에서 나타나고 있는 가까운 미래의 도시상都市像에 의해 이미 조금씩 수정되고 있는 것도 사실이다. 실제로 금세기 들어 상하이의 이미지는 고층빌딩이 즐비

하늘에서 묘사한 상하이만국박람회장(상하이만국박람회 공식 팸플릿에서 : 부분)

한 푸둥이 중심이 되어 가고 있으며, 사람들의 관심도 만국박람회장이 된 푸둥에 집중되어 있다. 상하이 또 상하이인 스스로도 '과거'와 '미래' 사이에서 계속 동요하고 있는데, 이미 5만 명을 넘은 장기 체류자를 안고 있는 일본, 또 일본인이 '과거'를 떠안고 있으면서도 '미래'로 나아가 마침내 새로운 '전설'을 만들어내지 않으면 안 될 시기에 와 있다고 할 수 있다. 그 작업이야말로 또 한번 유의미한 '타자'로서 상하이와 상대할 계기가 되어갈 것임에 틀림이 없다.

저자 주

프롤로그

1) ポット, 土方定一・橋本八男 訳,『上海史』, 生活社, 1940.
2) 藤原恵洋,『上海－疾走する近代都市』, 講談社現代新書, 1988.
3) 상하이를 '복합'적인 도시 공간으로 다루는 책으로, 예를 들면 高橋孝助・古厩忠夫의 『上海史－巨大都市の形成と人々の営み』, 東方書店, 1995를 들 수 있다.
4) 朱国棟・王国章 編,『上海商業史』, 上海財経大学出版社, 1999.

제1장

1) 『杉浦譲全集』第1巻, 杉浦譲全集刊行会, 1978.
2) 柴田剛中,「仏英行」,『西洋見聞集』, 岩波書店, 1974.
3) 다만, 이 일행 중에 이미 양행 경험을 가진 사람도 여러 명 있다.
4) 渋沢栄一,「航西日記」, 大塚武松 編,『渋沢栄一滞仏日記』, 日本史籍協会, 1928.
5) 사절단이나 유학생단의 홍콩체험에 관해서는, 松沢弘陽,『近代日本の形成と 西洋経験』, 岩波書店, 1993에 상세하게 소개되어 있다. 또 위 일부의 일록(日録)(미간행)에서의 인용도 이 책에서 재인용한 것이다.
6) 春畝公追頌会,『伊藤博文伝』上巻, 東京 : 統正社, 1943.
7) 井上馨侯伝記編纂会,『世外井上公伝』第1巻, 内外書籍株式会社, 1933.
8) 「上海掩留日録」,『高杉晋作全集』, 新人物往来社, 1974.
9) 위의 책.
10) 다카스기 신사쿠(高杉晋作) 일행의 '국민국가'관의 성립에 관하여, 예를 들면 마쓰모토 겐이치(松本健一),『開国のかたち』, 毎日新聞社, 1994에서 상세하게 기술되어 있다.

제2장

1) 『和蘭風説書集成』下巻, 吉川弘文館, 1979.
2) 「『海外新話』例言」, 嶺外楓江,『海外神話』, 1849(嘉永 2).
3) 위의 책.
4) 片桐一男,『開かれた鎖国』, 講談社現代新書, 1997.
5) 「『海国図志』原叙」,『海国図志』, 岳鹿書社, 1998.
6) 「籌海篇・議守上」, 위의 책.
7) 「형 스기우메 다로(杉梅太郎) 앞으로의 서간」(1854(安政 元).11.22),『吉田松陰全集』第5巻, 岩波書店, 1935.
8) 「籌海篇・議守上」,『海国図志』, 岳鹿書社, 1998.
9) 吉田松陰, '読甲寅嚙 頓評判記',「野山獄文稿」,『吉田松陰全集』第2巻.

10) 「野山獄読書記」, 『吉田松陰全集』第7巻.

11) 「籌海篇・議守上」, 『海国図志』, 岳鹿書社, 1998.

12) 「省諐録」, 『象山全集』巻1, 信濃毎日新聞社, 1934.

13) 위의 책.

14) 위의 책.

15) 「武事余記・掌故考証」, 『聖武記』巻12.

16) 吉田松陰, '読甲寅囲 頓評判記」, 「野山獄文稿」, 『吉田松陰全集』第2巻.

17) 「省諐録」, 『象山全集』巻1, 信濃毎日新聞社, 1934.

18) 大庭脩, 『江戸時代における唐船持渡書の研究』, 関西大学東西学術研究所, 1967.

19) 大庭脩, 『漢籍輸入の文化史』, 研文出版, 1997. 또 이 외에도 당선도래나 한적수입 등에 관해서는 씨의 이들 저서로부터 많은 지식을 얻었다.

20) 山脇悌二郎, 『長崎の唐人貿易』, 吉川弘文館, 1964.

21) 『上海港史』, 人民交通出版社, 1990.

22) 위의 책.

23) 山本博文, 『長崎聞役日記』, ちくま新書, 1999.

24) 松竹秀雄, 『幕末の長崎港の情勢』, くさの書房, 1992.

25) カッテンディーケ, 水田信利 訳, 『長崎海軍伝習所の日々』, 平凡社, 1964.

제3장

1) 阮仁沢・高振農 編, 『上海宗教史』, 上海人民出版社, 1992.

2) 張仲礼 編, 『東南沿海都市と中国近代化』, 上海人民出版社, 1996.

3) 「漢文序文」, 『大英国志』.

4) 王韜, 『漫遊隨録』, 1887.

5) 王韜, 『瀛壖雑誌』, 1875.

6) 吉田寅, 『中国プロテスタント伝道史研究』, 汲古書院, 1997. 또 이 외에도 프로테스탄트 선교사의 중국에서의 활동 등에 관해서는 이 책으로부터 많은 지식을 얻었다.

7) コーエン, 雷頤・羅検秋 訳, 『在伝統与現代性之間－王韜与晩清革命』, 江蘇人民出版社, 1998.

8) 위의 책.

9) 張志春 編, 『王韜年譜』, 河北教育出版社, 1994.

10) 汪家熔, 『商務印書館史及其他』, 中国書籍出版社, 1998.

11) 『郭崇燾日記』(1856(咸豊 6).3.15), 湖南人民出版社, 1981.

12) 曾永鈴, 『郭崇燾大伝』, 遼寧人民出版社, 1989.

13) 方行・湯志均整理, 『王韜日記』, 中華書局, 1987.

14) 沈国威 編, 『'六合叢談'の学際的研究』, 白帝社, 1999.

15) 増田渉, 『西学東漸と中国事情』, 岩波書店, 1979.

16) 山脇悌二郎, 『長崎の唐人貿易』, 吉川弘文館, 1964.

17) 吉田寅, 앞의 책.

18) 高谷道男 編訳, 『ヘボン書簡集』, 岩波書店, 1959.

19) 徳重浅吉, 『明治仏教全集』(第8巻 護法篇), 春陽堂, 1935.

20) 富樫黙恵, 「内外二憂録」, 『明治仏教全集』(第8巻 護法篇), 春陽堂, 1935.

21) 雲英晃耀, 「'護法総論」, 『明治仏教全集』(第8巻 護法篇), 春陽堂, 1935.

22) 중국 국내에서의 한역양서의 유포 상황에 관해서는 熊月之, 『西学東漸と晩清社会』, 上海人民出版社, 1994를 참조하기 바란다.

23) 開国100年記念文化事業会 編, 『鎖国時代日本人の海外知識』, 乾元社, 1953.

24) 『六合叢談』巻1, 『日本初期新聞全集』第1巻, ぺりかん社, 1986.

25) 『郭崇燾日記』, 1856.1.25.

26) 「急策文」, 『明治仏教全集』(第8巻 護法篇), 春陽堂, 1935.

27) 『六合叢談』巻3.

28) 『六合叢談』巻5.

29) 『中外新報』第3号, 『日本初期新聞全集』第1巻.

30) 『六合叢談』巻9.

31) 『中外雑誌』第1号, 『日本初期新聞全集』第2巻.

32) 福沢諭吉, 「西航記」, 『福沢諭吉全集』第19巻, 岩波書店, 1962.

33) 「英国城説・倫敦」, 『中外雑誌』第1号.

34) 「格物窮理論」, 『六合叢談』巻6.

35) 春名徹, 『にっぽん音吉漂流記』, 晶文社, 1979. 또 이 외에도 오토기치와 그 동료의 중국에서의 활동에 관해서는 씨의 일련의 저서로부터 많은 지식을 얻었다.

제4장

1) 『上海公共租界史稿』, 上海人民出版社, 1980.

2) 『上海県統志』巻2.

3) 藤原恵洋, 『上海―疾走する近代都市』, 講談社現代新書, 1988.

4) 葛元煦, 『滬游雑記』, 上海古籍出版社, 1989.

5) 黄式権, 『淞南夢影録』, 上海古籍出版社, 1989.

6) 『点石斎画報』, 広東人民出版社, 1983.

7) 村松梢風, 『魔都』, 小西書店, 1924.

8) 『尾崎咢堂全集』第3巻, 公論社, 1955.

제5장

1) 『朝鮮満洲・支那案内』, 鉄道院, 1919.

2) 『文芸春秋』, 1926(大正 15).5.

3) 芥川竜之介, 「上海紀行」, 『支那遊記』, 改造社, 1925.

4) 위의 책.

5) 三石善吉, 「後藤朝太郎と井上紅梅」, 竹内好・橋川文三, 『近代日本と中国』下, 朝日新聞社, 1974.

6) 井上紅梅, 『支那風俗』, 上中下 3巻, 上海日本堂, 1921.

7) 『改造』, 1933.8.

8) 増田渉 앞으로 보낸 편지(1931.11.7).

9) 村松暎, 『色機嫌』, 彩古書房, 1989.

10) 金子光晴, 『どくろ杯』, 中央公論社, 1971.

11) 金子光晴, 「鱶沈む」, 『金子光晴全集』第1巻, 中央公論社, 1976.

12) 金子光晴, 『どくろ杯』, 中央公論社, 1971.

제6장

1) 『改造』, 1937.10.

2) 横光利一, 『上海』1, 『定本横光利一 全集』第3巻, 河出書房新社, 1981.

3) 『上海』(一九).

4) 『上海』(三四).

5) 吉行エイスケ, 「序」, 『新しき上海のプライベート』, 先進社, 1932.

6) 「上海, エロチツシユ・クンスト」, 『新しき上海のプライベート』, 先進社, 1932.

7) 「上海・百パーセント猟奇」, 『新しき上海のプライベート』, 先進社, 1932.

8) 直木三十五, 『日本の戦慄 上海篇』, 中央公論社, 1932.

에필로그

1) 西条八十 詞, 竹岡信幸 曲 〈上海航路〉, 1938.

2) 佐藤惣之助 詞, 山田栄一 曲 〈上海の街角で?〉, 1938.

3) 島田磐也 詞, 大久保徳二郎 曲, 〈夜霧のブルース〉(松竹映画〈地獄の顔〉主題歌), 1947.

4) 北村雄三 詞, 大久保徳二郎 曲, 〈上海ブルース〉, 1939.

5) 西条八十 詞, 服部良一 曲 〈上海夜船〉, 1941.

6) 島田磐也 詞, 大久保徳二郎 曲, 앞의 곡.

보충

1) 陶菊隠, 『大上海的孤島歳月』, 中華書局, 2005.

2) 汪之成, 『上海俄僑史』, 上海三聯書店, 1993.

3) 潘光・王健, 『一個半世紀以来的猶上海』, 社会科学文献出版社, 2002.

4) 李天網, 『文化上海』, 上海教育出版社, 1998.

5) 李道新, 『中国電影文化史』, 北京大学出版社, 2005.

6) 「到底是上海人」, 『流言』, 台湾皇冠出版社, 1968.

7) 仏・Marie-Claire BERGE, 王菊・趙念国 訳, 『上海史ー走向現代之路』, 上海社会科学院出版社, 2005.

8) 服部良一, 『ぼくの音楽人生』, 中央文芸社, 1982.

9) 武田泰淳, 「上海化」, 『大陸新報』, 1944.8.

10) 東条寿三郎 司・渡久地政信 曲,〈上海帰りのリル〉, 1951.

11) 山田慶児,『未来への問い－中国の試み』, 筑摩書房, 1968.

12) 林京子,『上海』, 中央公論社, 1983.

후기

　이야기는 나의 소년 시절로 거슬러 올라간다. 1970년대 초반, 문화대혁명이 아직 계속되고 있었을 무렵이다. 당시 중국에서는 극단적인 물자 부족 대책으로서 일본이 전시 중에 행한 배급제가 시행되고 있었다. 극히 일상적인 생활용품은 차치하고라도 소위 내구소비재를 구입하려면 반드시 그 상품의 배급권이 필요했다. 그리고 그 배급권을 손에 넣는 것은 매우 어렵고, 경우에 따라서는 몇 년이나 기다려야 하는 일조차 있었다.

　어느 날 우리 아버지는 어떤 연줄인지 모르겠지만 한 장의 '용쥬永久' 브랜드 자전거 배급권을 손에 넣었다. '용쥬 자전거', 이것은 당시 중국인이라면 모르는 사람이 없을 정도로 아주 유명한 명품으로서 메이커는 물론 상하이 자전거 제조회사였다. 우리 집에 '명품자전거'의 배급권이 손에 들어온 것은 정말로 큰 '사건'이었다.

　바로 가족회의가 열리고 누가 이 자전거를 사용할 것인가에 관하여 끝없이 논의가 이어졌다. 물론 제일 먼저 그 사용권을 박탈당한 것은 아직 초등학생인 나였다.

　그 사이에 실물인 '용쥬 자전거'가 우리 집에 배달되어 왔다. 이 또한 난리법석이 났다. 왜냐하면 이 '명품 자전거'를 구경하러 오는 이웃사람들이 끊이지 않고 몇 날 며칠이나 계속되었기 때문이다. 그리고 그들 모두는 그것에 감탄해 저마다 역시 '상하이제품'이라고 했다. 그것은 마치 상하이가 중국의 일개 도시가 아니라 멀리 우리들의 손이 닿지 않는

'외국'이라는 듯한 말투였다.

이 자전거 덕분에 나는 한동안 근처의 놀이친구들에게 무척 부러움을 사게 되었고, 또 스스로도 상하이와 '관계'가 있다는 것을 계속 자랑하고 있었다.

당시 우리는 동북부의 선양瀋陽에 살고 있었다. 여기는 교통의 요충지로 동북 지방에서 중국 남부로 가기 위해서는 반드시 통과해야 하는 곳이었다. 문화대혁명 중, 중국의 도시에 사는 청년들은 고등학교를 졸업하면 정신과 육체를 단련하기 위한 '하방下放'이라는 것을 한다. 이에 반드시 어딘가의 농촌으로 강제로 보내지게 되었는데 상하이의 청년들은 주로 중국의 최북단 — 헤이룽장성黑龍江省으로 '하방'되는 일이 많았다. 그들은 1년에 한 번 춘제春節 때 반드시 열차로 우리 마을을 지나 고향인 상하이로 갔다.

그리고 그들이 지나갈 때마다 그 품행이 마을의 화제가 되었다. 소수집단임에도 불구하고 차량 한 칸을 독차지했다든가, 우리들이 평소 좀처럼 살 수 없는 밀크초콜릿(그것도 상하이 제품)을 많이 갖고서 늘 먹고 있다든가, 그리고 무엇보다도 우리 시골 사람들을 놀라게 한 것은 사람들 앞에서 아무렇지도 않게 키스를 하는 것이었다.

물론 이들 상하이 청년의 행실을 초등학생인 내가 본 적은 없다. 전부가 소문이다. 하지만 그 '용쥬 자전거' 사건 이후, 나는 이미 '상하이'의 위력에 완전히 압도되어 있었기 때문에 이러한 풍문이 전부 진실인 것처럼 생각되었을 뿐만 아니라, 어느새 마을 사람들의 비판적인 시선을 버리고 단순히 그 자유분방한 모습 또 그러한 류의 '사람'이 사는 도시 — 상하이를 남몰래 동경하고 있었다.

지금 생각해보면 상하이 청년의 품행에 부정적이었던 선양 사람들도 포함해 우리들은 아마도 무의식중에 이미 '상하이'를 '서양' 혹은 '근대'로 이해하고 있었음에 틀림없다. 그것은 예를 들면 상하이 혹은 상하이인을 화제로 할 때, '양洋'이라는 형용어를 많이 쓰는 것에도 반영되어 있다. '양'이란, 문자 그대로 '양풍洋風'(서양식)의 의미로서 거리의 건물이라면 '서양풍', 사람의 언동이나 옷차림이라면 '서양류'라는 의미가 된다.

즉 '상하이 브랜드'가 기타 '내지內地' 생산물보다 항상 우수하듯이 '상하이'나 '상하이인'도 '내지'의 중국인과 비교해보았을 때, 보다 '서양', 보다 '외국'에 가까운 존재라고 인식하고 있었던 것이다. 적어도 소년인 내 마음에는 그러한 감각이 어딘가에서 심어졌다.

내가 상하이를 실제로 방문한 것은 그로부터 약 20년쯤 지난 1986년의 일이다. 이미 일본에서 3년간이나 유학 생활을 하고 있었던 나는 여름방학 때 귀성할 기회를 이용해서 홀로 '외국으로의 귀가', 마침내 이 중국에 있는 '외국'에 가기로 했다. 선박 여행이었다. 운항한 지 얼마 되지 않았던 중일 연락페리인 감진호鑑眞號를 타고 나는 예전에 많은 일본인이 걸었던 항로를 따라가듯이 양쯔강, 그리고 황푸강을 거슬러 올라가 그 번드에 이르렀다. 그러나 이미 일본에서 많은 고층의 건축물을 보아온 탓인지 배로 상하이에 건너온 사람들을 감동시켰다는 번드의 풍경에는 그다지 감격하지 않았다.

그것보다도 일단 상륙해 시내를 한참동안 걸어 다니는 동안에 나는 그 엄청나고 독특한 분위기에 선 채로 움직이지 못했다.

그것은 예전에 내가 자란 중국 '내지'의 전통적인 규범과는 분명히 괴리가 있고, 또 내가 일본에서 체험한 답답할 정도로 올바른 질서와도 거리가 먼, 굳이 말하자면 일종의 '모던한 혼돈'이었다. 그리고 그 때 내 뇌리에 하나의 큰 지도가 떠올랐다.

그것은 내가 소년시절부터 생활해 온 중국 '내지'와 그 당시 내가 생활하던 곳인 일본 사이에 끼인 상하이를 중심으로 하는 동아시아가 그려진 것이었다. 즉 지극히 당연한 이야기이지만, 나는 이 상하이의 '모던한 혼돈'이 중국의 '내지'와 '외국'(이때 나는 일본밖에 몰랐다)이라는 2개의 '공간' 대립에 의해 태어난 것이라고 직감했다.

말하자면 상하이의 이러한 '모던'은 결코 중국 '내지'에는 존재하지 않고 그것은 그대로 일본이나 그 외 나라의 근대 도시로 통하는 것이다. 그러나 그 '혼돈'은 또 분명히 근대 중국 특유의 기존 규범이 파괴된 후에 나타난 현상이다. 그리고 이 '모던한 혼돈' 속에 중국의 '내지'에도 외국의 다른 근대 도시에도 없는 사람들을 현혹하는 '자유'가 있었다.

지금 생각해 보면 내가 선 채 꼼짝하지 못한 것도 바로 이 '모던한 혼돈'에 의하여 빚어진 '자유'로운 분위기였다.

1986년의 첫 방문을 시작으로 이 후 나는 수 차례에 걸쳐 상하이를 방문했다. 그것은 중국의 '내지'에서 가는 경우도 있었으며, 일본에서 건너가는 경우도 있었다. 그리고 열차, 배, 게다가 비행기로 몇 번이나 다른 접근을 시도했다. 물론 그 때마다 접근 방법에 따라 미묘하게 인상이 다르고 또 친구의 도움으로 상하이를 '안쪽'[內側]에서 관찰할 수 있어서 상하이에 대한 나의 인식은 많이 풍부해졌다.

그러나 이러한 체험이 늘어나면 늘어날수록 처음으로 상하이 땅을 밟았을 때의 나의 직감이 수정되기는커녕 오히려 더욱더 강화되는 느낌이 들었다. 지금도 그 어릴 때의 직감에 의해 생긴 그 상하이를 중심으로 하는 지도가 내 안에서 살아 있는 이유이다.

그러한 의미에서 이 책은 말하자면 그 어릴 때의 '직감'과 최근 10년 가까이 내가 공부해 온 상하이에 관한 '지식'에 의하여 쓰인 것이다. 이것을 집필하게 된 것은 마침 지금부터 5년 전에 내가 국제일본문화연구센터의 공동연구회에서 발표한 '마도체험－문학 속 일본인과 상하이'라는 이야기를 듣고서 연구회의 멤버인 아쿠타가와芥川상 수상작가인 쓰지하라 노보루辻原登 씨가 이러한 내용이라면 책 한 권이 될 수 있다고 말씀하시고 자신만의 독특한 표현 방식으로 격려를 해 주신 것이 계기가 되었다.

이후 나는 철새처럼 중국과 일본을 왕래하면서 소위 '상하이'와 관련된 방대한 자료들과 싸움하기 시작했다. 하지만 내가 아무리 열심히 해도 그 방대한 자료는 전혀 줄어들 기색도 없었고 마침내 도중에서 포기하고, 이후 읽고 기억한 것 중에서 중요한 것으로 범위를 좁히는 형태로 집필을 시작할 수밖에 없었다. 이 책의 전반부가 200장에 가까운 것도 막부 말기의 관계 서술에 할애한 것이 그러한 흔적이며 그것에 비해서 메이지 이후의 내용을 180장밖에 담아내지 못한 것은 유감이다.

다행히 메이지 이후의 일본인과 상하이의 관계에 관해서는 이미 많은 사람에 의해 언급되어 있기 때문에 약간 연구가 불충분했던 막부 말기의 둘의 관계에 그 정도 페이지 수를 할애한 것은 오히려 의미가 있었을 것이라고 지금에 와서는 생각을 달리하기로 했다.

이 책 집필 중에 강담사선서講談社選書출판부에는 실로 크고 많은 폐를 끼쳤다. 너무 늦은 나의 집필로 인하여 처음 담당자였던 후지오카 게이지^{藤岡啓司} 씨와 그 뒤를 이어받은 마쓰모토 가즈히코^{松本和彦} 씨가 결국 이 책의 완성을 못보고 다른 부서로 이동해 버렸다. 정말로 변명할 여지가 없다.

이후 담당자가 도코로자와 준^{所沢淳} 씨로 바뀌었는데 그에게도 몇 번이나 마감 날짜를 연장받았다. 그러는 동안에 그는 고삐를 당기기도 하고 풀기도 하면서 정말로 나를 잘 리드해 줘서 이날까지 올 수 있게 되었다. 장기간에 걸친 따뜻한 격려와 요령 있는 독촉이 없었다면 이 책은 결코 태어나지 못했을 것이다. 그에게 진심으로 감사를 드리고 싶다.

2000년 4월

류젠후이

이 책 『마도 상하이 ─ 일본 지식인의 '근대' 체험』이 강담사선서로 간행된 것은 꼭 10년 전의 일이다. 2003년에 상하이고적출판사로부터 간행된 해외학자에 의한 '상하이사연구역총上海史硏究譯叢' 시리즈(간후이제甘慧傑 씨 중국어 역)에 포함시켜 주고 또 이번에 지쿠마 학예문고에도 넣어주어 정말로 더없는 영광이라고 생각한다. 중국어판도 그랬지만 이러한 형태로 10년이 지난 오늘날에도 독자 여러분이 많이 읽어주시는 것은 이 책의 힘보다도 오로지 다루는 대상 ─ 상하이라는 도시 자체가 갖는 매력 덕택이라고 받아들이고 있다. 그렇지 않았더라면 상하이 출신자도 아니고 또 상하이 연구자조차도 아닌 연구자가 기술한 내용이 이 정도의 생명력을 갖는 일은 없었을 것이다.

하지만 그래도 10년 동안 상하이는 실로 '천지가 개벽하는' 변모를 이루었다. 예전 '마도'의 잔영은 이미 그 화려한 현대적 풍모에 완전히 부정되고, 약간 '보호'의 대상으로서 남겨진 번드와 일부의 좁은 길만이 겨우 이 도시의 역사적 기저基底를 엿볼 수 있게 한다. 다만 이러한 현란한 겉모습에서 벗어나 한걸음이라도 '뒷쪽'으로 들어가면 거기에는 틀림없이 아직도 변하지 않는 이 도시의 '과거'가 있고, 그리고 이 변하지 않는 '과거'야말로 실은 오늘날의 격변을 낳게 한 원천이었다는 것을 알게 될 것이다.

그러한 의미에서 상하이의 '과거', 그중에서도 그 기본 구조와 일본과 관련된 바를 규명하는 것을 목표로 한 이 책은 어쩌면 오늘날 상하이방문자에게도 하나의 가이드북이 될 수 있을 것이다. 그렇게 바라면서 이 문고판을 독자 여러분들에게 드리고 싶다.

　문고판을 간행함에 있어서 시종 K&K사무소 가리베 겐이치^{지部謙一} 씨에게 신세를 많이 졌다. 지쿠마서방에 이 책을 소개하고 모든 편집 작업을 맡아주신 덕택에 이 책이 나온 것이다. 진심으로 감사드린다.

　해설을 운노 히로시^{海野弘} 씨에게 부탁할 수 있었던 것은 뜻밖의 기쁨이다. 대학원시절부터 본보기로 삼아 온 운노 히로시 씨는 나에게 차원이 다른 사람이었고 이렇게 이 책을 읽고 해석하고 또 많은 과제를 내어주신 것은 정말로 감사한 일이다. 삼가 감사를 드린다.

　마지막으로 지쿠마 학예문고의 마치다^{町田} 사오리 씨에게도 깊이 감사드리고 싶다. 증보 출간에 있어서 불충분했던 쇼와기^{昭和期}와 제2차 세계대전 이후 부분을 가필하면 전체가 보다 충실해질 것이라는 지적 덕분에 '보충' 등의 형태로 간행함으로써 당초의 아쉬웠던 점을 해소할 수 있었다.

2010년 칠석날에

류젠후이

상하이라는 거울

운노 히로시(海野弘)

2000년에 이 책이 출간되었을 때, 상하이 연구에 하나의 새로운 바람이 불어왔다고 느꼈다.

'상하이'에 관해서는 지금까지 엄청난 책이 만들어졌다. 그 대부분은 이국적이며 무시무시한 상하이에 관한 것이었고 외국인에 의해 쓰였다. 1990년대부터 1980년대에 걸쳐서도 상하이에 관한 책이 붐이었다. 나도 『상하이모던 上海摩登』(동수사冬樹社, 1985)를 내놓았다.

이와 같이 외부에서 본 상하이론에 대하여 마침내 중국인 연구자가 상하이론을 쓰게 된 것을 나는 기쁘게 생각했다. 왜냐하면 그때까지 중국의 근대사에 있어서 '상하이'는 금지된 주제였기 때문이다. 상하이는 서구 그리고 일본의 제국주의에 의한 식민 도시이며, 그곳에서는 침략적·예속적 문화만이 번창했다는 것이다. '마도 상하이'라는 말은 중국의 상하이에 대한 모욕적인 이미지라고 여겨졌다.

제2차 세계대전 이후 일본의 중국 연구자도 전시 중의 침략주의 이미지를 불식시키기 위하여 '마도 상하이'를 회피하려고 했다. 내가 정리한 『상하이모던上海摩登』은 전시 중에 상하이에서 출판된 풍속잡지의 선집選集인데, 그것은 중국연구자 다케우치 요시미竹内好가 모았던 것이다.

하지만 다케우치는 예속적인 상하이의 이미지를 사용하는 일은 없었다. 나중에 그것을 볼 수 있었던 나는 흥미로움에 매료되어 그 선집選集을 만들었다.

하지만 마침내 중국인 연구자에 의한 『마도 상하이』가 쓰이게 되었다. 중국의 현대사가 세계사 속에 오픈되어 온 것에 나는 정말로 놀라움을 느꼈다.

이 책은 중국 출신의 연구자가 일본에서 상하이에 관하여 썼다는 다각적인 시점이 매력적이다. 또 지금까지의 상하이론이 1920∼1930년에만 편중되어 온 것에 비해 '모던상하이'가 성립하기에 이르는 상하이전사前史가 훌륭하게 언급되어 있는 것이 하나의 특징이다. 중국 근대사라는 원근법 속에 '상하이'가 부상해 오기 때문에 우리들은 중국사와 상하이 시대를 균형 있게 조망할 수가 있다.

이 책을 읽으면서 앞으로 고찰해야 할 상하이론의 몇 개의 과제에 관하여 생각하게 되었다. 하나는 제2차 세계대전 이전과 전시 중에 엄청나게 나온 상하이 관련 책을 어떻게 평가할 것인가이다. 이노우에 고바이井上紅梅, 무라마쓰 쇼후村松梢風 등의 대륙낭인, 중국통의 중국리포트를 어떻게 읽어야만 하는가? 제국주의적, 식민지주의적 편견이며, 퇴폐풍속적(에로·그로·넌센스) 시대의 속빈 강정에 불과하다고 일축할 수 있으나, 우리들은 마침내 그들 풍속문학을 도시의 역사로서 읽을 수 있게 되었다. 전시에 시국본時局本으로 나온 다양한 상하이 리포트의 잡동

사니 더미에서 당시의 살아있는 모던도시 상하이의 단편을 수집하는 것이 나의 즐거움이다.

예를 들면『오사카매일』,『도쿄일일신문』의 기자였던 오가타 노보루 緖方昇의『지나나상支那裸像』(대동출판사, 1941)에는 다음과 같은 것이 있다.

> 국제적인 비밀공작에는 절호의 장소이다. 그래서 이 상하이의 특성을 이용해서 여러 일들이 이루어진다. 오늘날, 동양에서 남양남미(南洋南美), 인도까지 뿌려져 있는 그 화장실 안의 여자 엉덩이가 한 장 넘기면 챔버린의 턱이 되어 나타나고 거기에 영국의 약점이 열거되어 있는 색도인쇄의 카드나, 히틀러의 눈을 도려낸 반 나치 선전카드나 그 외의 영국과 독일 각각의 리플릿, 팸플릿류 — 그중에는 중국어, 일본어로 쓰인 것도 섞여 있다 — 가 상하이의 조계에서 인쇄되고 있다. 라디오도 영화도 신문도 잡지도 선전·모략에 이용되는 모든 것이 지금이야말로 여기서는 아주 그 기능을 잘 발휘하고 있다. 상하이 조계에서 라디오의 통제는 없다. 다이얼을 돌리면 수십 개의 방송이 잇달아 나오고, 외국에서의 청취도 무제한이다. 사변 전에 활동하고 있었던 방송국은 상하이에서만 60개 이상이라고 한다. 이러한 무통제가 영화에도 신문에도 잡지에도 나타나 있다.

과연 신문기자답게 당시 상하이의 미디어 상황이 현장감 넘치는 묘사로 보고되어 있다.

『마성의 도시 상하이』에는 메이지기부터 축적되어 온 근대 일본인들의 방대한 상하이 체험으로부터 주의 깊게 다양한 도시풍경이 선정되어 있으며 자극적이다. 중국통이라고 불린 이노우에 고바이에게 주목하고 있는 것이 흥미롭다. 이 책 저자가 언젠가는 꼭 '중국통'의 세계에 관하여 써줬으면 좋겠다.

이 책에서는 마도 상하이의 성립까지의 역사가 정성스럽게 담겨 있어서 큰 의미를 갖는데, 마도 그 자체에 관해서는 좀 더 많이 읽고 싶다고 생각하게 만든다. 즉 쇼와기의 상하이, 즉 '상하이모던'에 다다르면 페이지 수가 그다지 남아있지 않았다. 메이지明治・다이쇼大正・쇼와昭和의 3대의 상하이를 한 권으로 다루기는 꽤 힘들었을 것이라고 생각한다.

하지만 다행스럽게도 문고판에서 모던 상하이 부분, 그리고 현대 상하이에 이르는 부분이 증보되어 새로운 매력을 더하고 있다. 특히 '모던 공간을 장식하는 월분패' 항목이 나에게는 흥미로웠다. 월분패라는 것은 연화年畵(신년을 축복하기 위하여 꾸미는 전통적인 목판화)를 상업광고에 결부시킨 것 같다. 포스터이며 달력이었다. 이러한 그래픽 아트가 모던 상하이를 장식하고 있었던 것이다. 그러한 포스터가 전시에는 정치적 선전활동으로 사용된다. 오가타 노보루가 전하는 상하이미디어 상황과 연결되는 것이다.

여기서 문제가 되는 것은 '마도 상하이'와 '상하이모던'과의 관계이다. 상하이는 식민지화되어 마도가 되는데, 그것은 모던으로 가는 길이기도 했다. 향후 상하이론의 또 하나의 과제는, 중국은 모더니즘(근대주의)을 어떻게 수용했는가이며, 상하이는 그러한 첨단적인 실험장이기도 했다.

나는 파리나 뉴욕의 모던도시를 조사하면서 일본에도 모던도시는 있는가라며 되묻고, 『모던도시 도쿄』(중앙공론사, 1983; 중앙문고(개정판), 2007)를 썼다. 그리고 일본에도 있다면 중국에도 있는 것은 아닌가라고 생각한다.

일본의 모더니즘이 평가되어 온 것은 1960년대 즈음부터라고 생각한다. 일본에서 모던도시의 존재가 인정된 것은 그다지 오래 전의 일은 아니다.

그리고 중국에도 모던도시가 있었을까? 상하이 번드에 나란히 서 있는 모던건축이 평가된 것은 그다지 오래된 일이 아니다. 처음에는 일본인에 의하여 재평가되었다.

하지만 이제 중국인에 의해 중국의 모더니즘이 발견되고, 평가받을 시기가 다가오고 있다. 이 책은 그 전조로서 나에게 느껴졌던 것이다. 중국의 모던아트 역사가 그리고 아시아의 모던아트 역사가 집필되어야 한다.

그리고 만약 모던도시 상하이가 있다면, 그것은 고립된 것이 아니라 베이징에서 홍콩에 이르는 중국의 여러 도시에도 있을 것이다. 그러한 것을 나는 구만주의 다롄이나 하얼빈을 방문했을 때 느꼈다. 거기에는 틀림없이 모던도시가 있다. 그들의 잃어버린 기억을 회복함으로써 중국의 모던아트 역사가 모습을 드러낼 것이다.

이 책을 읽고 새롭게 느끼는 것은 초판이 나온 2000년부터 문고판까지 10년 동안이 격동의 역사이다. 중국은 현대화, 국제화를 위하여 크게 방향을 바꾸었다. 문화대혁명 직후에 방문한 황폐한 중국이 생각난다.

아마 이 10년의 격동기 속에서 2000년에는 아직 쓰기를 주저하고 있었던 대부분의 것이 해금되었고, 새로운 시점에서 쓸 수 있게 된 것은 아닐까? 문고판으로 나올 때, 증보된 부분에 그러한 저자의 생각이 스며들어 있는 것 같다.

초판의 마지막 부분에 "상하이라는 '타자'"라는 항목이 있다. 1840년 대부터 1930년대까지의 100년 동안 상하이는 일본, 일본인에게 많은 역할을 해 왔다.

그것은 늘 일본이라는 '국가', 게다가 그 각각의 '개인'의 모습을 상대화(相對化)해 온 외부의 '장치'라는 거대한 '타자'로서의 역할이었다고 할 수 있다.

상하이가 일본에게 거대한 '타자'라는 것은 흥미롭다. 그 '타자'를 체험함으로써 일본은 근대화를 진행해 왔다. 따라서 상하이와 일본의 관계 해명이야말로 근대 일본을 이해하는 데 있어서 중요한 열쇠가 된다는 것이다. 중국인 저자가 상하이를 매개로 해서 근대 일본인의 정신사를 이해하려 하고 있다.

이 책은 마성의 도시 상하이에 관한 책일 뿐만 아니라, 상하이를 통하여 일본을 말하려 하고 있다. 즉 상하이에 비친 일본인의 모습을 우리들에게 보여주고 있는 것이다.

하지만 이 책은 중국에서도 읽히게 되었다고 한다. 어떻게 읽힐 것인가? 중국인에게도 상하이는 '타자'가 아닐까? 특히 상하이모던은 '타자'이다. 중국 또한 상하이라는 거울에 비추어 모더니즘 속에 어떻게 보일까를 알려고 하는 것이다.

상하이라는 거울을 끼워 중국과 일본이 각각 어떻게 비치고 있는가를 생각하면 이 책을 읽는 방법도 더욱 다면적으로 비춰지게 된다. 그리고 상하이라는 거울을 빼고 중국과 일본은 하나의 공통된 문화에 관하여 이야기할 수 있는 것은 아닐까?

현대 상하이의 초근대화 가운데 마성의 도시 상하이 시대는 사라져 버리는 것일까? 하지만 거기서 현재에 이르는 역사가 되살아나 오지 않으면 현대의 상하이도 또한 신기루처럼 눈 깜짝할 사이에 사라져버릴 것이다.

마성의 도시 상하이의 역사는 과거와 현재를 이어주고, 또 중국과 일본을 잇고, 타자와의 만남을 떠오르게 한다.

『마성의 도시 상하이』를 번역하면서 가장 충격적으로 다가온 문장 하나가 있다. 프롤로그 첫 줄에 등장하는 "그 남자는 상하이당했다"라는 내용이다. 영어 'Shanghai'는 여태까지 고유명사 지명으로 알고 있던 중국의 항구도시 이름이고, 번화하고 화려한 불야성의 도시로만 알았다. 그렇지만 이 책을 번역하게 되면서 만난 'Shanghai'는 그 도시가 가진 오묘한 매력과 함께 다른 의미로 영어사전에 등재되어 있다는 것을 처음 알게 되었다. 그것도 동사적 의미로 사용되며 하급선원으로 만들기 위해 '술 취하게 해서 배로 끌고 가다', '유괴하다'라는 부정적 의미로 쓰인다는 것을 비로소 파악하게 된 것이다. 이 얼마나 충격적인가? 이 어원은 고베神戸항을 무대로 외국 배에 의한 납치사건을 소설화한 다니조지의 단편 「상하이된 남자」에서 기인하였다고 한다. 하나의 고유명사가 파생시킨 위력을 보았을 때 상하이는 보통 수준을 뛰어넘는 무엇인가가 있다는 것을 알 수 있었다.

이 책은 위와 같이 다양한 얼굴을 가진 상하이, 특히 근대 지식인들의 상하이에 관한 여러 '기억'을 검증하는 것을 목적으로 한다. 그 기억을 보다 명확히 살펴보기 위해 주도면밀하게 상하이의 역사와 지리, 시대별 상하이를 투영하여 기술하고 있다. 다시 말해 일본 지식인의 근대 체험을 통해 시대별로 상하이의 모습을 조망하고 있는 것이다.

상하이에는 2개의 이질적 공간이 있다. 역사의 흔적이 깃든 전통의 공간과 조계를 중심으로 한 근대적 공간이다. 이렇게 이분화된 도시를 설명하는 데 있어 원제처럼 '魔都(마성의 도시) 上海'라는 수식어 이외에 또 다른 용어를 찾기 쉽지 않았다. 집필자인 류젠후이劉建輝 선생님 역시 이 매력적인 상하이를 드러내고, 표현할 수 있는 어휘는 이 '마성'밖에 없어서 책 제목에도 당당하게 붙였으리라. 게다가 당시 일본을 동아시아허브로 생각하며 쇄도한 서양 선교사인들로부터 일찍이 난학을 받아들여 지극히 선진화되었다고 믿고 있던 일본인들에게 위원魏源의 『해국도지海國圖志』와 같이 상하이에서 출간된, 중국인이 저술한 서양 근대지식을 소개한 서적은 적잖은 충격을 주었다. 중국에서 이와 같은 출판물이 완성되었다는 것에 대해 큰 충격을 받았고, 이를 통해 상하이가 향후 동아시아 지식 교류 재편에 큰 역할을 하게 되었다고 볼 수 있다.

중국인 학자가 일본 학계에 몸담으면서 집필한 이 책이, 중국어로 번역되었고, 시간이 지나 비로소 한국어로 번역이 되었다. 때마침 부경대학교 인문한국플러스(HK+)사업단이 주최한 제2회 국제학술대회에 류젠후이 선생님을 모시게 되면서 『마성의 도시 상하이』 저서에 대한 감회를 들을 기회도 있었다.

이 책은 초판 발행 후 꽤 시간이 흘렀지만 문장은 세련되었고 담긴 콘텐츠는 자료를 바탕으로 매우 단단하고 알차게 구성되었다. 『상하이 모던』을 집필하고, 이 책의 해설을 담당한 운노 히로시海野弘 선생이 이야기한 것처럼, 초판에는 주로 메이지 시대 상하이의 내용이 많았다. 그래서 1900년대 이후의 상하이를 많이 언급하지 못했던 아쉬움이 있었다. 다행히 문고판으로 증보 출간되어 상하이를 과거와 현재 미래까지 꿰뚫어볼 수 있는 연구의 기초자료이자, 근대 동아시아 지식 교류 연구를 위한 길잡이 역할을 할 것이다.

상하이를 다면적 거울로 바라볼 수 있는 이 책은 독자에 따라 시사하는 바가 클 것이다. 중국 근대의 번성한 도시 상하이를 연구하는 학자나 한국에서 중국과 일본을 연구하는 학자, 그리고 근대 문화에 관심이 많은 일반인들에게 반드시 권하고 싶은 필독서이다.

역자를 대표하여
양민호 씀